職務格差

女性の活躍推進を阻む要因はなにか

大槻奈巳

勁草書房

はしがき

本書は、職務の格差という視点から、「女性の活躍推進」を阻んでいる要因をさぐることを目的としている。「女性の活躍推進」がうたわれ、そのための推進策が打ち出されているが、いままで女性が活躍できない要因は家庭内の家族責任から考えることが多かった。子育てや家事の責任があるから女性は仕事と家庭を両立できないという指摘である。この側面から考えることももちろん重要であるが、本書では、「女性の活躍推進」を妨げている要因は職場や仕事それ自体のなかにあるのではないかと考え、職場や仕事に焦点をあてて検証していく。

また、「女性の活躍推進」という言葉そのものに違和感をおぼえたり、「人間の長い歴史で、男女の役割の差がこんなにも小さくなったのはごく最近であって、本当に男性と女性の役割の差が小さくなるのがよいことなのか」と思っている人もいるのではないだろうか。男性は生産労働（仕事）、女性は再生産労働（家事・育児）という役割の分離がはっきりしたのは、産業化の過程においてであり、現在の日本にみられるような分離は、最近のことである。

前近代において、現在、家事と考えられている炊事、掃除・洗濯等はその割合が小さく（貧しかったので、食事といっても簡素なもの、洗濯や掃除もさほど行われていなかった）、人々は職住未分化の状況で生産活動（主に農業）に従事し、親族システムの拘束は強かった。この状況は、産業革命を契機とした産業化によって大きく変わる。工場という働く場ができ、雇われて働き賃金を得る雇用者という働き方が出現する。地域や親族の拘束は弱まり、個人が自らの意志で生きていける状況がうまれる。

産業化の初期の段階では家族全員が工場で働いていたが、働く子どもに過重の負荷がかかる場合も多く、次世代の労働力を確保しようという視点（労働力の再生産）から子どもが工場で働くことが禁止されるようになる。それまで小さな大人とみなされていた子どもが子どもとして慈しまれ、育てられる存在になっていく。そして、働く場と家庭が分離している状況で、子どもの世話は出産という生物学的役割をもつ女性に割りあてられることになる。産業化以前では、生産活動と再生産活動は明確に分離するものではなく、性別によって担当する活動が異なることもあったが、地域によって違いもあった。それが産業化以降は、生産活動は職場で、再生産活動は家族が行うという分離、生産活動は男性が、再生産活動は女性が行うという分離が形成され、ほとんどの社会に共通の分離となった。近代社会は、個人が経済的基盤を得て地域や親族の拘束から自由になっていった社会であるが、女性に焦点をあてると、女性は家族のなかに囲われてしまい、経済的基盤を持たず、経済的基盤をもつ他の家族（結婚するまでは父親、結婚してからは夫）に依存する存在になっていったのである。

日本では社会保障制度をはじめ、社会制度のほとんどが世帯単位で設計されており、夫と妻を一つのユニットとみなしてきた。しかし、未婚化傾向はすすみ、生涯未婚率は一九六五年に男性一・五％、女性二・五％であったものが、いまでは男性の五人に一人、女性の十人に一人は生涯未婚である。

少子高齢化やグローバル化はすすみ、競争は激しくなり、私たちの社会がどうなっていくのか不透明な部分は多い。今年は戦後七〇周年であるが、二〇一五年に二〇歳の女性の平均余命は約六六・九歳、二〇歳の男性で六六・八歳である。現在、一八歳や二〇歳の若者は、終戦の年から今までとほぼ同じ期間をこれから生きることになる。これからの七〇年がどんな社会になるのか予測は難しいが、どのような社会を作っていくべきかを考え、めざすことはできるだろう。本書が、これからの社会のあり方を考える素材を提供できればと考えている。

職務格差

女性の活躍推進を阻む要因はなにか／目　次

はしがき

第Ⅰ部　仕事を通した格差の形成

序章　職務格差

この問題をとりあげる理由

1　女性活用というけれど

政府は成長戦略の一つの柱として「女性の活用」を打ち出し、女性就労の量の拡大、女性就労の質の向上（キャリア形成支援）、女性活躍を阻害するような社会制度の見直しをあげている。女性の活躍によって経済を活性化すること――ウーマノミクス――で少子・高齢化による労働力及び内需の縮小に対処しようとする考えである。そして、現在、女性活用といって取り上げられる事例をみると、女性グループを作り、女性の視点から商品開発をした、女性の感性で考えた商品がヒットした、女性ならではのきめ細かさで顧客のニーズをつかんだ、などといったケースが多い。このような動きは一九八六年に男女雇用機会均等法が施行され、総合職女性が誕生した時におきたことと同じである。当時も女性の活用が唱えられ、女性の視点で、女性の感性でといわれ、多くの女性プロジェクトが立ち上がった。しかし、結局は女性の就業継続率をあげ、管理職になる女性が増えるきっかけにはならなかった。なぜ女性活用につながらなかったのか。この点を検証し、これからの有効な女性活用のあり方にとって何が必要なのかを示すのが本書の目的の一つである。

2　女性の働き方の現状

働くことにおける男性と女性の違いを考えたとき、①働くことへのかかわりの姿勢が男性と女性で異なっていること、②働いて得られる報酬（収入・権力・威信など）に男性と女性で差があることが指摘できる。

（1）労働力率と就業継続率

人々がどの程度働いているかをみる指標に労働力率がある。労働力率（労働力人口÷一五歳以上人口×一〇〇）は、男性では台形型の曲線を描く。学校卒業後の年齢から労働力率はあがり、定年を迎える六〇歳をすぎて下がっている。二〇代～五〇代で労働力率が下がる年齢は特にない。一方、女性の労働力率は出産から子育てを行うと考えられる年齢にがくっと下がり、その後再び上昇する

M字型曲線を描く。たとえば、二〇一三年では二五～二九歳の労働力率は七九・〇%であるが、三〇～三九歳で七〇%程度に下がり、四〇～四四歳で七三・一%と再び上昇している。有配偶者だけの労働力率をみると、二〇一三年では二五～二九歳の労働力率は五六・九%、三〇～三九歳で五七・九%である。二〇年前の一九九三年の労働力率と比べると、M字の底は上がっているが、女性が働く・働かないに、出産・子育てが影響していることがわかる。このような傾向は、他の先進諸国ではみられない。

また、第一子が一歳以上一五歳未満の子どもを持つ初婚同士の夫婦についてみてみると（図表序‐1）、第一子の出産後に就業している割合は二六・八%である（二〇〇五～二〇〇九年）。ここ二〇年間の変化をみると、「出産前から無職」が減り、「出産退職」が増えた変化はあるが、出産前に有職で第一子出産後も就業を継続している割合はほとんど変わっていない。出産前に働いていた女性の四割しか継続していないのである。

(2) 非正規雇用で働く人の割合

次に雇用形態についてみてみよう（図表序‐2）。男女ともに正規雇用で働く人が減り、非正規雇用で働く人が増えているが、女性が非正規雇用者として働く傾向がより強い。女性の正規雇用者の割合は一九八五年に六七・九%であったが、二〇一三年には四四・二%まで減少し、男性の正規雇用者の割合も、一九八五年に九二・六%であったが、二〇一三年には七八・八%に減少した。二〇

図表序-1　女性の継続就業率（第 1 子出生年別にみた、第 1 子出産前後の妻の就業変化）

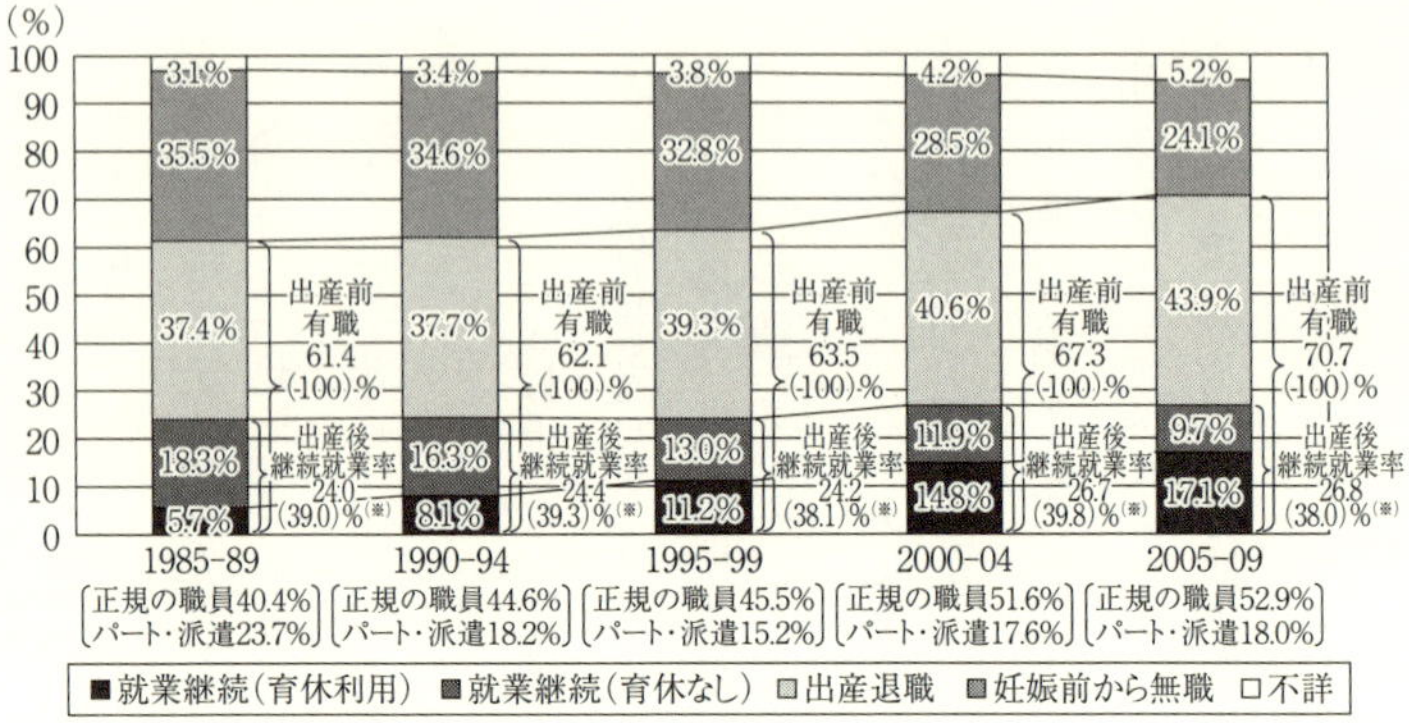

注 1：出産前後の就業経歴

就業継続（育休利用）：妊娠判明時就業～育児休業取得～子ども 1 歳時就業

就業継続（育休なし）：妊娠判明時就業～育児休業取得なし～子ども 1 歳時就業

出産退職：妊娠判明時就業～子ども 1 歳時無職

妊娠前から無職：妊娠判明時無職～子ども 1 歳時無職

2：※（　）内は出産前有職者を 100 として、出産後の継続就業者の割合を算出。

3：就業継続率＝出産前後の就業変化が「妊娠判明時就業～育児休業取得（または取得なし）～子ども 1 歳児就業」である妻／出産前有職の妻× 100

出典：厚生労働省 HP より一部改変 http://mhlw.go.jp/bunya/koyoukintou/josei-jitsujo/dl/11c-1.pdf（2015 年 7 月 1 日最終閲覧）

図表序-2　雇用形態別にみた役員を除く雇用者の構成割合の推移（男女別）

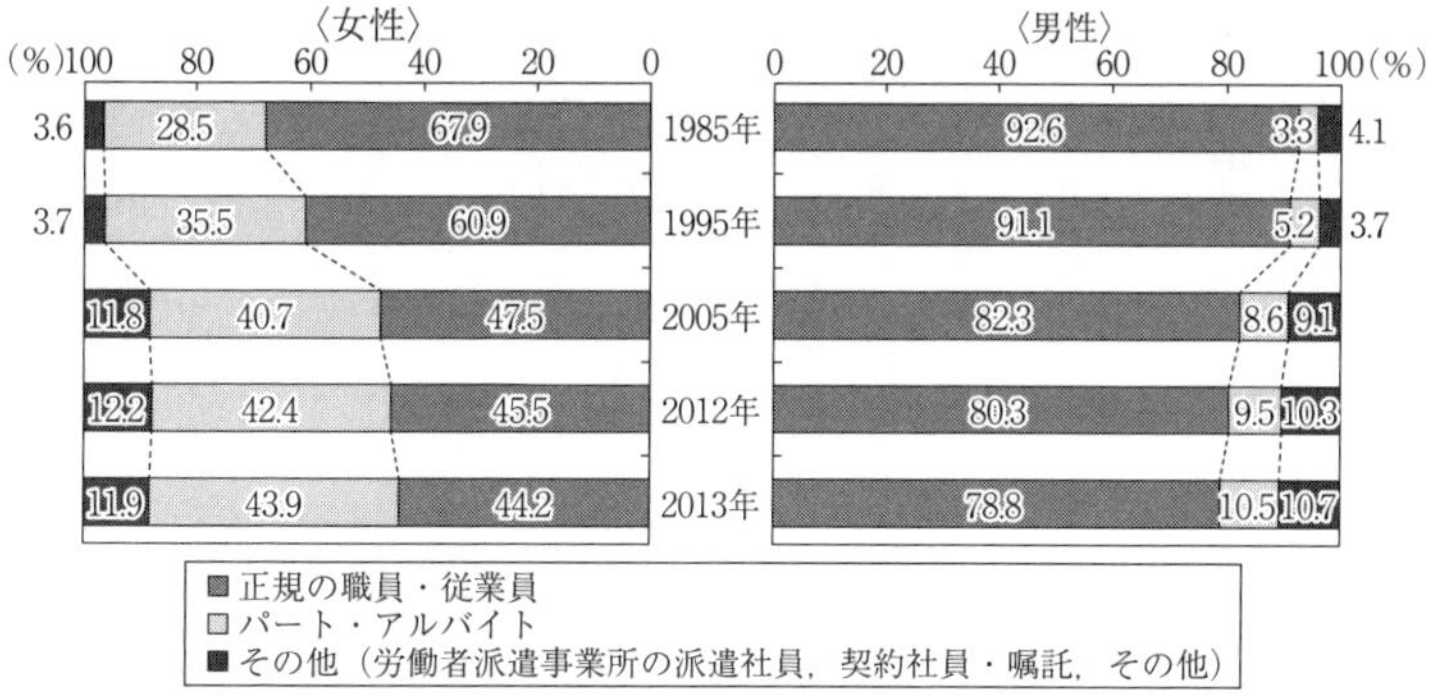

注1：1985年と1995年は、総務庁「労働力調査特別調査」（各年2月）より、2005年以降は総務省「労働力調査（詳細集計）」（年平均）より作成。「労働力調査特別調査」と「労働力調査（詳細集計）」とでは、調査方法、調査月等が相違することから、時系列比較には注意を要する。

2：「正規の職員・従業員」と「非正規の職員・従業員」の合計値に対する割合。

出典：内閣府『男女共同参画白書平成26年版』より一部改変 http://www.gender.go.jp/about_danjo/whitepaper/h26/zentai/html/zuhyo/zuhyo01-02-05.html（2015年7月1日最終閲覧）

一三年において、男性の雇用者のうち非正規雇用者の割合は二一・二%、女性の雇用者のうち非正規雇用は五五・八%、女性の非正規雇用者の数は男性の非正規雇用者の約二倍である。

また、岩澤他（2014）は、若年女性の非正規雇用化について分析している。二五〜二九歳女性についてみると、全女性に占める就業している女性の割合（就業率）は一九八〇年代以降上昇傾向にあるが、正規雇用者としての就業率は必ずしも同調しておらず、パートタイムでの就業が増えており、子どものいる割合は一貫して低下しているという。また、就業の有無、子どもの有無を組み合わせた構成比の推移をみると、子どもを持たずに働く女性が増加しており、これは三〇歳以上でも同様の傾向を示しているという。

非正規雇用で働くことは、雇用が不安定、得られる賃金が低い、仕事を通した知識・技能をあまり得られない、という結果をもたらすが、男性より女性がこの影響をよりうけているといえよう。

（3）賃金格差

男女における賃金格差は大きい。日本の一般労働者（短時間以外の労働者）の女性の賃金は一般労働者の男性の賃金の約七割である。短時間労働者の女性の賃金は一般労働者の男性の賃金の約五割である。アメリカ、ドイツ、フランス、イギリスでは一般労働者の女性の賃金は一般労働者の男性の賃金の約八割、スウェーデンでは約八・五割であり（労働政策研究・研修機構 2012）、日本の男女賃金格差は、他の国と比べても大きい。

一年間を通じて勤務した給与所得者の給与水準をみると、男性では三〇〇万円以下の者の割合が二三・九％、女性では六六・一％、七〇〇万円以上の者は、男性では一八・〇％、女性では二・八％である（内閣府 2013）。男性に比べ、女性は収入が低い。

（4）管理職につく女性の少なさ

女性の管理職は少なく、総務省の「労働力調査」によると管理的職業従事者に占める女性の割合は、二〇一四年において、一一・二％（就業者に占める女性の割合は四二・八％）である。民間企業

（二〇〇〇名以上）における課長相当職に女性の占める割合は八・五％、部長相当職では五・一％である（内閣府 2014）。

他の国をみると管理的職業従事者に占める女性の割合は、アメリカは四三・七％（就業者に占める女性の割合は四七・〇％）、シンガポールは三三・八％（同割合は四四・二％）、マレーシアは二一・五％（同割合は三六・四％）、韓国は一一・〇％（同割合は四一・七％）である。日本と韓国がとても少ないことがわかる。

3　性別役割分業への意識

内閣府は「夫は外で働き、妻は家庭を守るべきと思うか」というアンケート調査を行っている。一九八〇年ごろは「賛成」とする者の割合が全体の七割程度であったが、その後徐々に減り、二〇〇四年には、はじめて「反対（「どちらかといえば反対」＋「反対」）」が賛成をうわまわり、二〇〇七年には「反対」が五割をこえるようになった。男性だけをみると、二〇〇九年にはじめて「反対」が「賛成」をうわまわっている。全体としては女性に「反対」とする者の割合が多い。性別役割分業に反対する意識が広がっていることがわかる（内閣府 2012）。

一方で若年女性に性別役割分業に賛成する割合が増えていると指摘されている（的場 2013）。二〇代女性が「男は仕事、女は家庭」に賛成する割合は二〇〇二年三三・二％、二〇〇七年四〇・二

%、二〇一二年四三・七%と増加し、二〇代男性でも二〇〇二年四四・三%、二〇〇七年四二・九%、二〇一二年五五・七%である。的場（2013）はこの状況を、女性には非正規雇用で働く割合が高いので、男性に稼ぎ手の役割を期待するのではないか、労働時間の短縮が進まないので、仕事と家庭の両立が困難と考え、性別役割分業が現実的とみなされているのではないかという。

また、二〇代女性における「男性の生活は仕事優先が望ましい」という割合も増えている。一九九七年の調査では二〇代の女性では四四・三%、三〇代の女性では五四・二%が「男性の生活は仕事優先が望ましい」と答えていたが、二〇〇四年では二〇代の女性では六六・九%、三〇代の女性では六四・〇%と増え、この増え方は他の年代よりも大きい（内閣府 2012）。若年女性の働き方の希望をみると、管理職になりたいという希望も少ない。二五～二九歳の女性では、「管理職をめざしたい」は「とてもそう思う」と「まあそう思う」をあわせて二五・九%であり、男性の五三・四%、に比べて低い（岩上 2015）。

若年女性は自分が働くことをあまり望まず、結婚相手には一生懸命働いてほしいと思っていることがわかる。このような若年女性の意識をみると、「やはり女性は」という感想もあるかもしれない。しかし、人々の気持ちはその人々のおかれている状況、つまり社会の構造から影響をうけるのではないか。若年女性が仕事をしていこうとあまり思わなくなっているのは、仕事をしつづけてもうまくいくと思えない社会の構造を感じ取っているからではないか。

4　基幹労働者になっていない女性たち

女性たちの働き方をみると、正社員として働く女性は男性に比べ少なく、男女の賃金格差は大きく、管理職に占める女性の割合はきわめて低い。女性は基幹労働者になっていない。

一方で、女性の労働市場への参加をうながす法的な整備は行われてきた。一九八六年に「男女雇用機会均等法」、一九九九年、二〇〇七年に「同改正法」が施行され、「男女共同参画社会基本法」が一九九九年に施行された。「育児・介護法」も二〇〇九年に改正され、二〇一〇年に施行されている。

一九八六年に施行された「男女雇用機会均等法」は、当初、罰則規定がない、コース別採用の是認など、その不十分な部分が指摘されたものの、男性に限定した募集・採用が規制され、四年制大卒女子の企業への門戸が開放されることになった。四年制大卒女子が男子と同等の職務につく女子総合職は新卒採用された内部市場における基幹労働力であり、大卒女子の採用という点からみれば、この法律によって女子の大企業の内部労働市場における基幹労働者としての採用が後押しされたといえる。

しかし、一九九〇年に実施された銀行・保険・商社・証券二〇三社の女子総合職を対象にした女性職業財団の調査によると、総合職になった女性の一割強が二年未満で退職している。また、金融業界・商社における女子総合職の入社六年後の定着率は四割にも満たないとの指摘もある（『週刊ダイヤモンド』一九九三年一〇月三〇日号三〇頁）。さらに、二一世紀職業財団の調査では、勤続五年以上の女子総合職の八割が能力を発揮できていると回答するものの、「できる限りこのまま勤めたい」は四割に満たなかった（複数回答）（二一世紀職業財団 1993 : 11）。また、日本の労働組合総合連合会の行った「女子総合職退職者追跡調査」では調査勤続年数が七年を超えると総合職女性は七割が退職し、会社を退職した理由の一番は「仕事に将来性がなかった」である（1996）。当時、総合職という基幹労働者として労働市場に参入した女性たちが、総合職として働きつづけることが難しい状況が浮かび上がっており、一九八六年施行の「男女雇用機会均等法」から三〇年余りがたった今も、日本における女性管理職の割合はきわめて低いままである。

この三〇年間で、女性の働き方は変わったといわれている。しかし、なぜ女性たちは働き続けていないのだろう。なぜ女性の管理職は少ないのだろう。

5 家族重視モデルではなく職場重視モデルから考える必要性

このような疑問について、いままで主に女性の家庭内の役割から説明がされてきた。女性が「仕事」と「家庭の責任」を行う時に直面する問題について論じ、就業継続と結婚・出産の関連を女性のライフコースから分析し、家事労働のあり方から分析がなされた。政策面では「育児休業の充実」「ワーク・ライフ・バランス」が提唱され、女性にキャリアを中断させない方策や、キャリアを中断した女性活用の必要性が説かれ、企業の家族政策と女性の就労、社会保障のあり方と女性の就労が論じられている。

たとえば、日本の女性の就業率がM字型就業パターンを特徴とし、それが女性の家庭内役割と連動していることは多くの研究が指摘し、女性の仕事と家族のあり方や夫の所得などの観点から分析されてきた（筒井 2015; 西村 2014; 武石 2006; 川口 2002 など）。就業継続の観点からも実証研究がなされたが、結婚・出産といった時点における就業継続の要因を探ったり政策面でも就業継続とからめて育児休業などの視点から論じられている（労働政策研究・研修機構 2010, 2011, 2012 など）。日本で女性の就業を論じる視点は「家族責任」からのものが圧倒的に多い。女性が就業可能な職業の範囲が狭く、女性の職業選択の幅が少ない場合、職業自体にさほどの違いがないので、大きくかかわってくるのは家族の状況であり、女性の就業を「家族責任」から論じることも重要である。しかし、女性の就業可能な職業の範囲が拡大し、選択の幅が広がった現在においても、女性の就業を分析する際「家族責任」から論じられることが多い。

一方で、一九七〇年代半ば以降、アメリカ、イギリスを中心としてフェミニズムの視点から女性労働の問い直しがはかられた。特に、女性労働の分析は、イギリス及びアメリカのフェミニストを中心として、ハートマンの議論をきっかけに労働過程を対象として分析する視点へと転じたが、そのハートマンの議論をふまえつつ、ジェンダーの視点の必要性を強調したのがビーチーやアッカーである。

ビーチー（Beechey 1987）は、職場や労働市場における女性の地位を、家庭内の分業から読みとる分析方法について、女性労働の分析には労働過程と職場関係を無視する「家族重視モデル」が、男性労働を分析する際には「職場」「職務」を重視する「職場重視モデル」が採用されてきたと指摘する。このため、女性労働は男性労働の基準からみて逸脱するものとして扱われ、一方で男性もジェンダー化された存在であることが認識されないという。そしてビーチーは、第一に女性労働に「家族重視モデル」、男性労働に「職場重視モデル」を採用するのではなく、男女同一概念を使い男女に同じ質問・調査をすること、第二に職場・労働市場における女性の地位を家庭内の分業から読み取るのではなく、労働過程でジェンダー化された関係が構築されるありかたを実証的に分析する必要を提起する。

さらに、アッカー（Acker 1990）は、多くの研究は、組織が男性によって独占されている重要な拠点と考えていても、組織の構造はジェンダーに中立との前提を持ってしまっていると指摘した。たとえば、顕著な知見であるカンター（Kanter 1977）は組織内のトークンといわれる女性の存在（少数派あるいは紅一点の女性が全女性を代表する役割となること）を見出した。これに対し、アッカーは女のトークンだけを考察し、おそらく存在する男のトークンの存在、男女でトークンの存在がどう異なるか分析していないと指摘し、これは組織がジェンダー化されているという前提を持っていないからという。そして、このように組織の構造をジェンダーに中立と前提してしまうのは、①

組織のジェンダー化された特質が仕事の特質とあいまいになり隠れているから、②抽象的な仕事や組織を考える時、共通する概念が労働者から切り離され、普遍的なものと仮定されるから、③男性労働者が労働者一般とみなされ、男性の身体やセクシュアリティと男性の労働のあり方が労働者のイメージを包括するからという。そして、組織はジェンダーに中立ではないとの前提に立ち、組織がいかにジェンダー化されているかを分析する必要があると強調した。

木本（1995, 2000）は日本の労働研究にはあまりにも特定の産業、職業、職場におけるケーススタディが少なく、この欠落を補い、女性の雇用労働を規定する諸要因についての事実発掘がなによりも求められているとし、ケーススタディの積み重ねによってこそリアリティのあるジェンダー別の労働編成メカニズムとその変動方向とを考察することが可能と論じている。

6　本書の目的と構成

以上をふまえ、本書では、職場や労働市場での女性の地位を家庭内の性別役割分業から読みとるのではなく、労働過程それ自体に焦点をあて、労働過程においていかにジェンダー化された関係性が形成・維持されているかを検討する。そして、女性はどのように不利になっているのか、女性の活躍推進を阻む要因はなにかについて考察し、女性の真の活躍推進をはかるにはなにが必要なのかを考えてみたい。

本書は、第Ⅰ部「仕事を通した格差の形成」、第Ⅱ部「不透明な時代の人々の意識」の構成となっている。

第一章では、一九八六年に男女雇用機会均等法が施行され、総合職女性が誕生したが、女性の活用にはつながらなかった要因を検討する。システムエンジニアと旅行業の事例から当時の女性活用がなぜ真の女性活用につながらなかったのかを検証し、これからの有効な女性活用のあり方を考える。かつての女性活用が性別職務分離を解消しないまま、さらには性別職務分離を強化しながら行われたことによって、失敗したことを明らかにしたい。

第二章では、待遇の改善が強くいわれている介護職（施設介護職員とホームヘルパー）の賃金について、欧米で広く行われている職務評価の手法を紹介し、介護職と看護師・診療放射線技師の比較をもとに、職務の評価に基づいた是正賃金を示す。非正規雇用者が増大し、非正規雇用者の低賃金が問題になるなかで、非正規雇用者の低賃金は主に最低賃金の引上げによって改善がなされているが、非正規の低賃金問題を運動ベースに理念的に改善をしようとしても限界がある。職務の価値に基づいた賃金のあり方を考える。

第三章では、雇用における年齢制限を考える。二〇一四年における女性就業希望者のうち、現在求職していない理由の第一位は「出産・育児のため（三四・七％）」、二位は「適当な仕事がありそうにない（三二・〇％）」である。「適当な仕事がありそうにない」となぜ思ってしまうのか。年齢制限が障害となり、働く場がない可能性がある。年齢制限があること、そして年齢によって雇用の制限があってもいたしかたないと考える人々の意識が年齢制限を下支えしていることを指摘したい。

第四章は、NPO活動に参画する女性に焦点をあてる。非正規雇用の多さ、低賃金という点ではNPO活動も同様である。近年NPO活動に参画する女性が増えているが、その実態は雇用が不安定、かつ低賃金である。NPO活動における金銭的報酬がなぜ低いのか、女性がNPO活動を通していかにして金銭的報酬を得られるか、その可能性を検討する。以上から、仕事をとおした格差の形成についてアプローチしたい。

第五章、第六章、第七章では「不透明な時代の人々の意識」を考えることにしたい。競争はきびしく、雇用の不安定は広がり、確固たる将来がみえない不透明な時代に私たちは生きている。第Ⅰ部で述べるように、仕事を通して正規／非正規、男性／女性の格差が生じ、格差が生じる要因として、仕事のわりあて、昇進、賃金、年齢、雇用形態、性別などがあり、格差はこれらの要因が重なり合い、複層的に形成されている。このような社会のなかで、人々はどのような意識を持っているのか。第五章では、超氷河期に就職した若年層の管理職志向について検討する。政府は指導的立場の女性を二〇二〇年に三割にする目標を設定し、企業にも女性管理職の割合を増やすことを要請している。一方で女性は管理職になりたがらないので、女性管理職増加は困難である、との声が上がっている。本書では、超氷河期に就職した若年層の管理職志向に焦点をあて、管理職志向になにが影響をあたえているかを考察する。

第六章では、男性の稼ぎ手役割意識について考える。雇用の不安定化は広がっており、従業員一〇〇〇名以上の企業の約三割は、二〇〇七～二〇一二年の五年間に正規従業員に対して退職勧奨を行ったという（労働政策研究・研修機構 2014）。本書では雇用不安が広がり本格化した二〇〇四年に実施した調査結果をもとに雇用不安定が広がるなかでの男性の稼ぎ手役割意識について論じる。

最後に第七章では、競争社会における親の子どもへの期待について検討する。近年、「勝ち組」「負け組」という言葉がうまれ、生活に不安があっても、自分のことは自分でやるべきという自己責任論が強い。このような状況のなか、親は子どもにどのような期待を持つのか。特に「男らしく女らしく」という期待について考えたい。

本書を通して、日本のジェンダー化された構造を浮き上がらせ、ジェンダー化された構造を社会全体で考えるべき重要な課題として受けとめていきたい。

第Ⅰ部　仕事を通した格差の形成

第一章　なぜ「女性活用」は進まなかったのか
性別職務分離の過程分析

1　性別職務分離を考える視点

（1）性別職務分離研究のながれ

性別職務分離の研究は、労働市場における女性の低賃金の問題とともに、特に一九七〇年代以降のアメリカにおいて、女性と労働をめぐる研究の最も重要な領域と考えられてきた。この背景には、アメリカでは一九六〇年代以降に女性の労働力参加のめざましい増加と年齢別就業パターンの男性への近似化（M字型から逆U字型への移行）がおきたにもかかわらず、男性と女性の賃金格差と職務分離が大幅には変化しなかったということがある。

図表 1-1　性別職務分離の要因と結果の関連図

要因 ⟹ 性別職務分離 ⇄ 結果

（組織における性別構成）

要因

1. 供給側（労働者側）の選好と実際の行動
   ①労働者の選好
   ②労働者の供給
   ③（労働者の質）

2. 需要側（雇用主側）の選好と実際の行動
   ①雇用主の選好・ステレオタイプ・バイアス
   ②労働者の需要
   ③経済的圧力

3. 構造的差別（雇用主の人事の実際の行動）

結果

1. 組織に対する影響
   ①昇進
   ②賃金
2. 性別の構成の労働者への影響
   ①同類原理の形成
   ・グループ内の接触・孤立
   ・グループ内の葛藤・団結
   ・遂行と圧力，ストレス
   ・ステレオタイピングと評価へのバイアス
   ②仕事の満足度，組織への愛着

出典：筆者作成

性別職務分離の研究は大きく分けて、性別職務分離の要因の分析、性別職務分離の結果の分析がある。まず、性別職務分離の要因の分析は、労働供給側（労働者側）にその要因を求めるもの、労働需要側（雇用主側）にその要因を求めるものに分けられる。供給者側の要因にその原因を求めるものとしては、①労働者の選好から論じるものと、②労働者の供給から論じるものとがある。なかでも、労働者の選好は社会化理論からのアプローチと、人的資本論からのアプローチが主である。他方、需要側に性別職務分離の要因を求めるものに、①雇用主の選好・ステレオタイプ・バイアスから論じるもの、②労働者の需要から論じるもの、③経済的圧力から論じるものがある。

次に、性別職務分離の結果としては、組織に対する影響と性別の構成の労働者に対する影響がある。組織に対する影響としては主に、①昇進、②賃金から、性別の構成の労働者に対する影響は、①同類原理の形成と②仕事の満足度、組織への愛着から論じられている。

一九八〇年ごろまで性別職務分離の要因は、労働市場はジェンダーに中立であるとの前提のうえで、職業選好、離職率、キャリアへの考えが男女によって異なるためと考えられ、人的資本論や社会化理論に基づいて労働者側に求められていた。人的資本論は、個人が合理的に選択をした結果生じた男性と女性の人的資本の蓄積の差によって性別職務分離が形成され、男女の賃金も決定されていると考える。社会化理論は、幼児期からの経験を通して、子どものなかにそれぞれのジェンダーにふさわしい行動や期待（女性は家族内の妻・母役割を第一とすること、男性は扶養者であることを第一とすること）が内面化されるとし、その結果男性の労働者と女性の労働者は職業に対する異なったコミットのあり方を持つと論じるものである（subich, et al. 1989 など）。

これに対し、一九八〇年初めから労働市場はジェンダーに中立ではないとし、その原因を労働需要側の制度、構造に求めて分析する視点が登場した（Acker 1990）。ベルビーとバロンは、「会社」は職業組織と不平等のマクロとミクロの次元をつなぐものであると述べ、「会社」に焦点をあてた研究の重要性を強調した。そして、カリフォルニアの会社やカリフォルニアの州政府機関における性別職務分離の組織的な特徴を実証的に検証した（Bielby & Baron 1986）。それ以来、研究者たちは職業組織における調査データを集めることを始め、組織における性別職務分離の決定要因、組織における性別職務分離が労働者や組織に与える影響について考えてきた。また、人的資本論や社会化理論への実証的な反論も重ねられている。アメリカやイギリスなどで労働需要側の選好、制度、構造に性別職務分離の要因を求める視点から研究が行われ、さまざまな職場、職種におけるケース・スタディがなされ、性別職務分離の形成、維持のメカニズムが検討されている。

（2）日本の性別職務分離の研究

アメリカやイギリスでは性別職務分離は現在おもに労働需要側の要因から論じられているが、日本では労働供給側から論じられることが多い。以下では労働供給側に要因があると考え、統計的差別論から論じる経済学的アプローチから行われた研究と、労働需要側の制度、構造から論じる社会学的アプローチから行われた研究にわけて整理し、日本における性別職務分離の研究の課題を明らかにする。

①社会学的アプローチからの研究

日本の社会学的アプローチによる性別職務分離の研究は、日本で女性労働が家庭内の性別役割分業のあり方から論じられることが多いなか、積み重ねられている。

日本ではじめて性別職務分離の視点から職場の実証研究を行ったのは木本（1995）である。販売職という職種の内部において「販売は女性、管理は男性」という性別職務分離がきわめて明瞭であること、男性が作ってきた職場慣行の累積が職場における性別職務分状況を規定していることを指摘し、このような職場状況を職場における「職務の過度のジェンダー化」状況とよんだ（木本

1995)。さらに木本（1999）はこの硬直性が派遣社員によって補われている構造を指摘しつつも、職務分離は流通機構、経営戦略、労働市場条件によって規定され、それらの変化によって性別職務分離が変容する可能性を示唆していた。

木本の研究を皮切りに、合場（1998）、駒川（1998, 2000, 2014）、宮下（2000）、深澤（2000）らが職務レベルにおりて性別職務分離のあり方を検討した。合場は企業内のジェンダーにおける分業が両性の労働者の内的報酬にどのような影響を与えているかに着目し、仕事の複雑さのジェンダー差をつくりだしている構造は生産者労働者と非生産者労働者の間で異なること、非生産者労働者の場合は、人的資本や採用区分のジェンダー格差が解消されれば男女が同程度に複雑な仕事に従事することになるが、生産労働者の場合は人的資本、採用区分が男女同じでも女性は男性に比べ単調な仕事をわりあてる排除過程が機能していることを見出している（合場 1998）。宮下（2000）は印刷業を事例に製版作業からDTP作業に仕事の形態が変化したとき、製版作業を通して形成されていた「男性職場」というイメージが喪失し、職務に付与していたジェンダー・ラベルを修正する変化を引き起こしたことを指摘している。深澤（2000）は、建設業の施工管理労働を取りあげ、非伝統的職種への女性の進出を論じる。

また、駒川（2014）は男女間のキャリア格差の大きい銀行事務職を対象に、能力主義管理が導入・強化された一九六〇年代〜九〇年代前半を対象に性別職務分離の形成過程を歴史的に分析し、大卒男性は「融資」と「得意先」に重点的に配置され、定期的な異動を通じて能力育成とキャリア形成を果たしているが、それは内部業務を引き受け昇進・昇格が制限されがちな高卒男性と、その事務担当者である女性の存在に支えられていること、「女性活用」のもと、女性は窓口業務や個人向けローン業務、今日では個人向け投資信託業務で力を発揮しているが、そうした「女性活用」が新たな「女性職」を生み出していることを指摘する。

鵜沢（2011）は専門職における男性と女性の割合の違いに注目し、女性割合の低い税理士においては、税務会計の細かい仕事は女性向き、経営相談など判断、決断が必要な仕事は男性向きといった傾向があるという。そして、このように専門職内の職務をジェンダー秩序に従って分類する実践を意識的、無意識的に当の専門職従事者や顧客等が行うことが男性と女性のセグリゲーションを生じさせ、維持させる源泉となっているという。

金井（2015）は生命保険の営業職を事例に、営業の仕事を分類・評価する上でジェンダーがいかに作用しているのかを検討した。生命保険の営業はスキルの低い仕事としてとらえられてきたが、これは内部労働市場の中で長期勤続しながら異動し、ＯＪＴによって中心に形成される技能が最も高度であるという前提に規定されていると指摘する。そして、この分析概念では生命保険営業で重要な人間関係構築のスキルや能力をとらえられないこと、ジェンダー中立的な仕事の評価、職業分類を再考する必要があると述べている。

男女雇用機会均等法と性別職務分離の状況を論じたのは石田（2004）である。石田によると、一九九〇年代後半、男性は正規雇用、女性は非正規雇用という非対称性をもちながら性別職務分離が拡大し、多くの女性たちは雇用の入り口のところで、正社員などの高い役割の職務、雇用区分から排除されてしまっているという。そして、雇用管理制度が性に中立的な制度設計になればなるほど、性を理由とした直接的な差別は見えにくくなってしまう。結果、性別職務分離は個人の能力や自由意志・選択によって生じるものだと説明されてしまうが、実のところこの状況は均等法が市場に親和的であり、均等法の規制力の弱さに起因するものだと指摘する。

②経済学的アプローチからの研究

経済学的アプローチからなされた研究は、性別職務分離の形成を主に統計的差別論から論じている。個々の従業員の能力や意欲をあらかじめ知ることが困難な状況では、女性という一つの集団の平均的に高い離職率という特性を個々の労働者について機械的に当てはめる統計的差別が働く、その結果労働者の仕事能力自体が企業内訓練を通して形成される場合、退職するリスクの多い女性は、相対的に貴重な企業内訓練の機会を配分されにくい、つまり、企業内訓練となる仕事をわりあてられないと解釈する。

統計的差別論が強い影響を持つのは、性別職務分離と男女賃金格差の両方を説明できるからである。経済学的アプローチのなかで性別職務分離を論じ、統計的差別論に反証する有効な議論を見つけることは難しい。統計的差別論への反証はおもに年齢要因と市場の分断から論じられているが、これらの点は統計的差別論の論拠となっている日本的雇用システムの特殊性の強調となっている側面もある。

しかし、統計的差別論にそえば、職務のわりふりは企業内訓練となるかどうか、つまり、ある職務はOJTを必要とする仕事であるから男性に、ある職務はOJTをさほど必要としないから女性にわりあてられることになるが、本当にこの基準にそって職務がわりふられているのか検証されていない。

以上をふまえ、本章では第一に社会学的アプローチを用いて職務のわりあてから性別職務分離の形成過程を考察し、性別職務分離の形成過程を明確にする。第二に、性別職務分離の要因・結果を労働者側にもとめられている状況をふまえ、職務のわりあて、性別職務分離、個人の持っている資本の三者の関連を検証する。第三に、性別職務分離の結果生じる格差（昇進・賃金への性別職務分離の影響）である昇進について考察する。

（3）供給側要因論の論点

日本の経済学的アプローチが主に依拠している、人的資本論と統計的差別論の論点について述べ、次にアメリカを中心として行われてきた人的資本論と統計的差別論への批判を整理したい。

①人的資本論と性別職務分離

経済学と社会学はもともと分離したものではなかったが、二〇世紀初頭に経済学者が数理分析の手法を取り入れ、非常に単純化した仮説を用いて分析するようになったこと、社会学者（特にアメリカの社会学者）が自身を経済問題とは異なる社会問題を扱うと位置づけ、経済的トピックから離れていったことから、なにが「経済的」でなにが「社会的」であるかのような分離がなされるようになった。このような分離は一九三〇～一九五〇年代にかけてピークを迎えるが、その一方で一九五〇年代半ばになると、経済学者は、経済モデルを経済分野だけではなく他の分野にも用い始めた。経済学者ベッカーやダウンズは政治的な論題の経済学的モデルによる分析の可能性を検討し、一九六〇年代になると、経済モデルは歴史や法、人口学に使われるようになった。そして、ベッカーの *The economic approach to human behavior*（Becker 1976）が出版され、地位達成、階層、家族など社会学的な論題であると従来考えられていた領域に、経済モデルを用いた分析がされるようになったのである。

ベッカーの議論の基となっているのは人的資本の概念である。人的資本とは教育・訓練によって引きあげられた人間の資質のことであり、教育投資・人的投資が蓄積されたものとみなされる。ベッカー（Becker 1964, 1975）は、人は教育・職場訓練・仕事の経験等によって人的資本を蓄積し、労働の生産を高めることができるとし、個人の「人的資本量」が「労働の生産性」を決定し、労働の生産性が賃金を決定するとした。それまでの新古典派経済学の理論においては労働力は抽象的に同質で、個人差が多少あっても市場全体としては差異は無視できると考えられ、代替可能なものとしてとらえられてきた。この前提をベッカーの人的資本論は転換させ、労働力には質的に差があり、賃金格差は労働者の生産性の結果であり、労働者の持っている人的資本の差が賃金格差を反映していると論じた。つまり、賃金格差は個人の持つ人的資本（教育や職業経験）によると考えられるので、労働需要側の問題ではなく、労働供給者側の問題ととらえることになる。

さらに、ベッカーは（Becker 1975）、訓練の概念を精緻化し、人的資本との関連を次のように説明する。まず、労働者はＯＪＴによってより生産的になり、ＯＪＴを必要とする仕事は最初の賃金は低いが、その後の賃金の伸びは高いと考えられる。そして、訓練にはどの企業でも役に立つ一般的スキルを習得する一般訓練と、ある企業でのみ役に立ち、他の企業では役に立たないスキルを習得する特殊訓練があり、一般的スキルの場合、労働者は特定の企業に定着する必要はなく、企業にとっても代替が容易なので労働者の移動を高め、訓練中の賃金は低いが、訓練後は生産性が上昇した分、賃金が上がる。一方、特殊的スキルの場合、転職するとそのスキルは無益になり、生産性に貢献しないので賃金は下がると考えられ、労働者はその企業にいるほうが有利となる。また企業にとっても企業特有の人的資本の高い労働者の離職は不利益となり、新たな労働者を育成するコストも生じる。よって、企業は一部の労働者に長期雇用を前提として特殊訓練を与え、訓練中の生産性は低いが、生産性が上がるとともに賃金は上昇し、離職を食い止めるため、生産性以上の賃金が支払われると説明する。

このようなベッカーの人的資本の考えをもとに個人やグループ間における職務や賃金の差異は、①男性と女性が世帯の福祉を最大にしようと判断したとき仕事の選好が異なるから、②持っている人的資本にちがいがあるから、と説明がされてきた（Polachek 1979, Mincer 1974 など）。

②統計的差別論

ベッカーの論じた人的資本の重要性をふまえ、かつ内部労働市場論に基づいて論を展開したのが統計的差別論である。統計的差別論は、企業が個人の生産性について個別に判断しないでグループの平均値を生産性の基準とし、その基準で採用や昇進を決める慣行が差別を生み出すと説明している。

まず、アロー（Arrow 1973）、スペンス（Spence 1974）、スティグリッツ（Stiglitz 1975）らが、スクリーニング仮説を唱えた。これは、企業は個人の生産性について不確実な情報しか持っておらず、企業にとって個々人にかんする情報を得るコストは高いので、グループとしての平均値を基に個々人の生産性とするというものである。これを女性にあてはめると、女性に関する情報が信頼性に欠けるものであれば、利益の極大を目的とする企業にとっては女性の雇用は不確実性が大きく得策でないことになり、女性をある職種から排除するか、同一職種の場合は女性の賃金を安くすることになると解釈される。

一方、ドーリンジャーとピオーリ（Doeringer & Piore 1971）は二重労働市場論を展開した。これは、労働市場を第一次労働市場と第二次労働市場に分けてとらえ、第一次労働市場では高い賃金、よい労働条件、昇進の機会が与えられ雇用は安定しているが、第二次労働市場では低い賃金、悪い労働条件、行き止まり的な仕事に限られ、雇用も不安定であるとみなす。女性は入職時において差別され、第二次労働市場に限られる傾向があり、その上、第二次労働市場に入ると第一次労働市場への移動は難しく上向き移動のない仕事に従事することになると解釈される。

このドーリンジャーとピオーリの議論をもとに、日本における内部労働市場を規制する制度的ルールの決定について考えたのが小池（1981）である。小池は、熟練が①特定の企業にのみ有用な特殊的なものか、不特定多数の企業に対して有用な一般的なものであるか、②熟練の形成が長期にわたる職場訓練によって行われるものか、短期間の職業訓練所や徒弟制度によって行われるものか、によって内部労働市場を規制する制度的ルールが決定するという。また、小池は労働力のタイプは労働者がその職業的生涯を通して獲得する熟練の性質によって決まるとし[1]、さらに、企業内労働市場の実態調査に基づき日本の企業内技能形成が年功的雇用慣行の基礎であると論じ、スキルと賃金の一致性を強調した。

サロー（Thurow 1975）はスクリーニング仮説に、分断された労働市場の考えを導入した「ジョブ・コンペティション仮説」を展開した。「ジョブ・コンペティション仮説」とは、①労働者は仕事に関する知識や技能を特定の企業における職場訓練によって獲得し、職場訓練への機会を決めるのは企業に熟練に対する需要があるかどうかが決めることになる、②高い熟練の訓練機会に対する労働者間の競争は、より低い賃金を受け入れてもよいという競争（ウェイジ・コンペティション）ではなく必要とされる訓練費用に基づいてなされ、企業は労働者によって訓練費用が異なるので労働者を訓練費用に応じて色分けしなくてはならない、③この場合、労働者の能力、仕事への態度に関する情報を採用の段階で十分得る事は難しいので、企業は教育水準、年齢、性別などの特性に注目し、これを訓練費用の代理変数として労働者を選別する、というものである。

スクリーニング仮説は新古典派の理論枠組みのなかで展開されたが、企業がなぜ労働者を選抜しなくてはならないかに言及する時、労働市場の分断理論とよく融合する。訓練が階層的な職場訓練によって行われる上に、それにともなう費用を熟練の企業特殊的性格のために企業が負担しなくてはならないという市場の分断的状況が企業に労働者の選抜を必要とさせると解釈できるため、サローのようにスクリーニング仮説を市場分断論と組み合わせることは極めて説得的と解釈されるのである。

サローの理論を応用して「技術的差別」仮説を提示したのが八代（1980）である。八代は、ブルーカラー、ホワイトカラーを問わず、内部労働市場のスキル・ヒエラルキーは企業内特殊訓練スキルの企業内養成を背景として生じ、スキル要請の機会の配分について差別化が起こると考えた。そして、八代は、企業内の業務上の訓練が労働者の生産性に多くのウエイトを占めている場合、女性の離職率が平均して男性のそれより高いことから、企業は女性労働者一般を長期間の訓練投資を必要としない職種に配置すると論じている。

(4) 供給側要因論への批判

①人的資本論、統計的差別論の前提に対する批判

人的資本論、統計的差別論は、経済学のフレームワークから生まれた概念であり、経済学の前提を強く持っているが、経済学の前提は次のように批判されている。

イングランド(England 1989)は新古典派経済学の理論は、①個人は自己利益を基として行動する、②人間の相互関係における効用の比較は不可能である、③人々の嗜好は経済モデルが考察するものではない、との前提を持っているとし、次の点から反論している。まず、①個人は自己利益を基として行動するとの前提は、何が人々に実利をもたらすかについては論じておらず、利益をもたらすものは人々の嗜好によって多様であるとみなしている、②人間の相互関係における効用の比較は不可能という前提は、経済学が「分離した自己モデル」を用いているからである。感情的なつながりが感情移入を促進し、他人にとって効用があるかどうかが考えられるようになれば、効用の比較は可能となる、③嗜好について経済モデルが考える必要がないとしている点は、経済学者は嗜好の源について論じることもせずに、嗜好が効用によって決定されると考えていると批判した。

統計的差別モデルがバイアス、偏見、「差別の嗜好」と関わることをさけている点は、ベルビーとバロン(Bielby & Baron 1986)も指摘している。そして、その理由として、経済学的アプローチは、もし女性を排除していない会社が競合他社より利益をあげていたら、競争に勝つために女性を排除している会社も女性の排除をやめるはずであり、それがおきていないのは雇用主の認識が正し

いからであり、雇用主の考えが間違っているなら性別職務分離は続いていないとの認識を持っているからという。

経済学的アプローチが社会学的概念を扱おうとするとき、①過剰社会化、②過小社会化するといったのはグラノヴェター（Granovetter 1990）である。過剰社会化とは、人々は規範や価値の発展したシステムの支配に服従し、社会化によって規範や価値を内面化し、服従を重荷とは考えないとみなすものである。その結果、人々の行動パターンは内面化するので、現行の社会システムには影響を与えず、行為者は単なる原子化された存在であるとみなされる。過小社会化とは、生産・分配・消費への社会構造や社会的関係の与える影響を認めず、競争市場において生産者や消費者が、需要・供給・価格・取り引きに対してはっきりした影響を与えることはないと考える概念である。過小社会化の考えでは、完全な市場の競争下では交渉やかけひきの余地、不正行為の入りこむすきはなく、行為者が互いに関係性を持つことは競争市場を妨げる摩擦のもとと考える。それゆえ、経済的な分析に社会的な関係性を取り除いて分析することは、よりよい分析につながるとみなされる。

このような経済学の分析視点に対し、グラノヴェターは、①経済学は個人の行為者を他者との関係、行動の影響、過去の経緯とは分離したものであるかのように原子化して分析しているが、集合体には関係のネットワークが生じるので、個人の行為が制度のレベルまで集合する場合には、このような原子化の議論では適切な解釈ができないこと、②経済学では、労働市場では経済学的動機と非経済学的動機が絡み合ったものと考えず、「非合理的」な行動を人々は行わないことが前提となっているが、他者との相互作用のなかで経済的な目標を達成しようとすると、社会性・地位・権力などをも追求することになり、経済学はこの観点からの考察が欠落していると批判した。

②人的資本論、統計的差別論のスキルの概念に対する批判

人的資本論・統計的差別論のスキルの概念、スキルの尺度化、及びスキルを得る機会の考え方について次の点が批判されている。

レスキンは（Reskin 1988）スキルの概念化や尺度化における性に対するバイアスが概念の説明を意味のないものにしているという。新古典派経済学は市場を賃金が決定されるメカニズムとみなしているが、レスキンは市場とは支配的なグループが自らの目的にそってルールをつくるシステムであるとし、新古典派経済学の賃金格差とスキルの説明は、男性が報酬の分配ルールを自身に有利なように決め、有利さが保たれることを無視していると述べた。

スキルのある労働の原型が男性の労働をもとに考察がなされたことも批判された。スキルのある仕事といった場合、男性が支配的な管理的職業、専門的職業、特殊技能的職業の仕事概念が大きく影響していること（Steinberg 1990）、たとえば、熟練概念の議論のもととなったブラバーマンの脱熟練仮説は、スキルのある労働の原型を男性の自動車工を基にしているとビーチー（Beechey 1987）が批判している。

経済学的アプローチはスキルを得る機会が公平に開かれていると考えているが、そうではないと

指摘された。たとえばレスキン（Reskin 1993）は労働者の性別、仕事における性別の構成が労働者のスキルを得る機会とスキルを身につける仕事へのアクセスに影響を与えるとし、特に、特殊技能的職業（職人）や専門的職業では男性が訓練のありかたをコントロールして女性がスキルを身につけるのを妨げているという。そして、このような状況があるので性別、仕事における性の構成、仕事におけるスキルの関係における因果関係をはっきりさせるのは難しく、非常に重要な課題という。

ブリントン（Brinton 1988, 1991）は、ベッカーの人的資本論では人的資本の形成は自分の利益追求のもとで行動する個人の合理的判断によってなされることを前提とし、人的資本の形成を労働供給側からの合理的判断の視点からしか考察していないが、個人は常に社会構造の中に位置しており、個人の持つ束縛や機会の構造は、特定の社会における社会制度のなかに暗黙のうちにあるという。そして、ブリントンは日本では親が男の子に対して教育投資を行うが、女の子に対しては男の子ほど教育投資を行わないことが日本における男性と女性の地位の格差となっていると指摘している。

③統計的差別論に対する批判

ベルビーとバロンは、統計的差別モデルの説明は①仕事や会社の専門的な特徴について検証されていない仮定に基づいている、②性別職務分離の説明で一方では雇用主と労働者の客観的な態度と意思が強調され、一方では男性と女性の間の権力関係が強調されるなかで、これらの次元について組織をまたいで比較していない、③統計的差別の枠組みのなかでどのように雇用主の雇い入れや職務のわりあてがなされるのか、実証的に検証していない、という（Bielby & Baron 1986）。たとえば、統計的差別論は小さく非官僚的組織のほうが、大きな組織より労働者の資質を一定の手続きをふまないで査定するとみなすが、どのような会社がより統計的差別を行っているか、もしくはどのように統計的差別が組織の性別構成に影響を与えているかについての調査は一つも行われていないと批判された（Reskin, Mcbrier & Kmec 1999）。

統計的差別理論の基となったサローのジョブ・コンペティション仮説、ドーリンジャー、ピオーリのスクリーニング仮説に対してグラノヴェター（Granovetter 1981）は次のように指摘する。まず、サローの論じた賃金は仕事ではなく在職している者によって決定されるとした点、労働需要側が労働者の訓練費用から序列をつけているとする点に対して、①訓練費用の考えは労働者のバックグラウンドや教育達成に非常に負うことになるので、賃金決定の原因が人的資本か地位達成であるかを実証的に区別するのが難しい、②労働市場はサローがみなしているものよりもっと融通のきくものと考えられるので、サローの序列の考えは労働者と仕事のマッチングの説明として理論的にも実証的にも根本的に矛盾するという。ドーリンジャー、ピオーリのスクリーニング仮説に対しては、雇用者も自身が進歩的であったり労働環境が好ましいものであることを表すためにシグナルを送ることに投資していると考えられるが、モデルは労働者のみを考察に入れていると指摘する。そして、スクリーニング仮説も人的資本論も生産性が労働者のみに属するものと考えているところに間違いがあり、マージナルな生産性は労働者と仕事の組み合わせの結果としてのみ存在すると批判している（Granovetter 1981）。

（5）本章の課題

日本における性別職務分離の研究を以上のように整理したがその結果、次の四つの課題が明らかになった。

・社会学的アプローチを用いて性別職務分離の形成過程を明確にすること。
・職務のわりあて、性別職務分離、個人の持っている資本の三者の関連を検証すること。
・性別職務分離の結果として昇進を考察すること。
・組織の変容と性別職務分離の変化について考察すること。

人的資本論と統計的差別論において、指摘されているのは主に、次の点である。

・人的資本の形成は個人の合理的判断によってなされるとみなしていること。
・スキルを得ることを個人の合理的判断とする視点から考察していること。
・雇用主の雇い入れ行動や職務のわりあてを実証研究によって検証していないこと。

以上をふまえ、本章では次の課題を考えていきたい。
課題1　職務のわりふりがなにを基準に行われているか。
課題2　だれに人的資本が与えられ、だれに与えられないか。
課題3　人的資本をもっていれば昇進するのか。
課題4　組織が変容したとき性別職務分離のありかたは変わるのか。

2　性別職務分離の過程分析——雇う側の選好

本節では、システムエンジニアを例に、雇う側がどんな職務にだれをわりあてることを好むのかについて考えてみたい。序章で法的整備が進んでいるのになぜ女性が基幹労働者となっていないのか検証することが必要であると述べたが、男女雇用機会均等法によって誕生した女性総合職が実際にどのような職務をわりあてられたかについて職務レベルにおりて検証したものは少ない。男女同一待遇、同一職務で採用された女性総合職が実際にどのような職務をわりあてられたかを検証し、なぜ女性が基幹労働者になっていないのかを考えることにしたい。

（1）システムエンジニアの職務

①分析の手続きと分析対象

雇用主の選好と実際の行動について、先行研究の指摘する論点を整理すると、以下の四つである。

a　グループ内の選好が女性と男性に職務がわりあてられる時にいかに作用しているか。

b　女性へのステレオタイプにはどのようなものがあり、職務のわりあてとどのように関連しているか。

c　女性へのステレオタイプは募集や昇進にどのように影響を与えているか。

d　一度形成されたステレオタイプや職務のわりあてに、どのようなレッテルがはられ、新たに参入してくる女性労働者の職務のわりあてにどのような影響を及ぼすか。

レスキンとルース（Reskin & Roos 1984）は、女性が非女性的な仕事に参入し、とどまろうとする場合の分析ポイントとして①入職する以前の教育、②仕事を得る段階と仕事のわりあて、③非典型的な仕事に異動するとき、④非典型的な仕事にとどまろうとするとき、をあげている。本書では、「総合職」の女性システムエンジニアが、それまで同じ立場の女性がほとんどいない職場に参入した状況を検証するので、この分析ポイントは適している。具体的には、新任配属先において女性向きとされる部門への配属、配属された課内において女性向きとされる職務のわりあて、担当プロジェクト内において女性向きとされる職務へのわりあて、その後の職場異動において女性向きとされる部門への配属についてみていく。

用いる事例は、男女同一待遇、同一職務で採用された電機メーカーA社のシステム部門に配属となったシステムエンジニア（以下SE）である。A社は一九八〇年から女性SEを男性と同一待遇で採用しはじめ、当初は十数名程度であったが、男女雇用機会均等法が施行された一九八六年からは一〇〇人近くの女性をSEとして採用している。これをふまえ、一九八五年（男女機会均等法実施一年前）～一九九一年入社の男女同一待遇、同一職務で採用された大卒男女SEに焦点を絞り、インタビュー調査と質問紙調査を行った。調査実施時の一九九六年は、均等法施行一〇年目であり、また特に調査対象者は入社八～一二年目となり、最初の選抜的昇進である「専門職（入社七年目が標準昇進）」への昇進の選抜を経たところであり、昇進の状況を分析できると考えた。

本章で用いるデータは、男性二四名、女性四六名（在職者三二名、退職者一四名）、計七〇名を対象に、約一時間三〇分の構造化インタビューを行って得たものである（一九九六年五月～一九九七年二月実施）。

②A社システムエンジニアの職務

A社は、従業員数約五万人の企業である。ハードウェアとソフトウェアの両方、つまり、情報システム全体を供給するシステムベンダー型の企業である。社内は事業部制をとっており、大きく分けて、ハードウェアの製造、研究を行う事業部・研究所と、ソフトウェアの構築を担当するシステム部門、システム自体を受注、販売する営業、販売推進の部門、そして管理・企画部門に分かれている。ＳＥの部隊であるシステム本部には現在約六千名が所属し（関連会社からの出向も含む）、一度、システム本部配属となると、そのまま事業部内で異動・昇進する構造となっている。関連会社への出向や部署ごとの他事業所への吸収・合併以外は通常、事業部間の異動はない。

一般にＳＥは自社のシステム部門で自社のシステム構築を行うＳＥと、電機メーカーやシステムメーカーのＳＥとして、顧客のシステムを構築するＳＥがいる。Ａ社のＳＥは後者にあたる。Ａ社で顧客のシステム構築を担当するシステム部門は、大きく分けてフィールド部門・共通部門・スタッフ部門に分けることができる。フィールドの部門が一番大きく八五％近くを占め、共通部門が一〇％、スタッフ部門が五％程度である(2)。

◇フィールド部門

Ａ社は先にも述べたように電機メーカーであり、大型から小型コンピュータ機器の製造・販売を行っている。ユーザーがコンピュータを用いて何を行いたいかによって、必要となるコンピュータの性能や台数が決まり、複数のコンピュータの組み合わせ方、事業所間のデータ通信の方法が決まる。担当するユーザーを持ち、ユーザーの構築したいシステムの内容を把握し、それを実現するシステムを構築するのがフィールド部門のＳＥの職務である。フィールド部門は金融、公共、流通など業種ごとに統括部が構成され、そこに働くＳＥはフィールドＳＥと呼ばれる。フィールドＳＥの仕事は大きく分けて、受注を得るまでの個別商談支援作業（プレ）、受注を得た後の開発稼動後の保守（メンテ）の三つに分けられる。しかし通常、プレとアフタは一つの流れであり、フィールドSEの仕事は、①受注を受けた顧客独自システムの構築（商談対応と開発）、②ハードウェア周りの運用支援（保守）、の大きく分けて二つである。

各顧客には担当SEがつき、常に何らかのシステムの提案がなされる（顧客の規模、受注の状況によって多少異なる）。システム提案は通常、営業とSEがペアで行う。ユーザーシステムの構築は、①提案作業→②商談推進→③要件分析→④設計→⑤開発→⑥テスト→⑦保守、の手順をふんで行われる。最初の提案段階では営業が中心となって行い、SE側の担当の人員は小さい。主に班長クラスと主担当で行う。受注が確定すると本格的にプロジェクトが組まれ、そのシステムを構築する上で必要なスキルを持ったSEの人集めがなされる。プロジェクトの大きさにもよるが、関連SE会社のSEもプロジェクトに入り、その数はA社SEの数より多いのが一般的である。さらに、プログラム作業は、ソフトハウスのプログラマーにおろすことが普通である。A社SEを上位にその下に関連会社SE、ソフトハウスのプログラマーと階層化している。A社SEに求められているのは、関連会社SEとソフトハウスのプログラマーを活用し、ユーザーが満足するシステムを構築することである。

当時は全社的にパッケージ開発に力が入れられていた。ユーザー独自のシステム開発は工数（SE一人分の仕事量）と時間がかかり、納期に間に合わないことがしばしばおきていた。プログラム上のバグ（問題点）がみつかることも非常に多かった。この状況への対策として、特定業種向けのパッケージ開発が社内的に推進され、それを専門に行うSEを増やしていた。パッケージの開発は、銀行向けパッケージのように大規模開発になるものから、小売店向けパッケージのように比較的小規模のものまであるが、通常、一つのユーザーに作った独自システムを汎用性の高いパッケージに改良し、それを同業種の他のユーザーへ拡販していく。受注を受けるとそのユーザー向けに少し手直しをして導入する。

こうしてユーザーシステムが納入されるが、システム納入後は、ユーザーのシステム部門がその運用を担当するのが原則である。しかし、ハードウェア周りの運用でユーザーSEを支援することも、A社SEの大きな仕事である。特に、自社製品のオペレーティングシステム（以下OS）はユーザーにもあまり開示はせず、A社のSEが運用を行う方針を採っている。このため、運用支援担当SEは、ユーザーのシステムセンターに常駐して運用を行う。また、現実的に大型汎用機のメインフレームの運用は環境定義等かなり複雑なのでユーザーSEへの運用支援は必須となっている。新人SEの場合、システム運用支援を行ってOSの中身を勉強していく。また、ユーザーシステム構築は受注があってのものなので、製造業のビッグユーザーのように基幹システムがすでに導入済みで、新規受注が少ない部門にとって運用支援は重要な工数となっている。

◇共通部門

共通部門の役割は、フィールドSEが必要とするハードウェアおよびソフトウェアに関する最新で十分な知識を保有し、フィールドSEがシステムを問題なく構築することを助けることである。フィールドSEは事業部で開発、製造されたコンピューターを用いてシステムを構築し、同業他社の製造したソフトウェアをシステムの一部に使用することも多い。フィールドSEはハードウェア、ソフトウェア両方の正確で最新の大量な知識が必要となる。この時、技術的に不明な点、最新の情報を共通部門から得るしくみになっている。共通部門の具体的な職務は以下の三つである。①特定の機種・OS・言語の知識・スキルを蓄積し、開発部門とフィールドSEの橋渡しをする、②開発技法を考え、それをフィールドSEに広めていく、③コンバージョン。

◇スタッフ部門

スタッフ部門は、システム構築を行うという一般的なイメージのSEよりかなり事務部門に近い職務を行う。ある程度の技術的知識を持ちながら予算・購買の管理、パッケージの審査、SE会社支援、などを行う部門である。

以上のような職務の特徴を持つA社のSEにおいて、では、男性と女性にはどのような職務がわりあてられているのか。①新任配属先の部門のわりあて、②部署内における職務のわりあて、③担当プロジェクト内における職務のわりあて、④異動するときにおける職務のわりあて、から考えていく。

（2） 仕事のわりあてと雇う側の選好

①新任配属において女性向きとされる部門への配属

新人SEは四月に入社すると、二週間の導入教育（営業、SE、研究などすべての新人がうける社会人としての基本教育）を受講し、その後約二ヵ月のSEとしての専門教育を受講していた。各部署へ配属となるのは六月の終わりであり、配属先が決定するのは六月半ばである。教育が終わりにさしかかる六月の初旬、各SEに対して人事から配属先の希望アンケートもしくは面接が行われ、各SEはシステム部門のなかのどの部署にいきたいか、何がしたいかの希望を述べる。そして、六月半ばに配属が決定、研修修了後の六月下旬各所属へ配属されている。

人事部門は採用が開始される年度初めまでにおおよその採用予定を立て、採用を行う。そして、採用が終わった翌年一月から二月にかけて各部門が①人数、②専攻、③男女別の希望を提出し、各部門の希望と採用した各SE個人の希望をみながら配属を決めていっていた(3)。

このように新任配属が決定されるが、新任配属では共通部門のソフトウェアファクトリー部に配属される女性SEが多い。なぜ、ソフトウェアファクトリー部に女性SEが多く配属されるのか。それは、ソフトウェアファクトリー部は人事部への人員配置希望における希望人員の性別内訳で性別を問わないからである。他の部署、特にフィールド部門の部署では「希望人員一〇名、内訳男性一〇名、女性〇名」というように男性を強く希望するところが多い。そのため、男女を問わないソフトウェアファクトリー部に女性は配置されやすい。ではなぜ、ソフトウェアファクトリー部は強く男性を希望しないのか。その理由は、ソフトウェアファクトリー部の職務の内容と今まで女性SEが配属されてきた過程によると考えられる。

ソフトウェアファクトリー部が行う職務は、共通サポート部門の中でも特殊な位置づけにある。ソフトウェアファクトリー部はある機種で使用していたデータを他の機種でも使用できるようにデータ変換（コンバージョン）を専門に行う部署である。他の共通サポート部門がハードウェアやOSの知識を蓄積し、フィールドSEにもっている知識・情報をあたえる部署と位置づけられ、システム部門内でも威信が高いのに対して、ソフトウェアファクトリー部は作業を行う部署との意味合いが強い。具体的な職務は、大型汎用機用の場合は移行作業に伴うプログラミング作業が主であり、中小型機の場合は移行作業をソフトハウスにおろすので、ソフトハウス管理と進捗管理が中心である。つまり、フィールドSEのように客先に行って仕事を受注する、ユーザーの要件を聞きながらシステムを構築するというより、データ変換に特化した狭い専門領域の部署である。データ変換作業は新規のシステム構築や受注額の大きな巨大システム構築のような派手さがなく、こつこつ行う地味な作業といわれている。(4) また、データ変換作業の受注はプロジェクトの工程でデータ変換が必要になったフィールドSE経由であり、ユーザーにとっては「日頃の担当は男のフィールドSEがいるので、データ変換の担当が女のSEでもユーザーは嫌がったりはしない(5)」と考えられている。

第二に、一九八〇年に大卒女性SEがはじめて採用された時から、一九八四年頃までは女性SE全員がソフトウェアファクトリー部に配属されていた。その後、徐々に他部門に女性SEも配属されるようになっていくが、既に多くの女性SEが在籍しているソフトウェアファクトリー部には繰り返し多くの女性SEが配属された。つまり、ソフトウェアファクトリー部に女性が配属されやすいのはその職務の特性が女性と結びづけられていること、顧客を直接担当しない内側の職務であること、女性SEが配属されていた歴史があり、女性SEに対して排除する傾向がなかったことがあげられる。

フィールド部門や共通部門の開発担当が男性を希望をするのはなぜか。社内ではフィールド業務や開発は①残業が多く、システム導入時は徹夜になるなど勤務が厳しい、②フィールドはユーザー先への常駐、長期出張が多いから、といわれている。しかし、フィールド部門や開発はシステムの構築・開発といった最もSEらしい仕事を行う部署であり、フィールド部門や開発を希望する女性SEも多い（新人SEの多くは配属先希望でフィールドと答えている）。また、A社における大卒SEの男女採用比率は関連SE会社出向者を除くと[6]、大卒男性一・五対大卒女性一の割合であり、人事部は人員配置の人数的な問題からフィールドや開発を希望する女性SEをかなり希望通りにフィールドに配属している。次に、フィールドに配属された女性SEはどのような職務についているのかみてみたい。

②配属された部署における女性向きとされる職務のわりあて

新任配属でフィールド部門に女性SEが配属になったとしても、担当ユーザーを持ってユーザーのシステム構築に携わる女性ＳＥは少ない。

第一に、フィールド部門内で女性ＳＥはシステム構築ではなく、サポートの職務をわりあてられることが非常に多い。サポートの職務とは、担当ユーザーの問い合わせ対応、ユーザー向けの講習会の開催、ユーザー向けのマニュアル作成などである。部署内でシステム開発・運用とサポート担当が分かれ、システム開発は男性、サポートは女性とわりあてられ、男性ＳＥが行っているシステム構築に女性ＳＥが入り込めないまま、女性ＳＥにサポート職務がわりあてられている。

たとえば、社内通信ネットワークを担当する部門（課レベル）ではネットワーク構築の開発・運用は男性ＳＥが行い、サポートは女性ＳＥの担当である。また、社内の文献情報サービスを行う部門も文献情報サービスの開発・運用は男性ＳＥが行い、実際に文献検索を行ったり、社内ＳＥの問い合わせへの対応は女性ＳＥが行っている。この二つのケースの場合、男女雇用機会均等法施行前、つまり女性が職場に入ってくる以前は男性が開発もサポート作業も行っていた。システム構築の仕事は開発ができれば終わりではなく、システムがある程度完成し、導入されるときには、それに伴いマニュアルを作ったり、問い合わせに対応する職務が生まれる。最初はこれらの付帯職務は、開発を行っているＳＥ（女性ＳＥが入ってくる前は男性ＳＥのみ）が開発しながら行っていた。業務量がある程度になった時、この新しくできた職務だけが分離され、そこに女性が配置されたのである。まず、最初は社内の別の部署（多くはフィールドから異動）から女性ＳＥが異動になり、サポート班が結成される。それに伴い開発は男性、サポートは女性という分離が形成され、その後、開発には男性、サポートには女性SEが毎年新任配属されるようになって分離が維持される。次に配属されてくる者の性別が、現在の性別構成に基づいてしまうのである。さらに、男性と女性が同じようにサポートを行っていたとしても、男性の場合、システム構築、開発に戻る場合があるが、女性の場合、サポートからシステム構築、開発に戻ることはほとんどない。

フィールドの公共パッケージ構築班の例をみてみたい。男女雇用機会均等法が施行された一九八六年、課内にサポートチーム（マニュアル作成、展示会の開催、デモの対応などの仕事）が設けられ、大卒男A（入社二年目）、高卒男B（同二年目）、大卒女C（同一年目）にその仕事がわりあてられる。翌一九八七年、ここに入社一年目大卒女Dが配属となり、サポートチームは四名体制となる。翌一九八八年から一九八九年にかけて、大卒男A、高卒男Bが開発を行っているチームへ異動となる。その埋め合わせとして、高卒男E（入社一年目）が、新たにサポート班に配属となり、大卒女C、大卒女D、高卒男Eの三名体制となる。翌一九九〇年、サポートセンターをユーザーへのソフト面（マニュアルの作成、展示会の開催、デモ対応）の対応と、ハード面（コンピュータや機械のマシントラブル対応）の対応とに分離して行うことになり、ソフト面の対応は大卒女C、大卒女D、大卒女F（一年目：新たに配属）が、ハード面の対応は高卒男Eと高卒男G（入社六年目：新たに配属）によって行われることになる。ここに、ソフト面の対応は女性、ハード面の対応は男性というはっきりとした分離が形成されることとなる。

これらの例から明らかなように、女性SEはサポート職務をわりあてられる可能性が非常に高く、わりあてられる契機はサポート業務の拡大によって、サポート職務が分離するときである。そして、開発ではなくサポートに特化することは、ＳＥとしてスキルを高めていく機会を失っているということである。つまり、ユーザーのシステム構築や開発を行えば、その過程で、ＳＥとして必須のスキルである、業務の知識・ハードウェアの知識・ソフトハウスの使い方・プロジェクトのマネージの仕方などを身につけることができる。しかしながら、サポート職務のように問い合わせ対応、講習会の開催、マニュアル作りが主では、ＳＥとしてのスキルを高めていくことはできない。

第二に、機種によって性別で職務が分離している部署もある。ダウンサイジングの流れのなかで、一九八九年にフィールド部門の各統括部に一つずつ、ＵＮＩＸとパソコンの技術支援を行うオープンシステム部が新設された。オープンシステム部のＳＥの職務として求められたものはＵＮＩＸとパソコンのスキルと知識、フィールドでＵＮＩＸ、パソコンの商談があった場合にフィールドＳＥを技術支援することであった。当時、フィールドのＳＥには大型汎用機志向が強く、中小型を軽視する傾向があったのでこれらの部が新設された。

このような背景で新設された部署であるが、一般に男性はＵＮＩＸ、女性はパソコンの担当をわりあてられる傾向があり、いくつかのオープンシステム部ではＵＮＩＸ、グループウェアは男性、パソコンは女性と明確に分離されていた。なかには管理職が男性と女性に分離した課を作ろうとしたところもあった。女性ＳＥの反発から課の分離は断念したものの、女性にＵＮＩＸ関係の仕事は回さず、パソコン関連の拡販業務・プログラミングがわりあてられていた。当時ＵＮＩＸの知識・

スキルはフィールドSEで持っている者は少なく、オープンシステム部のSEがその先駆けとなったわけで、オープンシステム部でUNIXを担当したSEはUNIXのプロとしてUNIXの大きなプロジェクト受注がおきた場合、そのスキルを買われてフィールドに戻っていく場合も多かった。しかし、パソコン関連の拡販業務、プログラミングだけを行っているのでは、スキルの幅も狭いままである。パソコンをメインにしたシステム構成では受注額も小さい。つまり、男性SEには今後社内で必要となるスキル・知識を身につけられる機種を担当する職務がわりあてられ、女性SEには周辺的な機種を担当する職務がわりあてられているのである。

③担当プロジェクト内における女性向きとされる職務のわりあて

先に、女性がサポート職務やパソコン担当の職務をわりあてられる傾向にあり、課内で性別によって担当のプロジェクトが分離していると指摘したが、担当プロジェクトの分離という明確な性別分離はなくとも、プロジェクト内で女性がわりあてられやすい職務がある。

第一に、拡販デモンストレーション対応（以下デモ）は女性SEにわりあてられる。各種パッケージ、CADやPOSなどのシステムの場合、受注を得るために必ずユーザーの前で模擬操作をしながら、機能説明を行う。この時、機能説明をするのは機能を把握し、商談を進めている主担当であり、女性SEは単に機械を操作するだけである。しかし、課長・主担当クラスの男性SEは、デモを女性がした方が「場が和む」「ユーザーが喜ぶ」と考えており(7)、女性SEが担当する。そして、拡販が強化されるとき女性ＳＥは拡販デモ専門になってしまう。フィールドのＳＥの場合、入社二年目から通常、拡販と並行して、開発、テスト、導入というシステム構築の一連の作業があり、一般の男性ＳＥはこれらの職務を行う。拡販を行うのは既にシステムの開発、テスト、導入を経験し、知識・スキルのある班長クラスである。ところが、操作の職務が女性ＳＥにわりあてられることにより、女性ＳＥはシステムの開発、テスト、導入を十分経験しないまま、つまり知識・スキルが不十分のまま拡販担当になってしまう。さらに、拡販が忙しい時はデモ対応が優先され、拡販が忙しくない時期には場当たり的な職務、たとえば、データベースの資源管理のような職務がわりあてられ、ＳＥとして必要な知識・スキルが身についていかないといえよう。

第二に、ユーザーのシステム構築を担当している場合、稼働後メンテナンス要員として女性ＳＥが残る場合が多い。ソフトの不具合部分を修正するメンテナンスは「みんなやりたがらない」職務であり、通常、稼動後は一、二名のメンテナンス要員を残して、他のＳＥは新規プロジェクトの新規受注の職務をわりあてられたり、人手を必要としているプロジェクトに入っていく。しかし、女性ＳＥの場合、メンテナンス要員として残りやすい。インタビューを行った女性フィールドＳＥは、ほとんどがメンテナンスをわりあてられた経験を持っていた。

メンテナンスの仕事には、システム保守とユーザーへのＱＡ対応があるが、女性ＳＥはシステム保守よりユーザーへのＱＡ対応をわりあてられていることが多い。担当するメンテナンスの仕事は職務を通して新しいスキルは付きにくい。また、ソフト保守の場合も三年ぐらいは、メンテナンスにかかるのが普通であり、やはり、職務を通して新しいスキルは付きにくいといえよう。

第三に、担当ユーザーを持つのが普通のフィールド部内において、担当ユーザーをなかなか持たせてもらえない女性ＳＥも多い。フィールド男性ＳＥの場合、通常、先に述べたフィールドの主な職務、①受注を受けたユーザー独自システムの構築、②ユーザーのハードウェア周りの運用支援、のどちらかがわりあてられるので、担当ユーザーを新人の頃から持ち、担当ユーザーの業種を中心に業種スキルを身につけていく。また、担当ユーザーから様々なシステムを受注、構築するなかで、スキルを上げていく。しかし、女性ＳＥの場合、事務的な職務、まだどうなるか見込みが立たないが押さえておいたほうがよい新しい知識にからむ職務をわりあてられやすい。たとえば、ユーザー会の担当、課内の工数管理といった事務的な職務、人工知能システムの担当といった職務がわりあてられることが多い。その結果、担当ユーザーをもたないまま、五、六年を超える場合もある。

④異動において女性向きとされる職務へのわりあて
新任配属でユーザー担当のフィールドＳＥであっても、女性ＳＥの場合、職務を変わっていくうちにフィールドのＳＥとしての職務から外れていくことが多い。

第一に先にも述べたように、新しくサポートの課が設立されたり、サポートの職務がプロジェクト内で必要となった時、女性ＳＥがサポートの職務をわりあてられる。オープンシステム部の場合も、金融、証券、公共の各フィールドにいた数少ない女性がこの部の新設と共に異動し、サポート職務になっている。また、男性SEの場合、オープンシステム部のような統括部内の共通サポートに異動になったとしても、一〜二年後にはまたフィールドに戻る場合が多いが、女性SEが再びフィールドに戻った例はほとんどないといえよう。

第二に結婚したときである。A社人事としては結婚したからといって、部署を動くといった方針はない[(8)]。しかし、慣例として社内結婚で二人が同じ部署にいる場合は、どちらかが異動している。インタビューした女性SEのなかに結婚を機に職場を動いた人が四名いたが、うち三名がフィールド部門からスタッフ部門・サポート部門へ異動している。また、フィールドにとどまった一名も上司から、スタッフ部門への異動を勧められ、断っている。結婚に伴う異動の場合、管理職に個人的に異動を頼むといった形を取るので、管理職が異動先をさがし、管理職を通じて異動先の打診を受けることになる。多くの管理職は「結婚したら忙しいフィールドよりも定時に帰れるスタッフ部門を探してくるのが良い管理職」と考えており、また、結婚にともなって異動する女性SEを受け入れる部署はフィールド部門には極めて少なく、スタッフ部門・サポート部門なら受け入れる余地があるという事情がある。

(3) 雇う側の偏見でわりあてられる女性の仕事

①仕事を得る段階と仕事のわりあて、②非典型的な仕事にとどまろうとする時、の二段階について、①新任配属先において女性向きとされる部門への配属、②配属された部署における性別職務分

離、③担当プロジェクト内における職務のわりあて、④異動に伴って女性向きとされる職務へのわりあての四タイプから検討してきたが、「総合職」とされていても、そこには明白な性別職務分離があった。

A社SEとして最も一般的な①ユーザーのシステム構築をする、②ユーザーのシステムを運用する、といった職務についている女性SEは非常に少なく、女性SEは①狭い領域で専門に特化したデータ変換の職務、②サポート職務、③拡販デモの職務、④パソコンに代表されるような小さいマシンを使う職務、⑤メンテナンスの職務、⑥事務的な職務、⑦将来の見通しが立っていない先端知識にからむ職務、などにわりあてられている。また、女性SEの場合、最初はユーザーのシステム構築をしていても、その部署からだされて、これらの職務につく場合が多い。

なぜ女性SEにこれらの職務がわりあてられるのだろう。まず、第一に職務のイメージと女性性のイメージが結びつけられているからと考えられる。狭い領域で専門に特化した職務である、データ変換は「地味でこつこつ行う」仕事と考えられている。「地味でこつこつ」が、女性性のイメージに結びつけられている。また、「サポート」の職務も、社会のなかで男性が主で、それを女性が支えるという女性性に対するイメージが「サポート」の職務と女性を結びつけている。コンピューターの大きさも男性に「大型」、女性に「小型」が結びつけられている。さらに、デモンストレーションでは女性が行ったほうが「場が和む」と女性のセクシャリティが扱われている。つまり、A社システムエンジニアの女性は女性にとって非典型的な仕事に参入したものの、その仕事のなかで社会で考えられている「女性性のイメージ」に近い職務がわりあてられていった。

第二に、一度女性がある職務に配置されると次も女性が配属され、それが繰り返し行われることによって女性用の職務となる傾向がある。たとえば、一九八〇年から一九八四年まで、採用された女性SEは全員、コンバージョン部門に配属された。この部門では女性がうまく「活用」されていたので、配属希望人員の性別については「男女不問」となり、一方フィールドの部門が男性の配属に偏っているので、結果、女性が配属されやすくなった。サポート業務は従来はシステム開発を行うSE（男性）が付帯作業として行っていたものが、初めて配属された女性にサポート業務がわりあてられ、次年度に配属になった女性にも同じ業務がわりあてられる。そして、女性にわりあてられた仕事が「女性用の仕事」として確立するようになるといえよう。

第三に、顧客への「配慮」がある。フィールドSEは顧客のシステム要件を聞き出し、それをシステム化するのが仕事である。顧客と密な関係を築くことが望ましいと考えられている。このような状況のなか、顧客が女性のSEを嫌がるのではないかとの観点から女性SEをユーザー担当にしない傾向もあると考えられる。

第四に、これらの職務へのわりあては会社の全社的な方針というより、職場の管理職、課長・班長レベルの判断によるわりあてと考えられる。人事システム上、会社の全社的な方針はなく、新任配属先はSE個人の希望と各部門の管理職からの希望によってなされ、また、各部門においてどのような職務をわりあてるかは各管理職の権限だからである。

3　職務のわりあてと昇進、知識・スキル

第二節でわりあてられる職務が男性と女性で異なることがわかったが、持っている知識・スキル（人的資本）が低いからそれなりの職務をわりあてられているのではないかという疑問が残る。この節では、①もともと持っていた知識・スキルとわりあてられた職務の関係を明らかにし、②わりあてられた職務によって新たに蓄積される知識・スキル（人的資本）についても考えてみたい。さらに、③知識・スキル（人的資本）と昇進の関係――知識・スキルを持っている人ほど昇進しているのか、について考えてみたい。

（1）職務のわりあてと人的資本

ブリントン（Brinton 1991）は社会制度、社会制度における行為者が個人のライフサイクルにおける人的資本を形成するとし、これを人的資本発展システムとよんだ。そして、職場も人的資本発展システムの一つであり、職務のわりあてに伴うＯＪＴは人的資本の投資の一つと述べている。

これをふまえ、与えられた職務を通して「知識・スキルを与えられる（人的資本の投下）」とみなして、①入社時の知識・スキル（人的資本）は男女で同じだったのか、②職務のわりあて（職務を通して与えられる知識）は男女でどのくらい異なるか、③入社時の知識・スキル（人的資本）と仕事

のわりあてはどのように関係しているのか、④職務のわりあてと現在持っている知識・スキル（人的資本）はどのように関係しているのか、⑤現在持っている知識・スキル（人的資本）と昇進はどのように関係しているのか、について「入社」「入社してから現在」「現在」の三時点でみてみたい。今まで、人的資本を対象とする先行研究は人的資本を「教育年数」「勤続年数」で置きかえていることが多い。システムエンジニアを事例としてみていくことによって、より正確にスキルを測定することができ、精緻な人的資本を提示できると考えている。

分析対象は、職務のわりあてについて考えた第2節と同じくA社システムエンジニアを対象とした。質問紙調査は一九八五～一九九一年入社の大学卒・大学院卒男女一二〇〇名（全数調査）を対象に社内メールによる郵送法で一九九六年一二月に実施した。分析は新卒入社の大卒の者（一貫してスタッフ部門のものを除く）四九六票（男三八九票、女一〇七票）を使用して行った。

システムエンジニアを対象とするので、「入社時の知識・スキル（人的資本）」は①コンピュータ経験、②情報処理資格の有無、③大学における専攻、④学歴（学部卒にコントロール）によって測った。職務を通して与えられた知識・スキルについては⑤担当した職務の比率、⑥コンピュータ経験程度別担当職務、⑦大学の専攻別担当職務によって、「現在の知識・スキル（人的資本）」を⑧情報処理資格の有無、⑨システム構築のスキル、⑩OSのスキル、⑪プロジェクト管理のスキル、⑫社内制度のスキルによって測ることにする（図表1－2を参照）。

図表 1-2　人的資本と各変数の概念図

入社		現在
▲	↑	▲
入社時の知識・スキル （人的資本）	職務のわりあて （与えられる知識・技能： 投下される資本）	現在の知識・スキル （人的資本）
変数	変数	変数
①コンピュータ経験	⑤担当した職務の比率	⑧情報処理資格の有無
②情報処理資格の有無	⑥コンピュータ経験程度別担当職務	⑨システム構築のスキル
③大学における専攻	⑦大学の専攻別担当職務	⑩ OS のスキル
④学歴（学部卒にコントロール）		⑪プロジェクト管理のスキル
		⑫社内制度のスキル

出典：筆者作成

（2）入社時にもっていた知識・スキル

①コンピュータの経験

入社時のコンピュータの経験をみてみると（図表1－3）、入社時にコンピュータの経験がなかった者は男性一九・五％、女性の三二・一％、経験のややあった者は男性の三三・二％、女性の四〇・六％、経験のあった者は男性の四七・三％、女性の二七・四％であった。つまり、入社時のコンピュータの経験は男性のほうが女性より持っていた。次に、入社時の情報処理資格保持の状況をみてみると、男性で情報処理資格を[9]持っていたものは一〇％、女性で二・八％である。入社時のコンピュータの経験としては男性の方が女性よりあったといえるが、コンピュータの経験を持っていたとする者でも、情報処理資格を取得するまでのスキルは持っていなかったものが大部分である。

②大学の専攻

大学の専攻は（図表1－3）、専攻が文系だった者は男性の

図表1-3　入社時にもっていた人的資本

		性別（%）		全体
		男性	女性	
コンピュータ経験（入社時）	なし	19.5	32.1	22.2
	ややあり	33.2	40.6	34.7
	あり	47.3	27.4	43.0
	合計（度数）	(389)	(106)	(495)
情報処理資格の状況（入社時）	なし	90.0	97.2	91.5
	あり	10.0	2.8	8.5
	合計（度数）	(389)	(107)	(496)
大学専攻	文系	24.6	58.8	32.2
	理系	50.4	30.9	46.1
	情報系	24.9	10.3	21.7
	合計（度数）	(341)	(97)	(438)

出典：筆者作成

二四・六%、女性の五八・八%を占め、理系では男性で五〇・四%、女性で三〇・九%、情報系では男性で二四・九%、女性で一〇・三%であった。男性は理系が半数を占め、女性は文系が六割近くを占める。また、コンピュータの職務に最も近い情報系は男性の約二五%、女性の約一〇%である。つまり、大学の専攻も、男性の方が女性よりシステムエンジニアの職務により生かせる専攻であったものが多い。

コンピュータ経験、大学の専攻からみて、入社時に持っていた知識・スキル（人的資本）は男性の方が女性より持っていた。

（3）わりあてられた職務と与えられた知識・スキル

次に、入社してからの与えられた人的資本の量を職務のわりあてから検討するが、職務のわりあてをシステムエンジニアとしての知識・スキルが与えられることと考え、次のように職務を分けてみたい。

一　汎用機を用いたシステム構築（保守・プログラミング・テスト工程のみの場合を除く）
二　保守・プログラミング・テスト
三　パソコン中心のシステム構築
四　サポート（ディーラー・ユーザー支援・センター運営・教育・マニュアル作り）事務周り
五　スタッフ部門における仕事[10]

システムエンジニアの仕事は①提案作業→②商談推進→③要件分析→④設計→⑤開発→⑥テスト→⑦保守、の一連のシステム構築の作業工程をふむ。この一連の工程に携わるのがシステムエンジニアである。しかし、工程に携わらない場合もある。上記のカテゴリーの二に、その代表的なもの「テスト」「プログラミング」「保守」をまとめた。「テスト」は開発したシステムがきちんと稼動するか試行する過程であり、問題が生じやすい。問題が生じてプロジェクトが立ち動かない状況になったとき、他のプロジェクトからピンチヒッター的に人を投入する。「プログラミング」は通常、ソフトハウスのプログラマーが行うことになっており、A社SEが行うときは、勉強の一環として行うか、もしくはプログラマーの仕事がうまく進まない場合の火事場投入的な使われ方である。「保守」はシステム稼動後、ソフトの不具合の修正、ユーザー側のシステム運用を助けるための数名が残る。他のメンバーは新しいプロジェクトに入っていくが、残ったメンバーは不具合修正と顧客システム部門対応とで二〜三年過ごすことになる。このように、「保守」「プログラミング」「テスト」のみ行う場合は、職務の内容、職務の与えられ方から「一　汎用機を用いたシステム構築」よりやや落ちると考えられ、別とする。

システム構築では、「汎用機を用いたシステム構築」と「パソコン中心のシステム構築」にわける。「汎用機を用いたシステム構築」は汎用機と端末のシステムのことである。一九九五年ぐらいまではA社で受注するシステムは「ホストマシンと端末のシステム構築」が一般的であった。それ以降ダウンサイジング化の流れのなかで汎用機とパソコン端末の組み合わせから、UNIXを用いたシステムへシステム構築のあり方が変化している。UNIXを用いたシステム構築が多くなるのは一九九五年ぐらいからであり、調査時点（一九九六年）ではちょうど出始めた頃と考えられる。よって、UNIX中心のシステムの場合も「汎用機を用いたシステム構築」に含めた。

当時、パソコンは一般的には汎用機の端末として使用されていたが、「パソコン中心のシステム構築」も一部にはあった。また、端末としてのパソコン部分を担当している場合も「パソコン中心のシステム構築」の職務とした。パソコン中心のシステム構築は汎用機を用いたシステム構築より職務を通して与えられる知識・スキルの量は劣る。汎用機中心のシステム構築は、端末としてパソコンを扱うので、汎用機を中心にパソコンのスキルも身につくが、パソコンを中心に汎用機と接続する職務であるとパソコンの知識しかえられない。

（4）職務のわりあて

①入社時から今までの担当してきた職務

では誰にどのような職務がわりあてられているのか。図表1－4は入社から現在までの期間を一〇〇として、入社から現在まで担当してきた職務の割合をあらわしたものである。男性では入社から現在までの期間で「汎用機を用いたシステム構築」を行った割合が約六割、「保守・プログラミング・テスト」を行った期間の割合が約二割である。一方女性は「汎用機中心のシステム構築」を担当した期間の割合は約二割しかない。入社してから現在までの約六割の期間を「パソコン中心のシステム構築（三二・八％）」「ユーザーサポート・事務周り（三〇・六％）」にわりあてられている。「汎用機を用いたシステム構築」「パソコン中心のシステム構築」「ユーザーサポート・事務周り」で男性と女性の差が明確となっている。

②入社時に持っていた知識・スキルと職務のわりあて

入社時に持っていた知識・スキルと職務のわりあてはどのように関係しているのか。図表1－4は入社時のコンピュータの経験と職務のわりあて状況である。男性は入社時にコンピュータの経験がなくとも「汎用機中心のシステム構築」をわりあてられるが、女性は入社時の経験がないほど「ユーザーサポート・事務周り」をわりあてられ、経験があれば「汎用機中心のシステム構築」をわりあてられる傾向にある。

図表1-4　性別・入社時の人的資本と入社から現在までにわりあてられた職務の比率（平均値）

			平均値					
			汎用機中心のシステム構築	保守・テスト・プログラミング	パソコン中心のシステム構築	ユーザーサポート・事務周り	スタッフ部門での職務	（度数）
性別		男性	61.72	19.80	12.45	4.70	1.33	(389)
		女性	19.94	13.45	32.77	30.61	3.24	(107)
		全体	52.71	18.43	16.83	10.29	1.74	(496)
	分散分析（性別）							
	F値		104^{***}	3.687	44.2^{***}	121^{***}	3.815	
入社時のコンピュータ経験	経験なし	男性	65.17	17.94	10.50	4.78	1.60	(76)
		女性	14.30	8.91	28.95	45.39	2.45	(34)
		全体	49.45	15.15	16.21	17.33	1.86	(110)
	経験ややあり	男性	61.54	20.87	9.74	5.83	2.02	(129)
		女性	19.77	12.76	36.37	26.85	4.26	(43)
		全体	51.09	18.84	16.40	11.09	2.58	(172)
	経験あり	男性	60.42	19.82	15.15	3.87	0.74	(184)
		女性	27.51	20.26	29.58	19.89	2.76	(29)
		全体	55.94	19.88	17.11	6.05	1.01	(213)
	分散分析（入社時コンピュータ経験）							
	F値		1.13	0.897	0.046	8.344^{***}	1.466	
大学の専攻	文系	男性	57.83	23.81	11.60	4.82	1.94	(84)
		女性	20.11	11.37	28.24	39.11	1.18	(57)
		全体	42.58	18.78	18.33	18.68	1.63	(141)
	理系	男性	63.78	18.82	12.67	3.57	1.16	(172)
		女性	22.34	15.98	39.54	17.50	4.64	(30)
		全体	57.62	18.40	16.66	5.64	1.68	(202)
	情報系	男性	60.66	19.94	12.25	5.78	1.37	(85)
		女性	21.83	17.35	44.68	15.20	0.94	(10)
		全体	56.58	19.67	15.66	6.77	1.32	(95)
	分散分析（大学の専攻）							
	F値		6.315^{**}	0.056	0.26	14.56^{***}	0.062	

注：$^{**}p<.01$ $^{***}p<.001$
出典：筆者作成

図表1-5　性別ごとの現在持っているスキルの平均値

	平均値						
	OS（汎用機大型）	OS（汎用機中型）	OS（UNIX）	OS（パソコン）	SEとしてのスキル	プロジェクト管理のスキル	社内制度のスキル
男性	2.09（383）	0.91（379）	1.42（383）	2.09（384）	2.20（375）	2.30（382）	2.24（382）
女性	0.87（95）	0.87（90）	1.29（93）	2.01（95）	1.41（85）	1.63（90）	2.02（95）
全体	1.85（478）	0.90（469）	1.40（476）	2.08（479）	2.06（460）	2.17（472）	2.19（477）
分散分析							
F値	63.7***	0.08	0.72	0.38	52.1***	32.2***	3.92*

注1：OS：オペレーションシステム
　2：*p<.05 ***p<.001
　3：算出法：各項目を「経験なし」0点、「具体的指示があればできる」1点、「要点のみの指示でできる」2点、「主担当として作業を行える」3点、「指導的立場として当該作業を行える」4点として平均したものである
　4：（　）の内の数値は度数
出典：筆者作成

大学の専攻と職務のわりあて状況をみてみたい。男性は大学の専攻にかかわらず、「汎用機中心のシステム構築」がわりあてられる傾向にある。女性は大学の専攻による「汎用機中心のシステム構築」の割合に差がなく、おしなべて低い。文系女性は特に「ユーザーサポート・事務周り」をわりあてられる比率が高い。つまり、男性には入社時の知識・スキルの量（コンピュータ経験・大学の専攻）に関係なく、職務がわりあてられるが（知識・スキルがさらに与えられる）、女性にはされていない。その結果、持っている知識・スキルの差はさらにつくと考えられる。

(5) 現在、持っている知識、スキル

①持っている知識・スキル

図表1－5はオペレーティングシステム（以下OS）のスキルの保持状況であるが、女性は大型汎用機OSのスキルが男性よりかなり低い。これは先に考察したよう

に、男女で職務のわりあてが異なり、女性が汎用機を使用したシステム構築を担当していないためであろう。また、女性はパソコンの職務をわりあてられることが多いので、パソコンのOSのスキルは高い。一方、男性はパソコンの職務を直接わりあてられなくとも、通常、大型汎用機の端末としてパソコンを扱うので、大型汎用機を扱えば、端末としてパソコンも扱うことになり、男性の持つパソコンOSのスキルは大型汎用機OSと同じ程度であり、女性のパソコンOSのスキルとも同じ程度のスキルを持っている。

「SEとしてのスキル」[11]「プロジェクト管理」[12]ともに、男性のほうが女性より保有しているスキルが高く、はっきりした格差がある。女性の場合、システム構築に携わっていないので、OSの知識・スキルだけではなく、SEとしてのスキルやプロジェクト運営、プロジェクト管理のスキルも男性と比べると持っていない。

②情報処理資格の取得状況

情報処理資格の取得状況[13]をみると（図表1－6）、情報処理資格を持っていない者は男性の五〇・一％、女性の六三・六％、入社後情報処理資格二種をとった者は男性の三七・八％、女性の二九・九％、情報処理資格一種を持っている者は男性の一二・一％、女性の六・五％である。男性の方が女性より情報処理資格一種・二種ともに取得している。しかし、この結果はサンプル全体についてみたものであり、次節から検証する、「専門職」昇進に該当する一九八五年入社から一九八九年入

図表1-6　男女別の情報処理資格取得状況・昇進の状況

		性別（%） 男性	女性	全体
情報処理資格の状況（現在）	なし	50.1	63.6	53.0
	2種あり	37.8	29.9	36.1
	1種あり	12.1	6.5	10.9
	合計（度数）	(389)	(107)	(496)
昇進の状況（現在）	一般職1級	13.9	46.9	21.0
	専門職	86.1	53.1	79.0
	合計（度数）	(244)	(66)	(310)

出典：筆者作成

社の調査対象者でみてみると、情報処理資格を持っていない者は男性の五二・〇%、女性の六三・六%、入社後情報処理資格二種をとった者は男性の三六・二%、女性の二七・三%、情報処理資格一種を持っている者は男性の一一・八%、女性の九・一%であり、男性と女性の情報処理資格取得における統計的なちがいはない。

(6) 昇進ともっている知識・スキルの関係

①昇進の状況

A社大卒システムエンジニアの場合、職階級「一般職二級」で入社し、五年目に「一般職一級」になり、このときは差がつかない。差がつくのは七年目を標準としてなる「専門職」からである。[14]図表1-6は昇進の状況を専門職昇進に該当する一九八五年入社から一九八九年入社の調査対象者に絞って性別にわけてみたものである。男性システムエンジニアの八六・一%が専門職に昇進しているが、女性では五三・一%しか昇進していない。

さらに、専門職になるのに必要な年数（図表1-7）は、専門

図表 1-7　男女別の昇進にかかった年数

		性別（%）		全体
		男性	女性	
昇進にかかった年数	6 年	10.2	—	8.7
	7 年	53.9	20.0	49.0
	8 年	28.6	51.4	32.0
	9 年以上	7.3	28.6	10.4
	合計（度数）	(206)	(35)	(241)

出典：筆者作成

職への昇進に何年かかったかをみたものである。標準より一年早い入社六年で昇進した者は男性の一〇・二%を占めるが、女性にはいない。標準の入社七年で昇進した者は男性の五三・九%、女性の二〇・〇%、入社八年では男性の二八・六%、女性の五一・四%、入社九年以上かかった者は男性の七・三%、女性の二八・六%である。男性の方が女性より昇進しており、昇進も早い。

②入社時に持っていた知識・スキルと昇進の関係

図表1－8は入社時のコンピュータ経験と昇進の関係である。「経験あり」で「専門職に昇進」八四・三%、「ややあり」で「専門職に昇進」八八・〇%、「経験なし」で「専門職に昇進」八五・六%であり、男性の場合入社時のコンピュータ経験に関係なく昇進している。一方、女性の場合「経験あり」で「専門職に昇進」五二・四%、「ややあり」で「専門職に昇進」四五・八%、「経験なし」で「専門職に昇進」六〇・〇%である。女性では入社時のコンピュータ経験がなかった者が最も昇進し、コンピュータ経験「ややあり」で最も昇進していない。インタビュー調査の結果をふまえて、この結果を検討すると、

図表 1-8　入社時の人的資本と昇進の状況

			性別（%）		全体
			男性	女性	
コンピュータ経験（入社時）	経験あり	一般職 1 級	15.7	47.6	25.0
		専門職	84.3	52.4	75.0
		合計（度数）	(51)	(21)	(72)
	ややあり	一般職 1 級	12.0	54.2	22.2
		専門職	88.0	45.8	77.8
		合 計（度数）	(75)	(24)	(99)
	経験なし	一般職 1 級	14.4	40.0	18.1
		専門職	85.6	60.0	81.9
		合計（度数）	(118)	(20)	(138)
大学専攻	文系	一般職 1 級	15.9	53.1	31.6
		専門職	84.1	46.9	68.4
		合計（度数）	(44)	(32)	(76)
	理系	一般職 1 級	13.8	42.9	18.5
		専門職	86.2	57.1	81.5
		合計（度数）	(109)	(21)	(130)
	情報系	一般職 1 級	11.9	25.0	13.4
		専門職	88.1	75.0	86.6
		合計（度数）	(59)	(8)	(67)
入社時情報処理 2 種資格	資格なし	一般職 1 級	13.4	47.6	21.1
		専門職	86.6	52.4	78.9
		合計（度数）	(217)	(63)	(280)
	資格あり	一般職 1 級	18.5	33.3	20
		専門職	81.5	66.7	80
		合計（度数）	(27)	(3)	(30)

出典：筆者作成

女性で「経験なし」の場合、サポートや事務周りを行う部署に配属になる傾向が高く、その結果、昇進枠を男性と争わないので昇進し、「ややあり」の場合、システム構築を行う部署に配属となり、男性と昇進枠を争うことになり、昇進するのが難しいと考えられる。

次に大学の専攻と昇進の関係をみる。大学の専攻「文系」「理系」「情報系」いずれの場合も男性のほうが女性より昇進している。また、男性の場合、昇進は大学の専攻に関係ない。「文系」「理系」「情報系」いずれも昇進している割合は八四・一%、八六・二%、八八・一%と差はない。女性は「情報系」（七五・〇%）が、最も昇進しており、男性との差もない。しかし、理系の五七・一%、文系の四六・九%しか昇進しておらず、また男性と格差が明白である（参考：文系、理系ともにカイ二乗検定p<.01）。

さらに入社時の情報処理資格取得状況と昇進の関係をみてみると「資格なし」において男性は八六・六%が昇進しているが、女性は五二・四%しか昇進していない。入社時に情報処理資格二種を持っていた「資格あり」で、男性は八一・五%が昇進、女性は六六・七%が昇進している。「資格なし」で男性と女性の昇進の格差は明らかである（参考：p<.001カイ二乗検定）。

以上から、男性は入社時に知識・スキルを持っているいないにかかわらず昇進している。一方、女性は男性と比べて昇進していない。女性で男性と同じように昇進した人は入社時に情報処理二種資格を持っていたか、大学の専攻が「情報系」であった場合である。つまり入社時にかなりの知識・スキルを持っていた女性のみ昇進できているといえる。

図表 1-9　男女別の情報処理資格・職務のわりあてと昇進状況

			性別（%）		全体
			男性	女性	
現在の情報処理資格	資格なし	昇進なし	14.3	52.4	23.8
		昇進あり	85.7	47.6	76.2
		合計（度数）	(126)	(42)	(168)
	2種あり	昇進なし	14.6	44.4	19.6
		昇進あり	85.4	55.6	80.4
		合計（度数）	(89)	(18)	(107)
	1種あり	昇進なし	10.3	16.7	11.4
		昇進あり	89.7	83.3	88.6
		合計（度数）	(29)	(6)	(35)
入社してから現在までの職務のわりあて（人的資本の全投下量）	1～2未満	昇進なし	25	45.5	40
		昇進あり	75	54.5	60
		合計（度数）	(12)	(33)	(45)
	2～3未満	昇進なし	13.5	52.4	27.6
		昇進あり	86.5	47.6	72.4
		合計（度数）	(37)	(21)	(58)
	3～4	昇進なし	13.4	41.7	15.0
		昇進あり	86.6	58.3	85.0
		合計（度数）	(194)	(12)	(206)

出典：筆者作成

③現在の人的資本と昇進の関係

図表１－９の昇進と現在の情報処理資格取得状況をみてみると、資格を持っていない人で、昇進しているのは男性で八五・七%、女性で四七・六%とはっきりした差がある。情報処理資格二種を持っていても、男性で昇進しているものは八五・四%、女性で五五・六%とやはり昇進の差がある。

一方、情報処理資格一種を持っている場合、男性で昇進しているものが八九・七%、女性で八三・三%と、昇進の差はついていない。男性の場合、情報処理資格の取得状況と昇進は関係ないが、女性の場合、情報処理資格一種を持っていれば、男性と同じ程度昇進しているといえる。さらに、「システム構築のスキル」と昇進の関係を一九八九年入社男性[15]でみると、スキル一以上二未満の七六・五％（N＝一三）が昇進、二三・五％（N＝四）が未昇進。スキル二以上三未満で昇進したのは五八・一％（N＝一八）、未昇進は四一・九％（N＝一三）、スキル三以上四未満で昇進したのは七〇・〇％（N＝七）、未昇進は三〇・〇％（N＝三）であった。男性の場合は現在持っている人的資本と昇進の関係は強くないといえよう。

④知識・スキルの与えられた量と昇進

では、知識・スキルの与えられた量と昇進の関係はどうであろうか（図表1‐9）。知識・スキルの与えられた量は「汎用機を用いたシステム構築」二点、「保守・プログラミング・テスト」三点、「パソコン中心のシステム構築」四点、「ユーザーサポート・事務周り」一点、「スタッフ部門」一点とし、入社から現在までを一として、各職務を担当した比率から算出した[16]。

男性の場合、知識・スキルの与えられた量がかなり低い場合、与えられた量が標準の者もしくは多い者よりは昇進しない傾向にある。しかし、女性の場合、知識・スキルの与えられた量が多い者よりは昇進している。一方、知識・スキルの与えられた量が少ない場合でも、標準的に与えられた者より昇進しやすく、多く与えられた者との差もさほど大きくない。つまり、女性では「ユーザーサポート・事務周り」の職務についた場合の方が、「パソコン中心のシステム構築」職務につくより昇進の可能性が高い場合がある。この点に関しては、知識・スキルの与えられた量からだけではなく、別の要因からの検討が必要であろう。インタビュー調査で明らかになったのであるが、「ユーザーサポート・事務周り」は周辺業務であるために、担当部署のメンバーが少ない。その結果、昇進該当年になった際に、専門職の枠を争う同期の男性が同じ部署内にいないことが多く、該当年に昇進できる場合があるという。一方、システム周りの担当は、男性の中に混じって職務を行い、男性と専門職の枠を争うため、知識・スキルの与えられた量が効いてくると考えられる。

⑤入社時にわりあてられた職務、入社〜現在までの職務と昇進

入社時に持っていた知識・スキル、入社してから与えられた知識・スキルと昇進の関連を重回帰分析によって検証する[17]（図表1－10、図表1－11参照）。

図表1－11の結果をみると、新任配属でどのような職務をわりあてられたかは性別による。さらに、新任配属されてから現在までどの職務をわりあてられるかはやはり性別による。さらに、現在昇進しているか（専門職であるかないか）は、新任配属されてから現在までどの職務のわりあてをコントロールしても、性別が効いている。つまり、新任配属においてどのような職務をわりあてられるか、入社してから現在までどのような職務をわりあてられているか、昇進しているかいないかは、男であるか、女であるかの性別による。一方、男性だけでみてみると新任配属されてから現在までの職務のわりあて、昇進ともにここで検証した知識・スキルの要因は影響を与えていない。

しかし、女性の場合、入社してから現在までの職務のわりあてに対して「入社時のコンピュータ

表1-10　職務のわりあて、昇進についての回帰モデル（標準化係数）

	入社時の職務のわりあて（人的資本の入社時の投下量）	入社してから現在までの職務のわりあて（人的資本の全投下量）	昇進の有無	
			モデル1	モデル2
入社時のコンピュータ経験	－0.004	0.050	－0.002	0.006
専攻（基準：理系）				
文系	－0.019	－0.013	－0.060	－0.064
情報系	0.086	－0.029	－0.015	－0.008
現在までの全投下量	—	—	0.054	0.049
現在の情報処理資格（基準:2種）				
なし	—	—	—	0.035
1種	—	—	—	0.079
性別（ダミー）	－0.318***	－0.573***	－0.292***	－0.295***
入社年（ダミー）	－0.074	－0.016	－0.352***	－0.348***
調整済 R^2	0.111	0.326	0.226	0.225
ケース数	(271)	(274)	(272)	(272)
F検定	P.<.0001	P.<.0001	P.<.0001	P.<.0001

	入社してから現在までの職務のわりあて（人的資本の全投下量）		昇進の有無	
			モデル2	
	男性	女性	男性	女性
入社時のコンピュータ経験	－0.021	0.150*	0.009	－0.003
専攻（基準：理系）				
文系	0.066	0.236	－0.042	－0.073
情報系	－0.040	0.359	－0.108	0.035
現在までの全投下量	—	—	0.06	－0.037
現在の情報処理資格（基準:2種）				
なし	—	—	0.063	0.009
1種	—	—	0.069	0.148
入社年（ダミー）	－0.034	0.223	－0.328***	－0.467***
調整済 R^2	－0.009	0.123	0.087	0.187
ケース数	(214)	(60)	(212)	(60)
F検定	P.<.706	P.<.023	P.<.001	P.<.011

注：*P.<.05 ***P.<.001
出典：筆者作成

図表 1-11　職務のわりあてと人的資本についての回帰モデル

入社時		現在
入社時の職務のわりあて （入社時の人的資本投下量）	入社から現在までの職務のわりあて （人的資本の全投下量）	昇進の有無
▲	▲	▲
入社時のコンピュータ経験 専攻 入社年度 性別	入社時のコンピュータ経験 専攻 入社年度 性別	入社時のコンピュータ経験 専攻 入社年度 性別 人的資本の全投下量 現在の情報処理資格の有無 （モデル２のみ）

注１：入社時の投下量：新任配属先でわりあてられた職務から算出
　２：全投下量：新任配属から現在までわりあてられた職務とその割合から算出
出典：筆者作成

経験[18]」は標準化係数が大きく、かつ統計的に有意な関係を示している（β＝0.150）。つまり、入社時のコンピュータ経験が多い方が、システムエンジニアとしての仕事をわりあてられる傾向にある。さらに、女性が昇進しているか、していないかに対して「入社年」（β＝−0.467）の次に大きな係数をとるのが「現在の情報処理資格一種」である（β＝0.148）。統計的に有意な関係は示していないが、本調査のサンプルが全数調査であること、図表１－９の結果において女性が「現在の情報処理資格一種」を持っている場合、昇進の程度において差がないことから検討すると、女性は「現在の情報処理資格一種」を持っているとより昇進する傾向があると考えられる[19]。

（7）昇進に影響するのは性別

本章では、①入社時の知識・スキルは男女で異なるのか、②職務のわりあては男女でどのくらい異なるか、③入社時の知識・スキルと仕事のわりあての関係、④職務のわりあてと現在持っている知識・スキルの関係、⑤現在持っている知識・スキルと昇進の関係、を検討した結果、次のことが明らかになった。

a　入社時のコンピュータ経験（知識・スキル）は男性の方が女性より高い。

b　わりあてられる職務に差がある。男性はシステムエンジニアとしての職務をわりあてられるが、女性はわりあてられていない。つまり、職務を通して与えられる知識・スキルの量は男性に多く、女性に少ない。

c　男性の場合、入社時の知識・スキル（コンピュータ経験）が少なくても、わりあてられる職務は知識・スキル（入社時のコンピュータ経験）が高いものと同じであるが、女性の場合、知識・スキル（入社時のコンピュータ経験）が少ないほど職務を通して知識・スキルは与えられない。

d　わりあてられた職務を通して知識・スキルが与えられるかどうかは、知識・スキルの有無よりも、性別によって決定されている。

e　女性の昇進は男性より遅い。

f　男性は入社までの知識・スキル、現在持っている知識・スキルと昇進の関係はないが、女性の場合、現在持っている知識・スキルが大きいほど昇進する傾向がある。

g　わりあてられた職務を通して与えられる知識・スキルをコントロールすると昇進している／していないは性別によって決定されている。

入社時に持っていた知識・スキルは、男性の方が女性より多いが、男性は入社時の知識・スキルには関わりなく、システムエンジニアとしての職務がわりあてられる。つまり、職務を通して与えられる知識・スキルからみると、男性にはまんべんなく知識・スキルが与えられる（人的資本が投下される）。しかし、女性は入社時に持っている知識・スキルが高くないと、システムエンジニアとしての職務がわりあてられず、職務を通して与えられる知識・スキルを与えられない。男性の場合は、持っている知識・スキルと昇進の関係は強くないが、女性の場合、現在持っている知識・スキルが他とはっきり異なることが提示できるぐらい大きくないと男性と同じ程度には昇進しない傾向にある。女性の場合、知識・スキルが昇進に影響するとしても職務を通して与えられる知識・スキルは男性のように与えられておらず、その結果、男性が女性より昇進していく構造にあると考えられる。さらに、重回帰分析の結果、昇進しているか、していないかは、性別が最も影響を与えていた。

以上から、「性別職務分離は働く者に職務を通して与えられる知識・スキルを決定する」「男性は知識・スキルを持っていても、持っていなくても昇進する。女性は知識・スキルをより持っているものが昇進する」といえる。

(8) 労働需要側の偏見による職務のありあてと昇進

以上、システムエンジニアの総合職を例に、職務のわりあてについて、本節で持っている人的資本と昇進の関係を考察し、以下の点が明確になった。

第一に、システムエンジニアの「総合職」といっても、男女でわりあてられる職務が異なり、男性はシステムエンジニアの主な職務である「システム構築」をわりあてられるが、女性の場合、「パソコンを扱うシステム構築」「顧客サポート職務」「専門に特化した職務」をわりあてられる。また、男女で異なる職務のわりあては、全社的な方針ではなく、職務のわりあての権限を持つ、各職場の管理職の考えによって決まっている。新任配属は、会社の方針としては①男女同一職務を基本とし、②本人希望と各部門からの希望によって決定するが、各部課からの希望が、男性に偏っているため、まず、男女不問とする共通部門に女性が配属されやすい。さらに、女性でフィールドを希望するものは、各部課からの希望に反しても、人員の配置比率からフィールドに配属されることも多いが、各職場における仕事のわりあてでは、各職場の管理職、班長に権限があるので、フィールドに配属された女性は、各部署内、プロジェクト内で、「女性用」の職務がわりあてられる。

第二に、職務のわりあてと資本の投下の関係であるが、わりあてられる職務と入社時の人的資本が関係するのは女性の場合のみである。女性は入社時の人的資本が多い方がよりシステムエンジニアとしての職務をわりあてられるが、男性の場合は入社時の人的資本に関係なく資本が投下される。次に、人的資本と昇進の関係であるが、保持している人的資本と昇進が関係するのは女性のみで、男性は関係がない。入社時の人的資本と昇進は、女性の場合、入社時の人的資本、現在持っている人的資本ともに、多い者がより昇進する傾向にあるが、男性の場合、人的資本の多さは昇進と関係は強くない。

以上から、内部労働市場の基幹労働者として同一職務、同一待遇として採用された男性と女性の総合職であるが、男性と女性では与えられる職務が異なり、昇進の基準も異なっているといえよう。女性は男性と同じようなシステムエンジニアとしての職務は与えられず、人的資本は男性と同様には投下されない。つまり、男性はわりあてられた職務をとおして知識・スキルを得ていくことができるが、女性は男性よりも得ていくことができない。この状況が続いていくので、男性と女性の持っている知識・スキルに差が生じることになる。昇進の基準も、女性は持っている人的資本を問われるが、男性は持っている人的資本を問われない。そして、男性の方が女性より昇進は早い。このような構造の中で、女性は内部労働市場の基幹労働者となりえていないのである。

なぜ管理職は男性と女性に異なる職務をわりあてるのだろうか。カンターは、「管理者は、人物の選考基準は外的要因におき、自分たちと適合する人物、自分たちと同種類と思える人物のために権力と特権を保証する」と指摘している（Kanter 1991）。ほとんどが男の管理職であるA社システム部門では、「自分たちと同種類と思える人物」とは男性の社員なのかもしれない。さらに、昇進と人的資本の関係は男性の場合には関係が弱く、女性に強いことが明らかになった。なぜ、女性だけ昇進に人的資本が関係するのか。ここに労働需要側の偏見がやはりあるのではないか。また、男性は昇進と人的資本の関係が弱いとすれば、なにが昇進を決めているのか。コールマンは社会的資本（social capital）の概念を用い、経済活動における社会的要素について言及している（Coleman 1990）。人的資本からだけではなく、ネットワーク等の社会的資本からの検討も必要である。

4　日本的雇用システムの変化と性別職務分離

（1）女性が不利な日本的雇用システム

①構造的な差別から検証する必要性

アッカー（Acker 1990）は、組織はジェンダーに中立のようにみえるが組織は中立ではなく、組織はジェンダーに中立ではないとの前提に立ち、組織がいかにジェンダー化しているか分析する必要性を指摘している。レスキンとパダヴィック（Reskin & Padavic 1999）は性別職務分離の要因として構造的な差別を指摘し、特に人事制度は性に中立であるようにみえるものの、会社における性別職務分離を形成しているという。つまり、組織の構造的差別と性別職務分離の関連を分析する必要がある。本章では、日本的雇用システムが変化していく時に、人事制度のどの点が変わり、それが性別職務分離を崩す方向に動いたのか、それとも強化する方向に動いたのか、について検証する。

一九九〇年代の半ばから、年功賃金、長期雇用のあり方が変わり、日本的雇用システムが変化していった。具体的には、①長期雇用の見直しと流動的な労働力の導入、②年功的処遇の見直しと成果主義的な報酬制度の導入がなされた。独立行政法人日本労働研究機構（現・労働政策研究・研究機構）が二〇〇二年に行った「事業再構築と雇用に関する調査」によると調査に回答したサービス業を除く各業種でほぼ半数が人員を削減していた。また、厚生労働省の実施した『平成一三年就労条件総合調査（二〇〇一）』によると、従業員一〇〇〇人以上の企業で業績評価制度を導入し、業績が給与に反映すると回答した企業の割合は七八・二％であり、成果主義の導入が多くの企業で進んでいったことがわかる。

一方、日本的雇用システム自体には女性のキャリアの展開を妨げる機能があった。日本的雇用システムは年功賃金、長期雇用、企業別組合を軸とし、学校卒業と同時に特定企業に就職し、定年年齢に達して退職するまで、連続してそこに在籍して就労するのが標準とみなされていた。年齢と勤続年数にしたがって賃金が上昇し、賃金以外の昇進・昇格・教育訓練その他の処遇も長期かつ連続した勤務を予想しつつ、年齢、勤続に関連づけられていた。途中で仕事を辞めたり、中断せざるを得ない状況が多い女性にとっては不利なシステムであった。

具体的には、日本的雇用システムでは、年齢とともに賃金が上昇し、年齢や勤続の賃金の上昇に与える効果が大きいので、女性の場合、低賃金の若い時代にのみ雇用され、高齢時の高賃金を享受できないことが多かった。また、女性の管理職は男性と比べて少ないが、日本的雇用システムでは、昇進の選抜の対象となる者は内部労働市場にいる者であり、昇進には能力だけではなく年功的要素が考慮されていたので女性が高いポストにつくことが少なかった。さらに、女性の重要性が低く、補助的な職務をわりあてられることが多く、教育・訓練を受ける機会が、女性が男性に比べて少なかった。この理由として従来、日本的雇用システムにおいて雇用者側が基幹業務を行うものには長期勤続を前提としているので、女性が短期間しか勤続しないという予想から女性を補助的な仕事にしか就かせない、長期勤続が予想されるものを中心に教育訓練が企業によって与えられるため、女性は機会を与えられることが少ない、などの統計的差別論からの説明がなされてきた。

②日本的雇用システムの変化と女性のキャリア

このように、日本的雇用システムは女性のキャリアの展開を妨げる機能、性別職務分離を形成、維持する機能、統計的差別論に論拠をあたえる機能を持っていた。しかし、先にも述べたように一九九〇年代の半ばから、企業の活動領域、生産方法の急激でかつ恒常的な変化のなかで、企業では安定した労働力よりも流動的な労働力が必要であるとの認識が高まった。新規学卒者を採用し、企業内の各方面で活用していたのをその時々で必要な労働力を外部から調達するほうが効果的だとの考えが広がっていった。その結果、柔軟な労働力として短期雇用あるいは派遣労働利用の普及、常用雇用の内部の総合職・一般職、限定勤務地社員とそれ以外といった分化、重層化という雇用の多様化と呼ばれている現象がおきていった。

この変化において、第一に貢献と報酬がその時々でバランスする必要性、第二に、教育・訓練は企業内で行うものから企業の外で受ける比重が大きくなる可能性、第三に、キャリアのタイプはひとつの企業のなかで長期間働き管理的ポストを目指していくタイプから、いくつかのキャリアのタイプが対等に併存する可能性がある。

従来の日本的雇用システムでは厳密な個別評価を行わず、入社後一定期間は同一年次では昇給も昇進も同じであり、その後のキャリアを決める上位段階での選抜も衆目の一致するところを待って決定していた。しかし、流動化した労働力については個別に厳密な評価を行い、それにもとづいた処遇が求められる。

また、教育・訓練はこれまでOJT、OFF-JTともに企業内で行うものが中心であったが、長期雇用を前提としない場合、企業内の教育・訓練は誰をいつ教育するかの点で、変化する可能性があり、企業の外で受ける教育・訓練の比重が大きくなる可能性がある。キャリアの観点からこのような雇用制度の変化をみると、キャリアも多様化することになる。ある企業に入社し、管理的ポストを目指していくというのが従来の典型的キャリアであり、これ以外は傍流のキャリアであったが、今後はいくつかのキャリアのタイプが対等に併存することも予想される。

女性のキャリアへ与えるプラスの影響としては、①貢献と報酬がその時々で一致するようになれば、短い期間でやめる場合にも賃金面で不利益でなくなる、②内部労働市場にいるものだけが候補者だったポストに外部の者が応募可能になり、女性のキャリアの可能性が拡大する、③教育・訓練が企業外で行われるようになり、管理職によって男性に教育・訓練が集中して与えられなくなる、④職場経験の男女差によってキャリアの展開が異なることが少なくなる、が考えられる。つまり、水平の性別職務分離、垂直の性別職務分離を解消する可能性がある。

しかし、就業形態の多様化は、契約・登録および派遣労働者の一部にみられる「専門的業務への対応」を除けば、人件費節約と業務の量と時間に合わせるという雇用調整的機能に特化し、女性正社員の雇用が減り、女性が非正規雇用に転換している状況もある。企業が必要としているのは企業運営に携わる少数の従来型の正社員と必要な時に必要な労働力を調達できるシステムともいわれるが、これが性によって分断される可能性もある。つまり、性別職務分離の状況が強化される可能性もある。

以上のように、日本的雇用システムの変化が女性のキャリア展開に与える影響は、プラスの影響とマイナスの影響が考えられ、性別職務分離への影響もプラスの影響とマイナスの影響が考えられるので、実際にどうであったのか検証する。

③分析の手続きと分析対象

本章では、旅行業B社[20]の事例から人事制度の変化がどのように性別職務分離の状況へ影響するか検討した。B社は従業員約八〇〇〇名、国内に約三〇〇事業所、海外に約六〇事業所を持つ。B社を対象としたのは、B社が①日本的雇用システムの特徴を持つ人事システムであったが、「人事制度の改革」を行い、人事制度の内容を大きく変えたこと、②今後の経済のなかでも比重が増大すると考えられ、かつ、女性の就業が多いサービス産業であること、③職務において対人関係の占める比重が高く、入社時に持っている知識・スキルが入社後の配属先や職務のわりあてに大きく影響しないと考えられること、の三つの理由による。

特にB社は、それまでの「Ⓐ長期保証型、Ⓑ平等・平準主義、Ⓒ年功序列のポスト処遇によるモチベーションアップ」を特徴とした人事制度を「安定した経営基盤と労働条件の整備」のため、「個々人の働き方に応じた賃金配分、納得のいく評価制度の設定、雇用形態に関して幅広い選択の設定、地域密着型の制度の設定」を目的に改定した。これは、営業収入構成が変化している状況、社員の高齢化が進み、総人件費が増大している状況に対応するために行われた[21]。

B社の人事制度の具体的な改定点は①年俸制の導入、②目標管理制度の導入、③職種間格差意識の是正、④契約社員の導入、⑤コース別人事制度の導入、である。調査は一九九八年四月から一九九九年三月にかけて実施し[22]、面接調査対象者に約一時間の半構造化インタビューを行った[23]。面接調査対象者は、人事部は本社人事部課長一名、教育部は本社教育部課長一名、本社教育部グループリーダー二名、営業本部は首都圏営業本部課長一名、グループリーダー一名、支店は支店長三名、課長五名（うち女性一名）、支店グループリーダー二名、一般正社員男性二名、女性四名、契約社員女性四名、計二六名（うち管理職一五名）である。

（2）旅行業における性別職務分離

①仕事のわりあてと昇進の状況

B社では、女性正社員は従業員約八〇〇〇名のうち、約二五％を占める。女性正社員の平均勤続年数は約一一年、平均年齢約三二歳である(24)（出向者を含まず。一九九七年度）。男性社員の平均勤続年数は約一四年、平均年齢三六歳である（出向者を含まず。一九九七年度）。人事、管理職からのヒアリングによると一般企業より勤続年数は長く、三〇歳を超えてから結婚・出産以外ではやめることはなかった。新しい人事制度の導入後、結婚でやめる人と続ける人は半々ぐらいであり、子どもができるとほとんどがやめているという。

B社の組織は、本社の管理・企画部門と営業本部にわかれる。営業本部は全国に九つ、支店は全国に約二六〇ヵ所あり、営業本部は各エリアの支店を統括している。B社では、新入社員全員はまず支店配属となる。支店には「一般支店」と「団体専門支店」がある。「一般支店」は来店する一般顧客対象に営業を行なう「店頭カウンター部門」と、法人顧客対象に営業を行なう「渉外営業部門」があり、「団体専門支店」は「渉外営業部門」のみで、「店頭カウンター部門」を持たない。「団体専門支店」は一般法人と特殊法人（学校法人、宗教法人など）を対象とした渉外営業に特化した支店である。以下、B社において数も多く、一般的な位置を占める一般支店について検討する。

一般支店は、来店する一般顧客対象に営業を行う「店頭カウンター部門」と法人顧客対象に営業を行う「渉外営業部門」がある。職務としては、一般顧客相手に店頭のカウンターで営業を行う

図表1-12　b支店における職務わりあて状況（男女別）

	男	女
渉外営業	14	0
店頭カウンター	3	17（9）
うち旅行販売	3	10（4）
うちチケット販売	0	7（5）
手配	1	4（2）
事務	1	3（1）
計	19名	24（12）名

注1：支店長は除く。他の管理職は含む。
　2：（　）内は契約社員。
出典：筆者作成

図表1-13　b支店における役職と雇用形態（男女別）

	男	女
支店長	1	—
課長	5(*1)	1
グループリーダー	3	3
一般正社員	11	8
契約社員	0	12
計	20名	24名

注：(*1) うち2名はエキスパート職。
出典：筆者作成

「店頭カウンター職」、受注した宿泊やチケットを手配する「手配職」、法人相手に営業を行う「渉外営業職」にわけることができる（この区分けは人事上の職務ではない）。

B社における職務は、渉外営業職には男性、店頭カウンター職・手配職には女性がわりあてられ、性別によりはっきりと職務が異なる。東京区部に位置する平均的規模b支店における職務わりあての状況（図表1－12）と役職と雇用形態（図表1－13）は図表のとおりである。

渉外営業は特定の顧客を担当し、その顧客に対して出張チケットの手配から、社内旅行や接待旅行の提案、受注、添乗、精算、会計を行う。同じ顧客を長期にわたって担当するのがB社では良いとされており、それは担当が替わる時に顧客は他社に流れる可能性が高いと考えられているからである。原則として特定の顧客に食い込むために他支店へ異動するまでは同じ顧客を担当する。渉外営業は旅行という形のないものを企画し、旅行代金も担当が決めて受注をとるところが難しい。顧客の要望に応え、かつそれだけでなく、積極的な売り込みまで成功させるという意味で渉外営業が独り立ちするには三～五年ぐらいかかると考えられており、渉外営業は「一〇年やって一人前」とB社内では一般にいわれている。特にこの考えは、営業の現場の管理職、特に支店長クラスに強い。そのため男性正社員の場合、最初に配属された支店が長く、一〇年以上最初に配属された支店勤務となっている。支店間の異動を経験するのは、グループリーダーや管理職に昇進する時に初めて異動する場合が多い。好景気の時には新任配属から七年たつと異動させる方針に変わっていたが、また新任配属支店勤務一〇年以上の方針に戻った。

店頭カウンター職は、店舗のカウンターにいて、来店した一般顧客対象の旅行の販売を行い、それに付随する手配・発券を行う。手配職は、渉外営業が成約させた旅行に付随する手配、発券を行う。店頭カウンター職は、個人の顧客を対象として旅行の知識を生かしたコンサルティングを基本とした職務とされている。しかし、近年顧客アンケートはがきから作成された全社的なデータベースの情報を基に接客されるようになっている。また、手配職も、航空券やJRチケットなどほとんどがオンライン化され、かつては覚えることが多かった手配はパソコン上の画面誘導で簡略にできるようになってきている。このような状況のなか、店頭カウンター職と手配職は三ヵ月である程度仕事ができるようにならないと困ると考えられており、また、二年もあれば一人前になれると考えられている。店頭カウンター職・手配職から渉外営業職への職務を超えた異動はない。これは、人事制度上のものではなく、支店における職務のわりあてによるものである。

②男女の昇進格差について

支店内においてわりあてられている職務が男性と女性ではっきり分離しているので、女性でも店頭カウンター部門のなかで、グループリーダー、課長へ昇進する可能性は比較的大きく、店頭カウンター課長の二五％は女性である。しかし、女性の店頭課長が支店長になるのは難しい。女性の支店長は全支店の一％弱、また本社組織に女性の管理職は一人もいない。

B社の場合、営業で金額を稼いだ者が、業績を上げたと考えられている。店頭カウンターより大きな金額を扱い稼ぐ渉外営業のなかで稼いだ者が、支店長、本社の課長・部長へ昇進している。また、渉外営業の課長、グループリーダーから、店頭カウンターの課長、グループリーダーになることは多いが、店頭カウンター課長、グループリーダーから渉外営業の課長、グループリーダーになることは全くない。渉外営業の課長には渉外営業を行ってきたグループリーダー、渉外営業のグループリーダーには渉外営業を行ってきたものが必ずなっている。つまり、女性の多い部門の管理職に男性がなることはあるが、男性の多い部門の管理職に女性がなることはない。この結果、男性の方に昇進ルートが開かれている。さらに管理職の話によれば、女性の場合、昇進に若干の遅れがあるが、この点については今までは女性で管理職になった人の多くが産休を取っていたので、それは産休を取ったことによると考えられていた。

（3）人事制度の変化と女性への影響

①年俸制の導入、支店長の権限強化と職務のわりあて

一九九六年度から役職位Ｉ以上（支店長、事業部長、副本部長、本社部長、エキスパートシニア）[25]に、業績対応報酬制度（年俸制）が導入された。その結果四〇〇名が年棒制の対象となった。年俸の増減は二～二・五割であり、生活への影響は大きい。支店長への年俸制導入に伴い、支店長の権限は強化された。支店長の任期は各支店二年前後であったが、三～四年に伸び、全社的に「支店中心主義」といわれている。従来は、営業本部が主導で各支店を管理していたが、年俸制導入後は、支店長は支店の損益すべてに責任を持ち、支店の人件費を含む予算を裁量により組むことができる。そして、営業本部と営業予算と諸経費の折衝を行うことができる。つまり、各支店がフランチャイズの一店舗のような状況である。支店間の競争も激しい。支店間の法人客のわりあてはおおむねエリアごとであるが、あくまで原則であり、その境界はほとんどなくなってきている。

このような状況のなか、支店長の人事権が強化されている。従来、支店長の人事権は支店内だけであったが、支店間異動においても権限が広がった。支店長は、使える人間を自分の支店に置き、使えない人間は外に出し、もっと使える人間を外からほしいと考えている。支店間異動でも、支店長の要望・折衝によって営業本部が動かされて行われるようになってきている。また、目標管理制度が導入されたことで、その評価者は支店長と直属の課長であり、本社人事はその評価の管理者的位置づけになっている。

もともと、支店内の職務のわりあては支店長の権限となっていた。女性が店頭カウンター、手配、男性が渉外営業というわりあては、雇用管理上の規定ではない。支店長は配置する人員について、営業目標、支店運営人数を営業本部に出し、折衝を行なう。この際、男性は渉外営業、女性は店頭カウンター、手配という支店長からの希望わりあてが標準となっている。男女雇用機会均等法制定後の一九八〇年代半ばからバブル期にかけて、本社人事の主導によって、新卒女性の渉外営業への導入があった。しかし、バブルがはじけ、新卒採用が減り、女性の渉外営業に退職者が出たことから、女性の渉外営業は減った。その後、人員の配置が本社主導ではなく、支店長と営業本部の折衝で行われるようになるなか、支店長は女性の渉外営業をほしがらない。支店長が、女性の渉外営業を難しいとみている理由は、①渉外営業は一〇年やって一人前であり、女性はその頃にはやめてしまうかもしれない、②女性では顧客の大きな商談を受注できない、などである。

②目標管理制度の導入

一九九六年度から全社員を対象として従来の年功的昇格・昇号が廃止され、「目標」の達成度によって昇級が決定する目標管理制度が導入された。三〇歳まではボーナスにのみ査定が適用され、昇給は自動的になされるが、三〇歳以降は年二回「目標」を管理職と共に設定し、その目標の達成度によって昇級ランクが決定する。正社員だけでなく、契約社員も対象となっている。

「目標」は大部分が予算の達成である。予算は、まず、営業本部単位の予算が決まり、それをもとに支店単位の予算がわりふられる。以下、支店単位→課単位→グループ単位→各個人というように予算がわりふられて決定していく。支店長は支店全体の、課長は課全体の、グループリーダーはグループ全体の、「目標」達成が評価の対象となり、グループリーダーより下は個人の「目標」達成が評価の対象となる。予算は、売り上げベースで渉外営業で一人年間およそ二億円弱、店頭カウンター職で一億円強である。原資の配分は、支店単位の配分が決まってから、それが課単位の配分、個人単位の配分とふりわけられる。営業本部が各支店の「目標」とその達成度を査定し、業績の良かった支店は総人件費が上がり、悪いところは圧縮となる。この場合、支店の目標達成は予算の達成だけではなく、家賃等を含めたすべての経費と収入を算出し、純利益の達成が主に査定される。支店の原資が上がれば、個人への配分も上がるようになっているが、一人一人の最大昇給枠は上限が設定されている。

女性への影響としては、女性が大部分を占める、店頭カウンター職、手配職にも目標管理制度が導入され、各自の予算が提示されている。しかし、店頭カウンター職の場合、誰がどの客の担当になるかは偶然であり、予算の達成は偶然性が左右している。若干の固定客もいるが、固定客が必ずしも、高額の商品を買ってくれるとは限らない。また、直接顧客と対応しない手配職の場合は、営業課全体の予算の達成率が査定の対象となる。つまり、女性は自分の力では予算の達成をコントロールできない職務についており、予算の達成に不利である。

③職間格差の是正

B社の職位は「マネージャー職」「エキスパート職」「出向役職」「専門職」[26]の四職位であり、これは今回の人事制度の改定でも変わっていない。今回の制度改定で変わったのは、役職手当の支給を職位によって段階が四〜八段階あったものを三段階に簡素化、四職位で段階を統一したところである。これは「職種間の格差意識を取り除くこと」を目的としている。今まで、大きな割合を占めていたのが、ラインの管理職である「マネージャー職」と、ライン外に位置する（部下を持たない）管理職（課長）待遇である「エキスパート職」である。そして、ラインの管理職である「マネージャー職」の方が、ライン外の管理職待遇である「エキスパート職」より「上である」との意識が根強い。「エキスパート職」が「マネージャー職」につけない者の処遇として用いられてきたからである。今回の改定では社内キャリアの複線化をめざして「エキスパート職」を社内専門職として、ラインの管理職である「マネージャー職」と対等のキャリアであると位置づけようとしている。[27]これによって、社内のキャリアは今までのラインの管理職として昇進するのが主流であったものから、複線化していく可能性がある。

このような状況において、社内専門職として部下のいない管理職待遇「エキスパート職」がラインの管理職と同等のキャリアであると扱われるためには、行う職務の専門性が高いと社内で認められなくてはならない。渉外営業は、コンサルティングの要素が重視され、かつ流動的な労働力は全く入ってきていないので、専門性の高い職務と周囲に認めさせることができる。しかし店頭カウンターや手配の職務のありかたは、流動的な労働力の導入とともに誰にでもできるようにシステムが編成され、コンサルティングの要素は減り、専門性は低く位置づけられている。つまり「マネージャー職」と「エキスパート職」間の職間格差が是正され、社内キャリアが複線化されたとしても、「エキスパート職」として処遇される可能性が高いのは渉外営業職をわりあてられている男性である。渉外営業と比べて専門性が社内で低く位置づけられている店頭カウンターや手配の職務をわりあてられている女性が、社内専門職として残っていける可能性は男性より少ない。

④契約社員の導入

有期契約社員は一九九四年に初めて導入され、これも「人事制度の改革」の一環として考えられる。有期契約社員は、①時給制で、一年契約、最長五年雇用、非組合員であるXスタッフと、②Xスタッフを五年勤務し、支店長の推薦及び、試験を受けたのちになれる組合員月給制のYスタッフの二種類である。Xスタッフは一九九四年に、Yスタッフは一九九九年度に導入された。有期契約社員は約四〇〇〇名おり、全員女性である。導入当初はB社子会社が雇用し、B社に派遣する形態をとっていたが、一九九五年より有期契約社員としてB社が直接雇用契約を結ぶようになった（各営業本部が雇用）。有期契約社員のほとんどが、Xスタッフである。以下、契約社員についてはXスタッフを対象として論じる。

契約社員の採用は、新卒採用が中心である。契約社員導入当初はB社関連の旅行専門学校で学んだものを主に採用していたが、その後、短大卒が多くを占め、旅行業を学んだ経験はさほど採用のポイントとはなっていない。既卒の場合は概ね三〇歳を目安として採用しており、中高年はいない。仕事の経験は短めが多く、同業からの転職者は、契約社員導入当初は多かったがその後は少ない。他業種からの転職がほとんどである。契約社員の雇用条件が魅力的で契約社員になったという者はいない。新卒の場合も、既卒の場合も他に同じような仕事で正社員としての採用がなかったからという理由で契約社員になっている。

給与は、九七年入社新卒で時給九五〇円、旅行業経験者は、一〇〇〇円である。昇給は年一回、最大一〇〇円である。昇給の有無は支店長と業務課長によって決定される。契約社員も一般正社員と同じように目標評価制度の下に入り、更新の有無、仕事の内容に反映される。しかし、契約社員の昇給は、正社員のように目標管理に基づいて査定されたり、原資があって配分が決められるのではなく、各個人の働き方を管理職が査定して決定される。昇給しないことも多く、昇給したとしても最大昇給額まで昇給することはほとんどない。

契約社員の行なえる職務は、店頭カウンター業務、手配業務、電話販売、営業後方支援業務、その他の補助業務であり、契約社員の行えない職務は渉外営業、添乗である。この職務区分は全社的な方針であり、支店長の権限等で変えることはできない。また、契約社員には支店間異動はない。これも全社的な方針である。

契約社員がB社に導入された当初は、契約社員は手配と電話販売、発券業務などの営業後方支援を中心に、顧客を接客しない職務に従事させることが一般的であった。しかしその後、店頭カウンター職にもXスタッフが導入され、店頭カウンターでは正社員のリーダーの下は全員が契約社員といった支店もでてきている。営業本部、支店長は、支店の人件費圧縮のため店頭カウンター職にXスタッフを増やしていく方針を持っている。その結果、女性正社員の店頭カウンター職が退職した場合、女性正社員が補充されることはほとんどなく、契約社員が充当されている。契約社員は一年契約の最長五年雇用なので、一般に二〜三年間は手配・営業支援担当を行い、その後は店頭カウンターと考えられている。

契約社員は、配属前集合教育を四日間（正社員は三週間）、三月末に一週間のコンピュータ端末取り扱い研修を受講する。支店配属後の教育では、契約社員が業務の知識を得るための集合教育はなく、支店内のＯＪＴしか学ぶところはない。しかし、店頭カウンターでは正社員一人に他は契約社員であるとか、電話販売、発券業務では全員が契約社員であったりと、教えられる者と教える者の数に乖離があり、契約社員に対して有効なＯＪＴが機能しているとは言い難い。一方、かつては約六ヵ月で一通りの仕事を覚えていけばよいとされていたが、三ヵ月で覚えるというように「促成栽培」となっていった。

契約社員が満足している点は、仕事の点で一般正社員と同じ仕事を与えられていることである。店頭カウンター、手配では契約社員は正社員と同じ仕事をわりあてられる。正社員は契約社員が知識不足でできない仕事や、やり残した仕事も行うが、契約社員からみて契約社員と一般正社員間の仕事の分担における軋轢は余りない。契約社員が満足していない点は、正社員とほとんど同じ仕事をしているが、給与が違うという点である。正社員と同じ仕事をしていることは満足にもなるが、給与は安いのに、一般正社員と同じ分量と責任のある仕事をさせるとの不満にもなる。支店全体として人員に余剰の配置はないので、契約社員一人当たりの仕事量も多い。さらに、契約社員にも予算が振り分けられるが、予算の額は正社員のように目標管理制度によって行われるのではなく、支店長と課長が予算額を決め、予算額は、同じ課の正社員と同額が設定される。しかし、契約社員の給与は時給制であり、月給ベースで正社員と比べて一、二割低く、月の営業日数によって収入が最大二万円上下する。また、ボーナスの額は全く違う。契約社員はこの点に大きな不満を持ち、すべての不満は給与につながっている。

女性正社員への影響としては、第一に、女性正社員の正社員全体に占める割合が低下している。契約社員の導入により正社員の数が約二〇〇〇名減ったが、ほとんど女性正社員が契約社員に変わったと考えられる。第二に、契約社員と働く女性正社員は、契約社員が知識不足でできなかったり、やり残した仕事を行わなくてはならず、仕事が以前よりきつくなっている。このような状況は、近年の非正規雇用化で一層すすんでいると考えられる。女性正社員の不満は契約社員に対してではなく、管理職に対する不満となっている。また、仕事が以前よりきつくなっている点で、家庭と仕事の両立は難しくなってきているといわれている。第三に、同じ仕事で給与の異なる契約社員と正社員間の雇用管理をやりやすくするため、契約社員は専門学校・短大卒、正社員は大卒との応募資格になっている。契約社員が導入されるまでは、女性正社員は短大卒以上が応募資格であったので、契約社員の導入によって女性正社員の応募資格の学歴があがっている。

⑤コース別人事制度

B社は、他社にみられるような一九八六年の男女雇用機会均等法制定時に「総合職」「一般職」といったコース別人事制度をもともと導入していなかったが、一九九六年に全社員を対象とした転居を伴う異動の可否によってコースを選択するコース別人事制度を導入した。転居を伴う異動のあるコース(28)の場合、すべての職能資格に昇格可能であり、すべての役職に登用可能である。社宅も支給される。一方、通勤可能な場所にしか異動しないエリア限定コースの場合は、昇進は課長職までであり、給与は転居を伴う異動のあるコースの九〇%支給である（職能手当・役職手当は同額）。また、支給される社宅はない。コース選択の変更は、四五歳以下のみ、一回変更が可能となっている。

女性への影響としては、エリア限定社員を選択しているのは女性社員が大部分であり、これによって多くの女性正社員は給与が一〇%男性正社員より低く、昇級・昇給の頭打ちとなっている。また、コース選択の際は、支店の人件費を圧縮したい支店長から、本当にエリア限定社員でなくても大丈夫なのかと複数回数聞かれた女性社員も多く、女性社員の場合は自由にコース選択を行っているとはいいがたい状況にある。

⑥教育制度について

教育研修には、マネジメント系と実務系の研修があり、形態としては本社教育部主催と各営業本部主催がある。人事制度の改定に伴い変わった点は一九九四年からマネジメント系の一部にステップアップ方式と講師社内内部化が取り入れられたことである。課長候補者研修が新設され、社内講師がすべての研修を行なうようになった。これによってB社の具体的な経営内容に踏み込んだ研修が行なわれるようになり、課長研修ではモデルの支店を提示し、その状況に応じて実践的に考える研修、支店長研修では実際の管理職務にかなり近い内容を行っている。

一方、実務系の研修内容、方法はほとんど変化していない。人事制度の改定の以前も以後も職場におけるOJTが基本であり、実務研修は、OJTを補佐する位置付けとなっている。行っている実務と関係の薄い講座をとることもシステム上はできるが、研修に出す側には仕事に明日から役に立つことを学んでほしいとの意向が強く、実務と関係のある講座が受講されている。また、近年、支店中心主義が打ち出されており、実務研修は忙しくOJTに手のまわらない支店経営を助けることに重点がおかれている。つまり、社員が職務の転換を念頭において、これからやってみたい職務の社内研修を受けてそれを基に職務転換できるというようには、実務研修のあり方は変化していない。さらに、社内の職務を行うための研修を社外で受けてそれをもとに職務転換を図れるような制度もない。先に述べたように女性社員の多い店頭カウンター職から男性の占有している渉外営業への職務転換は事実上ない状況であるが、店頭カウンター職の女性正社員が渉外営業に転換したいと考え、渉外営業用の実務研修を受講して渉外営業に必要な知識・スキルを得て職務転換をはかる、社外で渉外営業に必要な知識・スキルを学んできてそれを基に職務転換を図るというようなことは教育制度上も不可能な状況となっている。

(4) 女性がさらに不利になった日本的雇用システムの変化

①マイナスの影響

日本的雇用システムの変化が女性のキャリア展開にどのような影響を与えているのか、旅行業B社を事例に検討してきた。B社の事例からプラスの影響が起きていると捉えることは難しい。

第一に、B社は流動的な労働力を導入したが、それは有期で賃金のずっと安い「契約社員」という形で、主に女性正社員が今まで行ってきた職務（店頭カウンター、手配）にのみに導入された。B社の基幹であり、男性社員によって占められてきた渉外営業職には、流動的な労働力は全く導入されていない。この結果、女性正社員の雇用は減り、女性正社員の採用要件は短大卒から大学卒へと厳しくなっている。流動的で安価な短期雇用は女性、長期雇用は男性といった分化が行われてきている。

第二に、年功賃金から目標管理による賃金制度の導入がなされたが、目標管理は予算の達成を査定する方法である。渉外営業職は自分の力で予算の達成へ努力できるが、女性は渉外営業職にはほとんどついていない。偶然性に左右される店頭カウンターや営業課全体の達成率が当てはめられる手配職をわりあてられており、自分の努力がストレートに反映されない。また、昇級、昇進は予算の達成と予算額も反映されるので、扱う金額の大きい渉外営業職の方が有利である。つまり、男性に有利になっている。さらに、転勤の有無によるコース選択によって、給与が一割減、昇給、昇進は課長職までと上限が設定されているエリア限定コースは事実上女性が大半を占めている。特に課長職になっている女性にとってエリア限定コースの選択は事実上の昇進の頭打ちと給与の減額となっている。年功賃金の場合、女性が短い期間でやめるから給与面で不利益であったが、B社の新しい人事制度は、短い期間でやめる女性はわりあてられている職種が、長い期間勤続する女性は職種に加え、転勤の有無によるコース選択が、給与面で不利益をもたらすといえよう。

第三に、年俸制の導入に伴って、管理職の権限が強化された。B社の場合、もともと正社員でも男性は渉外営業職、女性は店頭カウンター職、手配職と配置される職場に男女差があった。この状態は、管理職によって自分の支店の人件費を押さえるために、営業は正社員男性、店頭カウンター、手配は契約社員女性、非エリア限定コースは男性、エリア限定コース選択は女性と、男性正社員を中心に予算達成を第一に考えた支店運営が強化されている。

第四に、教育研修の方法は人事制度の改正後も変化していない。実務研修の方法は従来どおり、OJTを基本として、行っている仕事にすぐに役に立つ内容を受講することが望まれている。次にやってみたい職務のために先行投資的に研修を受けることや、企業外において自分で教育・訓練を受けて、それをいま行っている仕事や次の仕事に反映していくようなシステムは、企業内にできていない。このため女性の職域拡大に教育研修は役立っていない。

②なぜ女性にとってマイナスの影響となったのか

なぜ、女性のキャリア展開にとって、このようなマイナスの影響となってしまっているのであろうか。

第一に、新しい人事制度が性によって分断されていた職務の状況、つまり性別職務分離の状況を変えることなく、導入されたことがあげられる。人事制度や教育システムは職務と強く結びついている。雇用が多様化された場合、どこにどのような労働力を導入するかの基本となるのは職務である。流動的な労働力の報酬と貢献のバランスをとる方法、企業に対する貢献の評価の方法、教育訓練の方法も職務のあり方による。キャリアが多様化するとしたら、その多様化のあり方も職務のあり方によるであろう。B社の人事制度の改定は、男性正社員が占有している渉外営業職を第一の基準として行われ、目標管理、キャリアの複線化、流動的な労働力の導入が計られ、その結果女性には不利となった。特に、流動的な労働力が導入されたのは、内部労働市場のなかの女性正社員によって行なわれてきた店頭カウンター職と手配職であり、ここで求められた流動的な労働力は、雇用調整的な意味を持つ労働力であった。この結果、店頭カウンター職と手配職には内部労働市場に入りたいが入れない外部労働市場の労働力が流入し、内部労働市場と外部労働市場の垣根が低くなっている。雇用調整的な意味を持つ流動的で安価な労働力が、女性が行ってきた職務にのみ導入されたことで、女性が行ってきた職務自体の価値が下がっている。

企業が必要としているものは企業運営に携わる少数の従来型の正社員と必要な時に必要な労働力を調達できるシステムではないかという指摘があるが、これが性によって分断されつつある状況があった。性別職務分離の状況のもと、男性が占めていた職務を中心に人事制度の検討をおこなうのではなく、性による職務の分断を解消してから、各職務に応じた人事制度を検討することが必要である。男女雇用機会均等法、同改正法の制定といった制度的な整備が進むなか、あからさまに性を基準として処遇に差をつけることは解消されつつある。しかし、B社の事例のように性別職務分離のある状況で、職務によって処遇に差をつけることを導入したら、結果としては、性を基準として処遇に差をつけたのと同じ格差が生じる。

営業本部、支店長からのヒアリングによって、渉外営業に女性が難しいと考えられるのは①「渉外営業は一〇年やって一人前」であり、女性は育つ前に辞めるかもしれない、②顧客が大きな商談では男性社員を好むから、と考えられていた。「渉外営業は一〇年やって一人前」というのは本当にそうか。近年、人材の早期育成が求められているなかで「一〇年やって一人前」も変化せざるをえないかもしれない。この変化がおきたとき、女性のチャンスは広がる可能性がある。さらに、顧客が男性社員を好むという、顧客側からの選好は多くの女性が非女性的な仕事につくことで変化する可能性もある。これらの点についても検討が必要である。

次に、男性正社員間の競争の激化が、女性の処遇の悪化をもたらしている。支店長への年俸制の導入、一般正社員への目標管理制度の導入に伴い、支店長は予算の達成と経費の削減が、男性正社員は予算の達成が至上の課題となっている。このことは、女性正社員が行う店頭カウンター、手配職への流動的で安価な労働力の導入・拡大を導いた。さらに、支店長も男性正社員も直接的な成果につながらないことや、失敗の危険を冒してまでなにかするということを避ける傾向がある。業績が好調な時は女性の渉外営業は増えていったが、調査時にはほとんどいなくなっていた。違う雇用管理が必要かもしれないと考えられるものを、あえて使おうとすることがなくなっている。また、男性正社員は自分の予算達成におわれ、渉外営業から派生する事務処理雑務を、他に負担してもらいたいと考えている。また、予算の達成を管理している支店長も予算達成のため、営業後方支援の女性社員はある程度配置する方針をとっている。ここに、男性渉外営業とその他補助職女性という性別職務分離が強化されている点がある。

B社を事例として日本的雇用システムの変化が女性のキャリアの展開に与える影響を検討してきた。業種や職務の内容によって、この事例とは異なる変化もあったろう。しかし、B社のように、長期雇用の見直しと流動的な労働力の導入、年功的処遇の見直しと成果主義的な報酬制度の導入を行っている企業の多くでは、性によって職務・職域が分断されている企業が多いと考えられ、性別職務分離が解消されないまま、日本的雇用システムが変化した例としては一般性があると考えられる。また、新たな人事制度を導入する以前のB社女性正社員の処遇を検討すると、女性正社員の全体に占める割合、男女同一賃金であった賃金、女性が管理職になっている状況、性別職務分離ではあったが男性の補助ではない職務を担当できたことなど、女性正社員がある程度活用されていた企業における事例ともいえよう。女性社員の数が多く、活用されていたからこそ、女性の占めている職務への流動的で安価な労働力の導入が、総人件費の抑制に効果的であったといえる。

B社の人事制度の変化は、男性が占有している内部労働市場の職務における採用、育成のありかたまで踏み込んだものではなかった。男性が占有している職務に外部の者が応募可能になりえるような変化、教育・訓練が企業外でおこなわれるような変化はおきていない。企業内のラインにいるものから選抜して昇進させる方法、OJTを中心とした育成方法は変わっていない。男性が占有している職務における人材の採用・育成における日本的雇用システムは変わらず、女性が多くを占める内部労働市場の職務には採用・育成・給与に関する新しい人事制度が導入され、流動的な労働力が導入された。また、内部労働市場の年功制賃金のみ報酬制度に変わり、競争が激化・拡大している。このことが、内部労働市場の女性が占める職務における流動化と安価さをさらに促進している。この状況において、男性と女性の格差がさらに広がっていった。

注

(1) 小池(1981)は、熟練の性質によって①熟練が高くかつ不変の熟練労働者タイプ、②熟練が低くかつ不変の不熟練労働者タイプ、③熟練がかなりの期間にわたって高まっていくタイプの内部昇進者タイプ、④比較的短い期間で熟練が高まっていくタイプの半熟練労働者タイプ、の四つのタイプに分類している。

(2) 本調査におけるインタビュー調査対象者の調査時点での内訳は、男性SE二四名のうち、フィールドSE一八名、共通部門のSE一名、スタッフ部門のSE五名、女性SE四六名のうち、在職者三二名中、フィールドSE二三名、共通部門のSE六名、スタッフ部門のSE三名、退職者一四名（フィールド九名、共通五名）である。

(3) 人事部からのヒアリングに基づく。

(4) インタビューを行ったソフトウェアファクトリー部女性SE、フィールドの女性・男性SEの発言から。

(5) インタビューを行ったソフトウェアファクトリー部女性SE、フィールドの女性・男性SEの発言から。

(6) A社の新卒採用者には関連SE会社出向を前提に採用になっている営業、SEが含まれている。

(7) 女性SE、男性SEへのインタビューの発言から。

(8) 人事部からのヒアリングに基づく。

(9) 調査時の情報処理資格は「情報処理二種」「情報処理一種」「情報処理特種」「システム監査」である。入社時の人的資本における情報処理資格は「情報処理資格二種以上」で質問をしている。

(10) 入社してから現在までずっとスタッフ部門であった者は分析からはずしているが、スタッフ部門に異動した者は含んでいるため、スタッフ部門の職務の割合が出ている。

(11) 「SEとしてのスキル」はネットワーク、DB、オンライン、バッチ、開発技法、業種・業務の知識、システム構成設計、ユーザーインターフェイス設計、システム構造設計、システム運用設計、テスト、プログラミングの各項目を「経験なし」〇点、「具体的指示があればできる」一点、「要点のみの指示でできる」二点、「主担当として作業を行える」三点、「指導的立場として当該作業を行える」四点として平均したものである。

(12)「プロジェクト管理のスキル」はプロジェクト管理全般、顧客交渉、進捗管理、要員管理、品質管理、損益管理の各項目を「経験なし」〇点、「具体的指示があればできる」一点、「要点のみの指示でできる」二点、「主担当として作業のわりあてと昇進、知識・スキル業を行える」三点、「指導的立場として当該作業を行える」四点として平均したものである。

(13)「二種あり」は「情報処理資格二種」を持っている、「一種あり」は「情報処理資格一種」を持っていることを意味する。

(14)調査時の一九九六年一二月では九〇年入社と九一年入社者は専門職への昇進はほぼ該当しないので、分析からおとし、「昇進」は一九八五年入社から一九八九年入社のサンプルのみを使用した。

(15)一九八九年入社者の場合、昇進標準七年目が一九九六年一一月であり、本調査の実施が一九九六年一二月なので昇進時の「システム構築」のスキルが明確にでる。

(16)与えられた知識・スキル（人的資本の投下量）は「汎用機を用いたシステム構築」四点、「保守・プログラミング・テスト」三点、「パソコン中心のシステム構築」二点、「ユーザーサポート・事務周り」一点、「スタッフ部門」一点とし、入社から現在までを一として、各職務を担当した比率から算出した。この点数化はシステムエンジニアとしての統合性と専門性から判断した。「汎用機を用いたシステム構築」は統合性、専門性ともに最も高い。「保守・プログラミング・テスト」は「汎用機を用いたシステム構築」に比べると、専門性、統合性ともにややおとる。さらに、「パソコン中心のシステム構築」はさらに劣る。最も劣るのは「ユーザーサポート・事務周り」、「スタッフ部門」である。A社内では職務を得ているが、他社に転職しようとした場合、システムエンジニアとして職をみつけることは難しいと考えられる。

(17)図表「重回帰分析　変数の記述統計量」を参照のこと。

(18)「入社時のコンピュータ経験」は、入社した時点における（つまり大学卒業時までの）コンピュ

注(18)図表　重回帰分析 変数の記述統計量

	度数	最小値	最大値	平均値	標準偏差
入社時の投下量	(309)	1	4	3.039	1.089
現在までの全投下量	(312)	1	4	3.138	0.923
資格（一般職 =0 専門職 =1）	(310)	0	1	0.790	0.408
入社時のコンピューター経験	(311)	1	3	2.212	0.795
現在の情報処理資格（基準：2種）					
なし	(312)	0	1	0.545	0.499
1種	(312)	0	1	0.112	0.316
専攻（基準：理系）					
文系	(275)	0	1	0.276	0.448
情報系	(275)	0	1	0.244	0.430
性別（男 =0 女 =1）	(312)	0	1	0.212	0.409
入社年（85·86·87=0 88·89=1）	(312)	0	1	0.545	0.499

ータ経験を聞いたものである。

(19) 図表1－9の結果をみると、女性で情報処理資格一種を持っている場合、男性と同じように昇進しているが、N＝六のため、回帰分析では統計的には有意な関係とはならなかったと考えられる。

(20) 旅行業の特徴として、収益率の低さ、人件費の高さをあげられるが、B社の売上高経常利益率は〇・五％程度、総人件費は営業総コストの五〇％程度を占める。また、B社は中小旅行業のように正社員の定着率が低く中途採用が多いということはない。正社員の採用は、中途採用を好景気のときに三年間行っただけで、その後は新卒採用だけである。中途退職も少ない。

(21) B社人事からのヒアリングと人事制度改定を説明したB社社員向けビデオの内容による。

(22) 本調査は一九九八年度東京女性財団助成研究「職業経歴の展開におけるジェンダー格差の研究」として、岡本英雄・大槻奈巳が行った。報告書は岡本・大槻（一九九九）「人事制度の変化とジェンダー」である。

(23) ヒアリング対象者及び質問内容は次の通りである。本社管理職に対しては①人事制度改革のポイントについて、②新しい評価・昇進システムについて、③専門職・

契約社員の導入について、④教育システムの変化についてヒアリングを行った。支店管理職に対しては、①評価と昇進について（評価状況・評価基準・評価方法・専門職化に対する考え）、②職務のわりあて（職務わりあての基準・支店［課・グループ］の運営方針）、③複線化する人員管理について（契約社員の導入・専門職の導入・異動の状況・要求される要員管理）についてヒアリングを行った。

一般正社員・契約社員に対しては①評価と昇進について（評価・評価基準・評価方法・専門職化に対する考え）、②職務の内容について（担当職務の内容・異動の状況・顧客との関係、一般正社員・契約社員の職務分担）、③OJT・OFF-JTについて（業務に必要な知識はどのようにして身につけてきたか、今後はどのようにして身につけるつもりか）、④今後のキャリアの展開について、⑤なぜ契約社員になったのか、将来の展望（契約社員のみ）についてヒアリングを行った。

(24) 関連会社・団体が約一三〇社あり、五五歳になると取締役以外は全員が出向となる。

(25) エキスパート職とは部下を持たない管理職待遇の職位のことであり、「エキスパートシニア」とは「エキスパート職」の最上位職位である。

(26) 「マネージャー職」はラインの管理職として管理業務を行う職位、「エキスパート職」は予約・手配・オペレーティングなど旅行に関わる業務に特化しつつ部下を持たない管理職待遇となる職位、「出向役員職」は 関連子会社に出向して管理業務を行う職位、「専門職」は法務・出版・教育等の業務を行う職位のことである。

(27) 「エキスパート職」の社内専門職としての位置づけは、人事制度改正前にうまく機能していなかったので制度の改正となったが、人事制度改正後も現段階ではうまく機能しているとはまだいえない状況である。

(28) 転居を伴う異動コースは、最初に北海道・東北・首都圏・中部・関西・中国四国・九州の七つに区分された勤務範囲を指定し、居住希望地を登録する。勤務範囲内での異動については本人への希望をとる。

第二章　職務評価と是正賃金
同一価値労働同一賃金原則の考えから

1　医療・介護四職種の職務の価値と賃金

（1）同一価値労働同一賃金原則にもとづく職務評価

①同一価値労働同一賃金原則とは

同一価値労働同一賃金原則とは、看護師と診療放射線技師のように異なる職種・職務であっても、労働の価値が同一または同等であれば、その労働に従事する労働者に、同一の賃金を支払うことを求める原則である。同じ労働であれば、同一の賃金を払うという原則、同一労働同一賃金の考え方を発展させたものである。一九五一年にＩＬＯにおいて「同一価値の労働についての男女労働者に対する同一報酬に関する条約（第一〇〇号）」が採択され、同一価値の労働に対しては性別による区別を行うことなく、同等の報酬を与えなければならないと定められている。日本はこの条約を一九六七年に批准し、一六七ヵ国が批准しているが、男女間の賃金格差はまだ大きい。

特に日本の男性と女性の賃金の差は他の国と比べても大きい。日本の一般労働者（短時間以外の労働者）の女性の賃金は一般労働者の男性の賃金の約七割である。短時間労働者の女性の賃金は一般労働者の男性の賃金の約五割である。また、女性は短時間労働で働く傾向が強い。序章でも述べたが、男女ともに正規雇用で働く人が減り、非正規雇用で働く人が増えているが、女性が非正規雇用者として働く傾向がより強い。女性の正規雇用者の割合は一九八五年の七割弱から、二〇一三年には五割をわりこみ、男性の正規雇用者の割合も、一九八五年の九割強から二〇一三年には八割弱に減少している。二〇一三年において、男性の雇用者のうち非正規雇用者の割合は二一・一％、女性の雇用者のうち非正規雇用は五五・八％、女性の非正規雇用者の数は男性の非正規雇用者の約二倍である。この結果、一年間を通じて勤務した給与所得者の給与水準を見ると、三〇〇万円以下の割合が男性では二三・九％、女性では六六・一％、七〇〇万円以上の者は、男性では一八・〇％、女性では二・八％である（内閣府 2013）。男性に比べ、女性は収入が低い。

正規雇用者の男性と女性の賃金格差が大きい状況、正規雇用者と非正規雇用者の賃金格差が極めて大きい状況をふまえると、同一価値労働同一賃金の原則にもとづく賃金の是正を考える必要があり、また、賃金の是正に有効な一つの方法と考えられる。一九七〇年代半ば以降、アメリカやイギリスなどで、男女間の賃金格差を是正する方策として同一価値労働同一賃金原則は用いられてきた。女性の低賃金を是正するために女性の職務の価値、同じ価値の労働についている男性の職務の価値をはかり、職務の価値と女性と男性の職務に支払われている賃金を連動させ、職務の価値に準じて賃金を決定するという方法である。同一労働同一賃金の原則は同じ職務であることが条件であるが、女性が女性の多い女性職につき、男性が男性の多い男性職で働くことが多い状況をふまえると、賃金が男性職より低い女性職のなかで女性の賃金の是正をおこなってもあまり効果的ではない。異なる職務でも同一の価値と認められるならば、同一の賃金を支払うべきであるという同一価値労働同一賃金原則は、女性職、男性職と性別職務分離のあるなかで女性の賃金を再評価し、女性の賃金をあげていくものである。

②同一価値労働同一賃金原則の実践

同一価値労働同一賃金原則のもと異なる職種・職務の価値を比較するには、職務分析、職務評価制度を実施する必要がある。森は、職務評価では、性に中立な職務評価ファクターと評価方法の採用が重要なカギを握っていると指摘し、この原則に関する最も先進的な立法と評価されるカナダ・オンタリオ州のペイ・エクイティ法を紹介している。このペイ・エクイティ法は、職務評価ファクターとして「知識・技能」(skill)、「精神的・肉体的負荷」(effort)、「責任」(responsibility)、「労働環境」(working conditions)の四要素を法で定め、各要素に含まれるサブファクターについては、個々の職場の職務内容を反映させて独自に選択することを労使の裁量に委ねているという（森 2005）。

国際機関としては、ＰＳＩ（国際公務労連）とＩＬＯ（国際労働機関）が「同一価値労働同一賃金」原則による得点要素法の職務評価を推進しており、また、得点要素法で評価が高いのは①英国の地方自治体の職務評価と②英国の病院などＮＨＳの職務評価で、労使間の労働協約にもとづいて実施されており、労働組合は、両者とも、ＵＮＩＳＯＮ（地方公務員を組織の中心とした労働組合）であるという（遠藤 2014）。ＩＬＯはガイドブック「公平の促進――平等な賃金実現のためのジェンダー中立な職務評価」を出しており、職務を評価するものさしとしてカナダ・オンタリオ州のペイ・エクイティ法と同様に「負担」「知識・技能」「責任」「労働環境」を提示している。

日本では、厚生労働省が二〇一二年に「要素別点数法による職務評価のガイドライン」をだしている。これは、パートタイム労働法の改正時の国会附帯決議に基づき作成されたものであり、対象は、非正規雇用者のなかでも、正規雇用者に働き方が近いものを主な対象にしている。つまり、非正規雇用者全体の賃金是正の考え方ではない。また、厚生労働省の職務評価には労働環境と負担のファクターが入っていないので、非正規雇用で働く人の職務評価点が低くなる可能性がある。

日本における研究としては、一九九七年にペイ・エクイティ研究会が実施した[1]総合商社の正規雇用営業職の職務評価が最も早くに行われたものである。研究の中心的メンバーであった森は、カナダ・オンタリオ州のペイ・エクイティ委員会がペイ・エクイティ法に基づいて提示した職務対職務比較法による実施プロセスをベースにしたと述べている。そして、営業職の男性と女性の担当している職務について職務評価を行っているが、男女の主要職務は分離していること、男性職務と女性職務が形成されていること、営業職固有の職務の六割は男女の営業職によって共同で行われる混合職務であること、職務の価値は男性一一五・五点、女性一〇二・〇点で一〇〇対八八であること、現状の賃金は男性四六万六千円、女性は三二万七千円と一〇〇対七〇であること、を見出している（森 2005）。

次に行われたのが、医療・介護サービス職四種とスーパーマーケットの正規非正規雇用者への職務評価である。筆者もこの研究のメンバーであったので、本書において、医療・介護サービス職四種における同一価値労働同一賃金原則にもとづく職務評価と是正賃金について紹介したい。

（2）職務内容の分析と職務評価の基準づくり

職務評価の方法は次の四つの過程をふむ。一．対象職種の職務内容の分析、二．職務評価の基準づくり、三．職務評価調査の実施、四．職務評価点の算出と是正された賃金額の算出である。まず本項で一つ目と二つ目の過程について述べる。

①対象職種の職務内容の分析

対象としたのは看護師、施設介護職員、ホームヘルパー、診療放射線技師である。もともとの関心は、低賃金で処遇の改善が求められている施設介護職員とホームヘルパーの賃金の是正を考えることから始まっている。非正規雇用者が多くを占めるホームヘルパーの賃金の是正は、正規雇用者がある程度を占める施設介護職員との比較によって、施設介護職員の賃金の是正は看護師との比較によって、看護師の賃金の是正は診療放射線技師との比較によって考えてみようと計画した。

医療・介護職四職種のフルタイム・パートタイム間賃金格差をみたのが図表2−1である。厚生労働省の「賃金構造基本統計調査」をもとに作成した。これは常用労働者一〇人以上を雇用する事業所におけるフルタイムとパートタイムの全国平均時給額とその賃金格差である。医療・介護四職種のなかでは、診療放射線技師がもっとも賃金水準が高く、次に看護師、施設介護職員である。おなじフルタイムであっても、診療放射線技師の月収換算の時給は男性で二〇五五円、女性で一七五五円、看護師の女性で一八八七円であるが、施設介護職員は男性で一三二五円、女性で一二二二円と低い。年収換算にするとさらに差は開く。これは、施設介護職員やホームヘルパーの年間賞与額が診療放射線技師や看護師より低いからと考えられる。

職務評価を行うには、まず職務内容を把握することが必要であるが、各職種の職務内容を把握するために、調査票の作成と実査の前に、インタビュー調査を行った（看護師八名、施設介護職員四名、ホームヘルパー八名、診療放射線技師四名を対象として実施）。また、プレ調査として「仕事と賃金に関する意識調査」を実施し、さらに看護師の職務については看護協会が出版している看護師の業務基準集や施設介護職員、ホームヘルパーの職務に関しては東京ケアユニオンの報告書を参考にした。

図表 2-1　医療・介護職のフルタイム・パートタイム間賃金格差（2014 年）

	性別	1 時間当たりの賃金（円）			賃金格差		年間賞与ほか（千円）		職種の女性比率（%）	
		フルタイム（一般労働者）		パートタイム	フルタイム =100		フルタイム	パートタイム	フルタイム	パートタイム
		年収換算（A）	月収換算（B）	（短時間労働者）（C）	C/A	C/B				
看護師	女性	2,403	1,887	1,619	67.4	85.8	781	99.8	90.0	98.1
施設介護職員	男性	1,616	1,325	1,166	72.1	88.0	496.7	48.6	66.4	86.2
	女性	1,483	1,222	1,023	69.0	83.7	436.5	57.4		
ホームヘルパー	女性	1,410	1,243	1,336	94.7	107.4	298.4	30.7	75.2	94.0
診療放射線技師	男性	2,600	2,055	3,198	123.0	155.7	946.5	38.8	21.6	22.6
	女性	2,227	1,755	3,790	170.2	216.0	824.8	37.5		

注 1：一般労働者の 1 時間当たりの賃金の算出式は以下の通り
年収換算（A）=[（決まって支給する現金給与金額× 12）+ 年間賞与ほか]÷[（所定内実労働時間 + 超過実労働時間）× 12]
月収換算（B）= 所定内給与金額÷所定内実労働時間
2：「年間賞与その他特別給与額」を「年間賞与ほか」と表記
出典：厚生労働省「平成 26 年賃金構造基本統計調査」

図表 2-2　医療・介護サービス四種類の職務項目

看護師

1．容態の観察・モニタリング
2．食事・水分摂取の援助
3．排泄の援助
4．清潔の援助
5．体位交換と移動動作の介助
6．環境づくり・整備
7．相談・指導・オリエンテーション
8．与薬
9．検体採取
10．診察の処置・管理
11．急変時の対応
12．記録の作成
13．看護師間の申し送りや医師・部局への連絡
14．看護職員・看護学生の指導
15．病床・病棟の管理業務

施設介護職員・ホームヘルパー

1．挨拶／健康チェック
2．買い物
3．調理
4．食事介助
5．移動介助／体位交換
6．清拭・整容／入浴
7．トイレ介助
8．掃除／洗濯など
9．相談・援助
10．服薬対応
11．緊急対応
12．サービス提供記録・連絡業務
13．業務改善活動

診療放射線技師

1．始業点検
2．検査の準備
3．検査方法の確定
4．治療計画の策定
5．患者の呼び入れ
6．撮影の準備
7．スキャン・照射
8．放射線治療の照射
9．画像の再構成
10．機器の管理
11．会議の主催・参加

出典：筆者作成

これらの手順をふんで、医療・介護四職種の職務項目を作成した。

②職務評価の基準づくり

職務を評価するためには基準を作る必要があり、その基準となるものが評価する要素（ファクター）と評価する尺度（レベル）の設定である。なにをもって職務を評価するのかを設定する要素（ファクター）は、大きくは「仕事によってもたらされる負担」「知識・技能」「責任」「労働環境」の四ファクターを設定した。その上で、サブファクターとして「仕事によってもたらされる負担」は「身体的負担」「精神的負担」「感情的負担」の三つのサブファクターを、「知識・技能」は「仕事関連の知識」「コミュニケーションの技能」「仕事の手ぎわや機器の操作についての技能」「問題解決力」の四つのサブファクターを、「責任」は「患者や利用者に対する責任」「仕事の方針・サービスの実施に対する責任」の二つのサブファクターを、「労働環境」は「労働環境の不快さや危険度」「労働時間の不規則性」の二つのサブファクターを設定した。評価する尺度は、レベル一から最大でレベル四までを設定し、それぞれのレベルの定義づけを行った。各サブファクターおよび各レベルに何点ずつ配分するか（ウェイトと各レベルの得点）は研究会が設定した。

医療・介護職の職務評価の基準づくりの工夫としては、第一に「仕事によってもたらされる負担」のサブファクターに「感情的負担」を設定した。医療・介護職では感情労働が特に求められている状況があると指摘されているからである。第二に、医療・介護職における専門的知識を重視し、

図表 2-3　医療・介護サービス職の職務評価ファクターと得点分布

ファクター	ウエイト(%)	評価レベルと得点				最高得点計
4 大ファクター・11 サブファクター	100.0					1,000
(1) 仕事によってもたらされる負担	25.0	レベル 1	レベル 2	レベル 3		250
1. 身体的負担	8.0	20	50	80	—	80
2. 精神的負担	8.0	20	50	80	—	80
3. 感情的負担	9.0	30	60	90	—	90
(2) 知識・技能	39.0	レベル 1	レベル 2	レベル 3	レベル 4	390
4. 仕事関連の知識	12.0	60	80	100	120	120
5. コミュニケーションの技能	8.0	0	40	60	80	80
6. 仕事の手ぎわや機器の操作についての技能	8.0	50	60	70	80	80
7. 問題解決力	11.0	50	70	90	110	110
(3) 責任	24.0	レベル 1	レベル 2	レベル 3		240
8. 患者や利用者に対する責任	12.0	30	70	120	—	120
9. 仕事の方針・サービスの実施に対する責任	12.0	40	80	120	—	120
(4) 労働環境	12.0	レベル 1	レベル 2	レベル 3		120
10. 労働環境の不快さや危険度	6.0	20	40	60	—	60
11. 労働時間の不規則性	6.0	20	40	60	—	60

注 1：職務評価点の最高得点は 1,000 点、最低得点は 340 点である
　2：評価レベルは、4 大ファクターの 1 つ「知識・技能」のみ 4 段階で、その他は 3 段階である
出典：筆者作成

「知識・技能」の割合を最も高い三九%と設定し、「負担」は二五%、「責任」は二四%、「労働環境」は一二%と設定した。第三に、医療・介護四職種に適した職務評価を行うため、イギリスの国民保健サービスの職務評価システムを参考にした。一方で、イギリスの国民保健サービスの職務評価システムは広範囲を対象としているので、評価レベルが一～八まであるが、今回の医療・介護四職種においては、レベルは一～四までに設定した。日本において職務評価はまだなじみがないので、簡潔な方が答えやすいという配慮からである。

(3) 職務評価調査の実施

職務評価の三つめの過程は、職務評価の質問紙調査の実施である(今回は質問紙調査を実施したが、他の職務評価方法として序列法、分類法、市場調査法、要素比較法などがある)。職務の評価方法として一つ一つの「職務項目」について評価すること、「仕事全般」を評価すること、の二つの方法で行った。評価者としては、職務を担当する労働者が評価する、第三者が評価する、職場の上司が評価するなどが考えられるが、職務を担当する労働者が評価する方法をとり、自記式の質問紙調査を行った(名称「仕事の評価についてのアンケート」)。働いている者自身が自分の仕事を評価し、自分で質問紙に記入して回答する方式である。

「仕事の評価についてのアンケート」調査は、二〇〇八年五~六月にかけて実施した。各事業体の施設長、組合等を通して、看護師は首都圏の八病院、施設介護職員は首都圏の一五施設、ホームヘルパーは首都圏の四事業所と地方の三事業所、診療放射線技師は首都圏の三病院で調査票の配布・回収を行った。配布と回収の状況は、看護師は配布数六二八票、有効回収数二七二票、回収率は四三・三%、施設介護職員は配布数四〇五票、有効回収数二五三票、回収率は六二・五%、ホームヘルパーは配布数三七五票、回収数二三九票、回収率は六三・七%、診療放射線技師は配布数九九票、回収数四〇票、回収率は四〇・四%である。

回答者の性別をみると、看護師、ホームヘルパーは女性がほとんどを占め(看護師の女性割合は九五・四%、ホームヘルパーの女性割合は九九・〇%)、施設介護職員は約六六%が女性、診療放射線

職務評価ファクター一覧

レベル
①3ヵ月以内で習得できる。
②3ヵ月以上1年未満で習得できる。
③1年以上3年未満で習得できる。
④3年以上で習得できる。

7）問題解決力:患者や利用者の容体や状況の日々の変化に対処したり、患者や利用者がかかえる個別の問題を解決するために求められる判断や行動のレベルをはかります。
レベル
①問題は、作業手順や前例に従えば解決できる。
②問題は、前例の応用や経験を活かして対処し、解決できる。
③問題は、これまで蓄積した自らの高度の判断力を活かして解決できる。
④問題は、自らの高度の判断力とともに同僚や上司との共同・連携によって解決できる。

3. 責任
8）患者や利用者に対する責任:患者や利用者に対するケアの提供に関する責任をはかります。
レベル
①ケアの提供において、直接的な責任はもたない。
②ケアの提供において、直接的な責任をもつが小さい。
③ケアの提供において、直接的な責任をもち、大きい。

9）仕事の方針・サービスの実施に対する責任:仕事の方針・サービスの実施に対する責任をはかります。
レベル
①決められた方針に従い仕事を行う責任がある。
②自分で方針を決め、作業の手順・方針を提案する責任をもつ。
③自分で方針を決め、他の部署の仕事に関しても作業の手順・方針を提案する責任をもつ。

4. 労働環境
10）労働環境の不快さや危険度:行っている仕事の環境の危険さや、不快さをはかります。
レベル
①あまりない。
②ある程度ある。
③とてもある。

11）労働時間の不規則性:行っている仕事では、早出・遅出、夜勤、残業、休憩がとれないなどの程度をはかります。
レベル
①あまりない。
②ある程度ある。
③とてもある。

図表 2-4　医療・介護サービス職の

1. 仕事によってもたらされる負担

1）身体的負担:同じ姿勢や無理な姿勢をつづけたり、重い物を運んだり、人を支え移動させたりする時に身体にかかる負担の大きさをはかります。

レベル
①負担はあまりない。
②負担はある程度ある。
③負担はとてもある。

2）精神的負担:作業の遂行や機器の操作、患者や利用者との人間関係、医療・介護の事故、個人情報の管理など、仕事を行う上で必要とされる注意力や集中力などの精神的な負担の大きさをはかります。

レベル
①負担はあまりない。
②負担はある程度ある。
③負担はとてもある。

3）感情的負担:　患者や利用者の沈んだ気持ちを和らげ、やる気を引き出せるように自分の感情を調整したり、また、相手の感情の起伏を冷静に受けとめるために、自分の感情を抑えたりする際に生じる感情的な負担の大きさをはかります。

レベル
①負担はあまりない。
②負担はある程度ある。
③負担はとてもある。

2. 知識・技能

4）仕事関連の知識:資格取得後、仕事をおこなう上で必要な医療・看護・介護の専門的な知識をはかります。

レベル
①3ヵ月以内で習得できる。
②3ヵ月以上1年未満で習得できる。
③1年以上3年未満で習得できる。
④3年以上で習得できる。

5）コミュニケーションの技能:生活暦が多様で、容態や状況の異なる個々の患者・利用者と意志を疎通し良好な関係をつくる技能、患者や利用者の感情を和らげたり、前向きな姿勢を引き出す技能、職場の同僚・上司との良好な関係をつくる技能などをはかります。

レベル
①必要としない。
②簡単な意思疎通を必要とする。
③機転・気配りなどの対応を必要とする。
④困難な状況での意思疎通を必要とする。

6）仕事の手ぎわや機器の操作についての技能:手ぎわ（速さ、正確さ、安全の確保）や機材・機器の操作についての技能をはかります。

技師では、約三六％が女性である。また、雇用形態をみてみると、看護師、施設介護職員は正規従業員が約九割を占め、診療放射線技師はすべての回答者が正規従業員として働いていた。一方、ホームヘルパーでは回答者の約九割は非正規従業員・パートとして働いていた。

本節では、正規雇用で働いている看護師男女（二五六名）、正規雇用で働いている施設介護職員男女（二二三名）、正規雇用で働いている診療放射線技師男女（四〇名）と非正規雇用で働いているホームヘルパー（二二九名）のみを対象として職務の価値と賃金について考える。

（4）職務評価と職務評価点の算出

①職務項目別の評価点と担当している割合

看護師、施設介護職員、ホームヘルパー、放射線技師の職務の特徴をみるため、職務項目別の職務評価点とそれぞれの職務を担当している割合を示す。

図表2－5は看護師の職務項目別の職務評価点の一覧である。職務評価点が高いのは、「急変時の対応」八九五・五点、「看護職員、看護学生の指導」八六三・六点である。今回の「仕事の評価についてのアンケート」では、担当している職務のなかから最も主要な職務を五つ選択してもらったが、図表2－5にある「主要な仕事と回答した割合」は、回答者のうち何％の人がその職務を主要な仕事と答えたかを示しており、高い順番から①から⑤を記入している。「容態の観察・モニタリング」は回答者の九〇・八％が「主要な仕事」と回答し、仕事のなかで最も高い割合①となって

図表 2-5　看護師の職務項目別職務評価点と担当割合

職務項目	職務評価点	(度数)	主要な仕事と回答した割合	(度数)
1．容態の観察・モニタリング	794.9	(243)	① 90.8%	(226)
2．食事・水分摂取の援助	752.1	(235)	28.9%	(72)
3．排泄の援助	752.0	(240)	③ 50.2%	(125)
4．清潔の援助	756.2	(239)	② 57.4%	(143)
5．体位交換と移動動作の介助	760.8	(241)	⑤ 45.8%	(114)
6．環境づくり・整備	693.5	(248)	15.6%	(39)
7．相談・指導・オリエンテーション	④ 820.0	(228)	20.5%	(51)
8．与薬	745.0	(243)	41.4%	(103)
9．検体採取	717.3	(239)	8.8%	(22)
10．診察の処置・管理	⑤ 795.7	(234)	23.6%	(59)
11．急変時の対応	① 895.5	(238)	18.5%	(46)
12．記録の作成	741.0	(243)	④ 46.2%	(115)
13．看護師間の申し送りや医師・部局への連絡	781.6	(246)	28.9%	(72)
14．看護職員・看護学生の指導	② 863.6	(148)	11.2%	(28)
15．病床・病棟の管理業務	③ 844.2	(99)	7.6%	(19)

出典：筆者作成

いる。二番めは「清潔の援助」で②五七・四％、三番めは「排泄の援助」で③五〇・二％である。看護師の場合、職務評価点の高い上位五職務と主要な仕事の上位五職務とは全く重なっていない。つまり、看護師が日常的に行う職務は看護師の行う職務のなかでは職務評価点が高くない職務であることがわかる。

図表2－6は施設介護職員とホームヘルパーの主要な仕事と職務評価点を示したものである。施設介護職員では「トイレ介助」「食事介助」「移動介助／体位交換」の順番で、ホームヘルパーでは「掃除／洗濯」「調理」「挨拶／健康チェック」の順番で主要な仕事と答えた割合が高くなっており、施設介護職員は介助、ホームヘルパーは生活援助が主な仕事であることがわかる。また、施設介護職員の方がいずれの職務項目においても職務評価点がホームヘルパーより

図表 2-6　施設介護職員とホームヘルパーの職務項目別職務評価点と担当割合

職務項目	施設介護職員				ホームヘルパー			
	職務評価点	(度数)	主要な仕事と回答した割合	(度数)	職務評価点	(度数)	主要な仕事と回答した割合	(度数)
1．挨拶／健康チェック	733.0	(209)	36.1%	(78)	672.6	(196)	③ 54.5%	(121)
2．買い物	634.4	(107)	0.9%	(2)	641.0	(196)	⑤ 50.0%	(111)
3．調理	662.9	(21)	0.5%	(1)	659.1	(200)	② 75.7%	(168)
4．食事介助	762.6	(217)	② 88.4%	(191)	694.4	(138)	23.0%	(51)
5．移動介助／体位交換	④ 786.9	(217)	③ 84.7%	(183)	② 736.2	(175)	39.2%	(87)
6．清拭・整容／入浴	③ 797.4	(217)	④ 83.8%	(181)	③ 729.1	(185)	③ 54.5%	(121)
7．トイレ介助	⑤ 783.7	(217)	① 89.8%	(194)	④ 726.8	(154)	35.6%	(79)
8．掃除／洗濯など	630.8	(197)	20.8%	(45)	637.8	(209)	① 77.5%	(172)
9．相談・援助	② 803.9	(126)	8.3%	(18)	⑤ 717.2	(127)	6.3%	(14)
10．服薬対応	718.4	(195)	18.1%	(39)	624.8	(172)	26.1%	(58)
11．緊急対応	① 843.6	(199)	15.7%	(34)	① 764.0	(124)	7.2%	(16)
12．サービス提供記録・連絡業務	708.9	(195)	⑤ 41.2%	(89)	638.5	(157)	24.8%	(55)
13．業務改善活動	765.6	(188)	13.9%	(30)	705.0	(46)	18.0%	(4)

出典：筆者作成

高い。

図表２－７は診療放射線技師の主要な仕事と職務評価点を示したものである。看護師と同じように「主要な仕事」の上位三職務は、必ずしも「職務評価点の高い仕事」の上位三職務に入らず、逆に「職務評価点の高い仕事」の上位三職務は、「主要な仕事」の上位三職務に入っていない。看護師と同様に診療放射線技師は主要な職務よりそうでない職務の方が職務評価点が高い傾向がある。

②三つの職務評価点

職務評価では各職種の仕事総体の価値を表す職務評価点を三つの方法で算出した。まず、一つめは「Ⅰ　職務項目平均の職務評価点」である。これは、前項の各職務項目の職務評価点を足し合わせ職務項目の数で割り、各職務項目の

図表 2-7　診療放射線技師の職務項目別職務評価点と担当割合

職務項目	職務評価点	（度数）	主要な仕事と回答した割合	（度数）
1．始業点検	566.3	（35）	④　58.9％	（23）
2．検査の準備	626.0	（5）	2.6％	（1）
3．検査方法の確定	③　704.1	（27）	33.3％	（13）
4．治療計画の策定	①　823.3	（3）	5.1％	（2）
5．患者の呼び入れ	620.0	（39）	②　66.7％	（26）
6．撮影の準備	636.3	（38）	③　64.1％	（25）
7．スキャン・照射	④　679.7	（35）	①　71.8％	（28）
8．放射線治療の照射	②　755.0	（4）	12.8％	（5）
9．画像の再構成	635.7	（30）	⑤　56.4％	（22）
10．機器の管理	637.9	（34）	53.8％	（21）
11．会議の主催・参加	⑤　650.5	（22）	20.5％	（8）

出典：筆者作成

職務評価点の平均をだしたものである。二つめの「Ⅱ　主要な仕事」としてあげた五つの職務について各職種の従事者が「主要な仕事」としてあげた五つの職務についてその職務評価点を平均した。三つめの「仕事全般の職務評価点」は、ⅠとⅡのように職務項目の評価点を積み上げ平均するのではなく、職種の従事者に「仕事全般」としてその仕事の価値を評価してもらった結果である。「Ⅰ　職務項目平均の職務評価点」は一九九七年に実施されたペイ・エクイティ研究会の商社の職務評価において用いられ、「Ⅱ　主要な五職務の職務評価点」は京ガス男女賃金差別裁判における森ます美「意見書」（二〇〇一年一月京都地裁に提出）において用いられたが、「Ⅲ　仕事全般の職務評価点」は新しい試みである。

看護師、施設介護職員、ホームヘルパー、診療放射線技師の三つの職務評価点をみてみたい（図表2－8）。まず、「Ⅰ　職務項目平均の職務評価点」をみると、看護師七八〇・九点、施設介護職員七四一・四点、ホームヘ

図表 2-8　3つの職務評価点

	Ⅰ職務項目平均の職務評価点（看護師 =100）	Ⅱ主要な５職務の職務評価点（看護師 =100）	Ⅲ仕事全般の職務評価点（看護師 =100）
看護師（正規・男女）	780.9 100.0 （度数 =256）	761.0 100.0 （度数 =249）	878.6 100.0 （度数 =249）
施設介護職員（正規・男女）	741.4 94.9 （度数 =223）	767.9 100.9 （度数 =216）	847.3 96.4 （度数 =217）
ホームヘルパー（非正規・男女）	688.2 88.1 （度数 =229）	667.9 87.8 （度数 =223）	737.3 83.9 （度数 =213）
診療放射線技師（正規・男女）	666.8 85.4 （度数 =40）	627.6 82.5 （度数 =39）	742.9 84.6 （度数 =38）

注：「主要な５職務の職務評価点」は「主要な５職務」の職務を回答している場合のみ職務評価点を算出し、「仕事全般の職務評価点」は「仕事先般」について回答した場合のみ職務評価点を算出しているので、「職務項目平均の職務評価点」「主要な５職務の職務評価点」「仕事全般の職務評価点」の回答者数が異なる

出典：筆者作成

ルパー六八八・二点、診療放射線技師六六六・八点、「Ⅱ　主要な五職務の職務評価点」では看護師七六一・〇点、施設介護職員七六七・九点、ホームヘルパー六六七・九点、診療放射線技師六二七・六点、「Ⅲ　仕事全般の職務評価点」では、看護師八七八・六点、施設介護職員八四七・三点、ホームヘルパー七三七・三点、診療放射線技師七四二・九点である。「Ⅰ　職務項目平均の職務評価点」では、看護師、施設介護職員、ホームヘルパー、診療放射線技師の順番で職務評価点が高く、「Ⅱ　主要な五職務の職務評価点」では施設介護職員、看護師、ホームヘルパー、診療放射線技師の順番で、「Ⅲ　仕事全般の職務評価点」では看護師、施設介護職員、診療放射線技師、ホ

ームヘルパーの順番で職務評価点が高くなっている。

「Ⅱ　主要な五職務の職務評価点」では、看護師と施設介護職員の順位が逆転している。これは、先にも述べたが、看護師の主要な職務が看護師の行う職務の中では職務評価点が高くない職務であることが影響していると考えられる。

さらに、いずれの職種においても、「Ⅲ　仕事全般の職務評価点」の評価点が最も高い。これは、「仕事の評価についてのアンケート」調査後にインタビュー調査をして明らかになったが、「仕事全般」について「仕事によってもたらされる負担・知識・技能・責任」について答える場合、回答者は仕事のなかでも負担が重い職務、知識・技能を必要とする職務、責任をより求められる職務を思い浮かべて回答する傾向があることがわかった。この傾向により、「Ⅲ　仕事全般の職務評価点」が職務評価点のなかで最も高い点数となったといえる。(2)

③職務評価点はなにに影響をうけているか

なにが「仕事全般の職務評価点」に影響を与えているかを「性別」「年齢」「学歴」「資格」を説明変数として重回帰分析を行った。施設介護職員では、「年齢」が高い人、「ケアマネージャー」の資格を持っている人の方が「仕事全般の職務評価点」が高く、ホームヘルパーは介護福祉士の資格を持っている人の方が「仕事全般の職務評価点」が高かった。看護師、診療放射線技師は影響を与えているものはなかった。

④感情的負担について

◇感情的負担の状況

職務評価点（一〇〇〇点満点）に占める感情的負担のウエイトは九％（九〇点満点）に設定して職務評価を行った。看護師、施設介護職員、ホームヘルパー、診療放射線技師の職務評価点を比べると、ホームヘルパーはどの職務評価点でも点数が低めだったが、感情的負担をみると四職種のなかでホームヘルパーの割合は九・九六％で最も高くなっている。次いで施設介護職員（九・四四％）、看護師（九・〇三％）、診療放射線技師（八・三六％）である。ホームヘルパーは四職種のなかで、最も感情的負担が高い職種といえる。

◇「仕事全般」の感情的負担と各職務ファクターの関連

さらに、ホームヘルパーの「Ⅲ　仕事全般の職務評価点」の感情的負担得点は、「仕事の方針・サービスの実施に対する責任」を除くすべての職務ファクターと関連が高くなっている。次に関連が高いのは、看護師、施設介護職員、診療放射線技師の順番である。ホームヘルパーの「感情的負担」が「仕事の方針・サービスの実施に対する責任」を除くすべての職務評価ファクターと関連が高いということは、ホームヘルパーの職務ほぼすべてにわたって感情的負担が求められている状況があるということで、かつその傾向は四職種のなかで最も強い。

図表 2-9　仕事全般の感情的負担得点と仕事全般の各職務評価得点との相関分析

	1) 身体的負担	2) 精神的負担	4) 仕事関連の知識	5) コミュニケーションの技能	6) 仕事の手ぎわや機器の操作についての技能	7) 問題解決力	8) 患者や利用者に対する責任	9) 仕事の方針・サービスの実施に対する責任	度数
ホームヘルパー・非正規	0.603	0.724	0.368	0.405	0.362	0.319	0.378		(214)
看護師・正規	0.373	0.679	0.324	0.363	0.307				(249)
施設介護職員・正規	0.500	0.636		0.335					(217)
放射線技師・正規	0.340	0.508							(38)

注：相関係数 0.3 以上で統計的に有意なもの（p.<.05）のみ表示、網かけは相関係数 0.6 以上
出典：筆者作成

⑤賃金はなにによって決定されているか

賃金の決定に影響しているものがどんな要因であるかを明らかにするため、「性別」「年齢」「学歴」「資格」「仕事の負担」「仕事の知識」「仕事の技能」「仕事の責任」を影響している要因として重回帰分析を行った。賃金は後述の「月給から換算した時給」を用いた。(3)

ホームヘルパーでは、学歴以外では時給に影響をあたえる要因はない。ホームヘルパーの時給には、ここで検証した「年齢」「資格」や仕事の状況（仕事の負担、知識、技能、責任）は加味されていないことがわかる。

施設介護職員では時給が高いのは、「女性」より「男性」、「中学高校・専門学校卒」より「大学・大学院卒」、「年齢」が高い、「労働環境」が悪い、という結果となった。看護師では時給が高いのは、正看護師、「年齢」が高い、「技能」が高い、「労働環境」が悪い、という結果だった。診療放射線技師では、時給が高いのは「女性」より「男性」、「中学高校・専門学校卒」より「短大・高

図表 2-10　賃金に影響を与える要因（重回帰分析・標準化係数β）

	ヘルパー・非正規	施設介護職員・正規		看護師・正規	放射線技師・正規
性別・女性ダミー	0.099	− 0.177 **	性別・女性ダミー	− 0.053	− 0.318 +
年齢	0.040	0.385 ***	年齢	0.659 ***	0.561 **
学歴（参照カテゴリー：中高校・専門学校）			学歴（参照カテゴリー：中高校・専門学校）		
短大・高専	0.222 **	0.017	短大・高専	0.032	0.353 *
大学・大学院	0.069	0.229 ***	大学・大学院	− 0.065	0.155
資格1ダミー：ケアマネージャー	0.058	0.099	資格1ダミー：正看護師	0.124 *	—
資格2ダミー：介護福祉士	− 0.002	0.093	資格2ダミー：准看護師	− 0.032	—
資格3ダミー：ホームヘルパー1級	− 0.009	− 0.065	資格3ダミー：保健師	0.046	—
資格4ダミー：ホームヘルパー2級	0.025	− 0.112	資格4ダミー：助産師	0.072	—
仕事全般の職務ファクター・負担1)＋2)＋3)	− 0.005	0.012	仕事全般の職務ファクター・負担1)＋2)＋3)	− 0.022	− 0.138
仕事全般の職務ファクター・知識4)＋7)	0.140	0.107	仕事全般の職務ファクター・知識4)＋7)	− 0.030	0.170
仕事全般の職務ファクター・技能5)＋6)	− 0.158	− 0.073	仕事全般の職務ファクター・技能5)＋6)	0.154 *	− 0.061
仕事全般の職務ファクター・責任8)＋9)	0.008	0.048	仕事全般の職務ファクター・責任8)＋9)	− 0.044	0.094
労働環境10)＋11)	0.043	0.147 *	労働環境10)＋11)	0.152 *	0.223 +
定数	***	***	定数		
（度数）	(196)	(200)	（度数）	(220)	(35)
調整 R^2	0.009	0.315	調整 R^2	0.472	0.682

注1：＋ P.<.10 * P.<.05 ** P.<01 *** P.<001
　2：仕事全般の職務ファクターおよび労働環境は、各番号の職務ファクターの評価点を足し算したもの
出典：筆者作成

図表 2-11　賃金と職務評価点（看護師を基準として）

	月給から換算した時給（円）	年収から換算した時給（円）	Ⅰ　職務項目平均の職務評価点	Ⅱ　主要な5職務の職務評価点	Ⅲ　仕事全般の職務評価点
	（看護師 =100）	（看護師 =100）	（看護師 =100）	（看護師 =100）	（看護師 =100）
看護師（正規・男女）	1,913 （度数 = 234）	2,366 （度数 = 172）	780.9 （度数 =256）	761.0 （度数 =249）	878.6 （度数 =249）
	100	100	100	100	100
施設介護職員（正規・男女）	1,438 （度数 = 209）	1,739 （度数 = 176）	741.4 （度数 =223）	767.9 （度数 =216）	847.3 （度数 =217）
	75.2	73.5	94.9	100.9	96.4
ホームヘルパー（非正規・男女）	1,237 （度数 = 216）	1,243 （度数 = 189）	688.2 （度数 =229）	667.9 （度数 =223）	737.3 （度数 =213）
	64.6	52.5	88.1	87.8	83.9
診療放射線技師（正規・男女）	2,221 （度数 = 36）	2,894 （度数 = 27）	666.8 （度数 =40）	627.6 （度数 =39）	742.9 （度数 =38）
	116.1	122.3	85.4	82.5	84.6

出典：筆者作成

専卒」、「年齢」が高い、「労働環境」が悪い、という結果となった。

つまり、施設介護職員と診療放射線技師の時給には、「性別」「年齢」「学歴」「労働環境」の要素が含まれた時給になっている。看護師は「年齢」「資格」「仕事の技能」「労働環境」が時給に影響を与えており、これらの要素が加味された時給になっている。一方で、ホームヘルパーは施設介護職員、看護師、診療放射線技師の時給に加味されていた、「年齢」「労働環境」「資格」「仕事の技能」などはなにも加味されていないことがわかる。

（5）同一価値労働同一賃金原則に基づく賃金額の算出

図表２－11は看護師を基準として、賃金と職務評価点をみたものである。賃金は月給から換算した時給と年収から換算した時給を算出した[4]。看護

師（正規・男女）の月給換算の時給は一九一三円、施設介護職員（正規・男女）の月給換算の時給は一四三八円であり、看護師の時給を一〇〇とすると施設介護職員の時給は七五・二である。同様に看護師（正規・男女）の年収換算の時給は二三六六円、施設介護職員（正規・男女）の月給換算の時給は一七三九円であり、看護師の時給を一〇〇とすると施設介護職員の時給は七三・五となる。

その一方で、「仕事全般」の職務評価点は看護師で八七八・六点、施設介護職員で八四七・三点、ホームヘルパーで七三七・七点、看護師の職務評価点を一〇〇とすると施設介護職員は九六・四、ホームヘルパーは八三・九である。看護師と施設介護職員を比べると、賃金の差は大きいが、職務評価点の差は小さいことがわかる。さらに、「主要五職務の評価点の平均」の職務評価点は看護師七六一・〇点、施設介護職員七六七・九点、看護師の職務評価点を一〇〇・〇とすると一〇〇・九となり施設介護職員の方が高い結果になっている。また、診療放射線技師は、看護師と比べると月給換算の時給、年収換算の時給共に看護師より高く、一方で職務評価点は「仕事全般」の職務評価点、「主要五職務の評価点の平均」ともに、看護師より低くなっている。

そこで、これらの職務評価結果を基に同一価値労働同一賃金原則の観点から、看護師を基準として、職務評価点の比率に基づくと、賃金がどの程度是正されるかをみよう（図表2‐12）。

月給換算の時給と「Ⅰ　職務項目平均の職務評価点」をもとに是正賃金を出したのがパターンA、月給換算の時給と「Ⅱ　主要な五職務の職務評価点」をもとに是正賃金を出したのがパターンB、月給換算の時給と「Ⅲ　仕事全般の職務評価点」をもとに是正賃金を出したのがパターンCである。

図表 2-12　職務の価値に基づく是正賃金（看護師を基準として）

	パターン A 月給から換算した時給（1913 円）×Ⅰ　職務項目平均の職務評価点比率（%）			パターン B 月給から換算した時給（1913 円）×Ⅱ　主要な 5 職務の職務評価点比率（%）			パターン C 月給から換算した時給（1913 円）×Ⅲ　仕事全般の職務評価点比率（%）		
	是正された賃金	是正額	是正比率	是正された賃金	是正額	是正比率	是正された賃金	是正額	是正比率
看護師（正規・男女）	1,913	± 0	± 0	1,913	± 0	± 0	1,913	± 0	± 0
施設介護職員（正規・男女）	1,816	378	26.3%	1,930	492	34.2%	1,845	407	28.3%
ホームヘルパー（非正規・男女）	1,686	449	36.3%	1,679	442	35.8%	1,605	369	29.8%
診療放射線技師（正規・男女）	1,634	− 587	− 26.4%	1,578	− 643	− 29.0%	1,618	− 603	− 27.1%

	パターン D 年収から換算した時給（2366 円）×Ⅰ　職務項目平均の職務評価点比率（%）			パターン E 年収から換算した時給（2366 円）×Ⅱ　主要な 5 職務の職務評価点比率（%）			パターン F 年収から換算した時給（2366 円）×Ⅲ　仕事全般の職務評価点比率（%）		
	是正された賃金	是正額	是正比率	是正された賃金	是正額	是正比率	是正された賃金	是正額	是正比率
看護師（正規・男女）	2,366	± 0	± 0	2,366	± 0	± 0	2,366	± 0	± 0
施設介護職員（正規・男女）	2,246	507	29.2%	2,387	648	37.3%	2,282	543	31.2%
ホームヘルパー（非正規・男女）	2,085	843	67.9%	2,077	835	67.2%	1,985	742	59.7%
放射線技師（正規・男女）	2,021	− 873	− 30.2%	1,951	− 943	− 32.6%	2,001	− 893	− 30.9%

出典：筆者作成

次に、年収換算の時給と「Ⅰ　職務項目平均の職務評価点」をもとに是正賃金を出したのがパターンD、年収換算の時給と「Ⅱ　主要な五職務の職務評価点」をもとに是正賃金を出したのがパターンE、年収換算の時給と「Ⅲ　仕事全般の職務評価点」をもとに是正賃金を出したのがパターンFである。

今回の職務評価によれば、施設介護職員は現在の賃金より約二六％～約三七％あがった額が、ホームヘルパーの場合は約二九％～約六七％あがった額がそれぞれ職務の価値に相当する妥当な賃金という結果になった。特に年収換算の時給をもとにした場合、ホームヘルパーでは現在の賃金より約六〇％高い額が妥当であるという結果となった。

（5）医療・介護四職種の職務の価値の特徴と是正賃金

本章では医療・介護四職種の職務の価値と賃金について検討してきたが、以下のようなことが明らかになった。

第一に、看護師、施設介護職員、ホームヘルパー、診療放射線技師の仕事の特徴として、施設介護職員は介助、ホームヘルパーは生活援助が主な仕事であること、看護師、診療放射線技師は、職務評価点が高い職務がかならずしも主要な職務でないことがわかった。

第二に、看護師、施設介護職員、ホームヘルパー、診療放射線技師の職務評価の結果をみると、「Ⅰ　職務項目平均の職務評価点」では、看護師、施設介護職員、ホームヘルパー、診療放射線技師の順番で、職務評価点が高かった。「Ⅱ　主要な五職務の職務評価点」では施設介護職員、看護師、ホームヘルパー、診療放射線技師の順番で、「Ⅲ　仕事全般の職務評価点」では看護師、施設介護職員、診療放射線技師、ホームヘルパーの順番で職務評価点が高かった。職務評価の結果としては、おおむね看護師、施設介護職員、ホームヘルパー、診療放射線技師の順番で職務評価点が高いといえる。

第三に、看護師、施設介護職員、ホームヘルパー、診療放射線技師のなかで、ホームヘルパーの職務評価点は低いが、ホームヘルパーの感情的負担は最も高く、かつ職務のほぼすべてにわたって感情的負担が求められている状況が明らかになった。

第四に、職務の価値に基づく賃金格差の是正では、看護師を基準にした場合、月給換算の時給をもとにすると、施設介護職員は現在の賃金より約二八％～約三七％あがった額が、ホームヘルパーの場合は約二九％～約六七％あがった額が妥当という結果になった。

最後に、ホームヘルパーの賃金には、「年齢」「資格」「労働環境」や職務の状況はなにも加味されていなかったが、ホームヘルパーの仕事は感情的負担が高く、職務のほぼすべてにわたり感情的負担を求められる状況があった。ホームヘルパーの賃金は少なくとも「職務における負担」の要素をもっと取りいれた賃金にすべきだと考えられる。

2　施設介護職員とホームヘルパーの職務比較と賃金

(1)施設介護職員とホームヘルパーの職務について

本節では、施設介護職員とホームヘルパーの職務を評価し、賃金について考える。まず、施設介護職員とホームヘルパーの職務についてみてみたい。

①施設介護職員の職務

施設介護職員は、特別養護老人ホームなどの老人福祉施設や障害者施設、介護医療型施設(病院)などで働き、施設利用者の日常生活の介護を行っている。今回の調査では特別養護老人ホームの施設介護職員だけを対象とした。基本的な仕事は、施設利用者がその人らしい快適な生活を送れるよう食事、入浴、排せつに伴う身体的介助を中心に援助を行うことである。また、利用者が楽しく暮らせるようにレクリエーションを計画したり、よりよい援助のため生活相談を行っている。特別養護老人ホームで働く施設介護職員の場合、二四時間を通して介護をするため、交代勤務や夜間勤務があり、多くの施設の場合、勤務は早番、遅番、夜勤の交代制である。

◇一日の職務の流れ

都内の中規模の特別養護老人ホームを例に、施設介護職員の一日の職務についてみてみたい。一般的な日勤の遅番の場合、八時半に出勤してまず昨晩の入所者の状況把握を行う。夜勤勤務者がパソコンに入力した入所者状況、引継ぎ表を読み、入所者の状況を把握する。九時に職員全体が集まって、夜勤担当職員からの申し送りを聞き、入所者の状況を把握、確認する。申し送りが終わると、排せつ介助、入浴介助、水分補給介助を行う。これらの介助を通して、入所者の状況を把握し、入所者の気持ちを高めることを行っている。一人あたり一五～一六人の排せつ介助を行う。また、入浴は週三日なので、入浴がない日はレクリエーションを充実させている。レクリエーションは基本的には毎日時間が空いた時に行っているが、入所者と一緒に言葉遊びや早口言葉を行ったり、回想法で昔のことを入所者に話してもらったりしている。

一一時半ごろをめどに昼食のために利用者をベッドから車いすへ、そして食堂へ移動という離床介助を行う。一二時から昼食となり、昼食の食事介助を行う。離床介助、食事介助を行うときも入所者の自立を促し、入所者が少しでも自分でできることがあるようにし、入所者の気持ちを上げながら行うようにしている。昼食介助が終わった段階で、職員は交代で四五分間の休憩をとる。

休憩後は、排せつ介助、おやつ介助を行い、一七時一五分に夜勤担当者と申し送りを行う。最後に夕食前の水分補給介助を終えて、業務終了となる。しかし、事務作業を時間内に行うことはなかなかできない状況があり、通常時間外で事務作業を行うことも多い。

夜勤は、一六時に業務開始、夕食介助、二回の排せつ介助、朝食介助を行い、その合間に水分補給介助、翌日の入浴準備、口腔ケア準備、床掃除、記録の記入を行っている。

◇催しの開催や委員会活動、相談業務

一ヵ月にほぼ一回の割合で、入所者が楽しめる催しを行っている。一月は初詣、新春祝賀会、二月は節分、三月はひな祭り、というような具合である。また、この施設では隣地に建っている寄付された民家で昼間過ごす、という逆デイケアを行っている。この民家で過ごすと入所者の表情が明るくなるという。このように入所者がいきいきと楽しく過ごせるような催しを計画し実施している。さらに、業務の改善をめざした複数の委員会活動を行い、職員間の話し合い、情報交換、スキルアップの機会を設けている。また、相談業務も行っており、入所者のよりよい生活のため、家族とよい関係をもち、入所者の処遇について家族と相談し連携をとるようにしている。

②ホームヘルパーの職務

ホームヘルパーは、利用者の家に一〜二時間程度滞在し、掃除、洗濯、食事の支度などを行う「生活支援」、食事の介助、排せつ介助、体位交換などを行う「身体介護」を行っている。それぞれの訪問先でどのような介護サービスを行うかは、訪問先で異なる。ケアマネージャーがそれぞれの訪問先の介護サービスの方針や内容の大枠を決め、それに沿ってサービス提供責任者が訪問日程、時間を加味して、スケジュールを作成し、その日の訪問介護で行う内容を確定する。ホームヘルパーは、サービス提供責任者から職務内容を受け取って、訪問先にでむき介護サービスの提供を行う。ホームヘルパーが行う介護サービスの内容は、利用者がどの程度の要介護状態であるかによる。

要支援や要介護一、二の利用者の場合はヘルパーの提供する介護サービスは「掃除」「買い物」「調理」などの割合が多く、要介護三になると「移動介助」「入浴」の割合が増え、要介護四、五になると「清拭・整容」「トイレ介助」「食事介助」に介護サービスの重点が移る。要介護度が低い場合は、利用者本人の周りを中心とした介護サービスに重点があり、要介護度が上がると、利用者本人を対象とするサービスに移行していく。

◇要介護一の場合（例）

訪問すると利用者に挨拶しながら利用者の健康の状況をみる。行う予定の介護サービスが、買い物、調理、掃除の場合、まず一緒に買い物に出かけることが多い。自立支援のため、買い物に行く際は、利用者に買い物リストを作成してもらうようにする。また、ホームヘルパーは冷蔵庫の在庫は一応チェックし、利用者に購入のアドバイスができるようにしておく。外出の歩行時は自立歩行を促し、お店でも利用者が何を購入したいかを聞き、なるべく利用者が購入品を手にして買い物かごにいれるようにし、お店の人と会話ができるようにする。会計の際には利用者に財布を渡し、利用者からお金を払うようにしている。帰宅後は購入したものを利用者と一緒に冷蔵庫や収納場所に入れる。次に、調理を行う。利用者と献立について相談し、ホームヘルパーが主に調理を行うが、利用者の自立を促すために、野菜の水洗いなどを利用者にしてもらうこともある。調理が終わると、最後に掃除を行う。掃除もホームヘルパーが主に行うが、衣類をたたんだり、窓開けを利用者にしてもらうこともある。最後にゴミの片付けをし、サービス記録の記入を行う。

◇要介護五の場合（例）

訪問すると利用者に挨拶しながら利用者の健康の状況をみる。次に、顔への清拭を行い、その後おむつ交換、全身の清拭、衣類の交換を行う。顔への清拭ではホームヘルパーが湯で絞ったタオルを用意し、利用者が自分でタオルを用いて顔を拭けるよう自立支援を行うこともある。おむつ交換、清拭、衣類交換では、利用者に声かけをし、利用者が無理のない体勢でいられるよう心がける。衣類交換後は利用者がベッドの上で体の位置を整える移動介助を行う。その後、おやつ介助を行ったり、掃除をしたりする。最後におむつ交換などででたゴミの処理、サービス記録の記入をして業務終了となる。

以上のように、ホームヘルパーの職務は利用者の状況によって重点が異なるが、常に利用者の自立支援を考え、利用者の気持ちに沿ってサービスを提供しようとするところは一貫している。また、利用者の家族とのコミュニケーションをとること、適切な連携を行うことが重要な点である。

③職務評価における職務項目の確定

施設介護職員とホームヘルパーの職務分類を作成するにあたって、ホームヘルパーの仕事の分類を軸に作成し、かつ職務を大くくりすることを基本的な方針とした。ホームヘルパーの職務の方が施設介護職員の職務より、職務の内容が細かいからである。たとえば、「調理」「買い物」は、ホームヘルパーは行うが、介護施設では「調理」は調理師、「買い物」は購買担当職員が担当するので

図表 2-13　ホームヘルパーと施設介護職員の職務項目、職務内容の説明

職務項目		職務内容の説明
1	挨拶／健康チェック	挨拶／顔色・表情・声
2	買い物	買い物についての会話／一緒に行う買い物／買い物／品物の確認と収納／お金の確認・管理
3	調理	調理についての会話／一緒に行う調理／特別食の調理、一般食の調理
4	食事介助	食事についての会話／食前介助（食事のセッティング、姿勢の確保）／食事介助／食事の見守り・水分補給／配膳・下膳・食器洗い／口腔体操の促し
5	移動介助／体位交換	移動・外出を促す／屋内移動・移乗介助（リビング・庭）／屋外移動（散歩・通院・銀行等）／利用者の安全の確保／体位交換についての会話／体位交換／体位交換のタイミングと計画／利用者の安全の確保
6	清拭・整容／入浴	清拭についての会話／全身清拭／部分清拭／整容／更衣介助／足浴手浴介助／口腔ケア／陰部洗浄／入浴についての会話／全身入浴／部分入浴／利用者の安全の確保
7	トイレ介助	排泄についての会話／トイレ介助／ポータブルトイレ介助／おむつ交換／排泄パターンの把握・状況に合わせた排泄介助
8	掃除／洗濯／住環境の整備／衣類等の整理・補修	掃除についての会話を行う／一緒に掃除を行う／掃除・かたづけを行う／洗濯等についての会話／洗濯を行う／一緒に行うものほし、取り入れ、収納／居室環境についての会話／ベッドメーク・シーツの交換／布団干し／換気・空調調整／整理・補修についての会話／一緒に行う整理／整理・補修
9	相談・援助	相談・援助
10	服薬対応	服薬についての会話／服薬管理・介助
11	緊急対応	利用者の基本情報の把握／緊急連絡・報告／応急処置の実施
12	サービス提供記録・連絡業務	提供したサービスの記録／他のヘルパーへの連絡・家族への連絡・連絡ノートの記入と確認
13	業務改善活動	業務改善活動／行事・クラブ活動の実施／物品管理業務

出典：筆者作成

施設介護職員は行わない。また、「掃除」「洗濯」「住環境の整備」も施設介護職員の場合は大きな職務ではない。

ホームヘルパーの仕事は、東京ケアユニオン編集、介護労働研究会調査報告書『ホームヘルパーの仕事　職務評価に向けて』（二〇〇五年）で作成された「介護サービス区分」をもとに「仕事の分類」を検討し修正を加えた。修正を加えるにあたり、①施設介護職員、ホームヘルパーへのインタビュー調査を実施、②毎月一回の介護労働研究会(5)において、たたき台をもとに、研究会メンバーのケアマネージャーと「仕事の分類」を検討、③「仕事の評価についてのアンケート」調査を実施する前に二回の事前調査を行った。以上をふまえ、「仕事の評価についてのアンケート」の職務の分類では「清拭・整容」と「入浴」、「移動介助」と「体位交換」、「掃除」「洗濯」「住環境の整備」「衣類等の整理・補修」をひとつの分類とした。図表2‐13は、今回の職務評価で用いたホームヘルパーと施設介護職員の職務項目と職務内容の説明である。

(2) 職務評価の実施―ホームヘルパーと施設介護職員の特徴

①用いるデータ

ここでは「仕事の評価についてのアンケート」を行って得たデータのなかから、施設介護職員正規雇用者女性（一三九名）と男性（八四名）およびホームヘルパー非正規雇用者女性（二二五名）に焦点をあてて職務の比較と賃金について考えてみたい。

②属性、資格、労働条件

職務評価の対象となった施設介護職員男性・女性（正規雇用）とホームヘルパー女性（非正規雇用）の属性、資格の状況、労働条件は以下であった。

年齢をみると、施設介護職員は四〇歳未満が約七割を占め、ホームヘルパーは四〇歳以上が約九割を占めている。ホームヘルパーは施設介護職員に比べ高齢である。学歴では、施設介護職員男性では約一割が高校卒、約六割が専門学校卒、約二・五割が大学・大学院卒である。施設介護職員女性では約二・五割が高校卒、約四割が専門学校卒、約一割が大学・大学院卒であり、ホームヘルパーは約六割が高校卒、二割弱が専門学校卒、六％が大学・大学院卒であった。施設介護職員の方が、ホームヘルパーより高学歴であり、施設介護職員の男性と女性を比べると、男性の方が高学歴であった。

職種勤続年数をみてみると、五年以上勤続している者が施設介護職員は約六割、ホームヘルパーでは七割近くと比較的長期間勤務している。勤務先の勤続年数では、、五年以上勤続している者が施設介護職員、ホームヘルパーともに約四割で、同じ勤務先に比較的長期間勤務していることがわかる。

資格は、施設介護職員ではケアマネージャーを持っているものが約一割、介護福祉士を持っているものが約八割、ホームヘルパーはホームヘルパー一級を約一・五割が、ホームヘルパー二級を約九割が持ち、介護福祉士を持っている者も約四割いた。

施設介護職員の給与は、「二〇万円未満」が男性で約一・五割、女性で約二割、「二〇〜二五万円未満」が男性で約三割、女性で約四割、「二五〜三〇万円」が男性で約三割、女性で約二割、「三〇〜四〇万円未満」が男性で約二割であるが、女性では一割に満たない。賞与総額では、男性の約一〇%、女性の約四%が「〇円」である。「五〇〜七五万円」が男性の約二五%、女性の約二八%を占め、最も多い割合であるが、「一〜五〇万円」、「七五〜一〇〇万円」もそれぞれ約二割程度を占めている。

一方、ホームヘルパーは、月間の総労働時間が「五〇時間未満」「五〇〜七五時間未満」がそれぞれ約二・五割を占めているが、「一二五時間以上」も約二・五割を占め、ホームヘルパーとして週三〇時間近く働く層が四分の一を占めていた。比較的長時間ホームヘルパーとして働く層がいることがわかる。しかし、給与は、「五〜一〇万円」「一〇〜二〇万円」が約四割を占め、「五万円未満」が約二割弱、「二〇万円以上」が約二%と、比較的低賃金で働いていることがわかる。時給の分布は、「一〇〇〇円未満」が約二割、「一〇〇〇〜一二〇〇円」が約二・五割、「一二〇〇〜一五〇〇円」が約四割弱である。「諸手当」が「ない」のは約半数、「賞与」が「ない」は約八割である。賞与がある場合でも「一〜五万円」がほとんどを占めている。

施設介護職員とホームヘルパーを比べると、今回用いたデータが正規雇用の施設介護職員と非正規雇用のホームヘルパーであったので、月あたりの収入が「二〇万円未満」の者は施設介護職員で男性の約一・五割、女性の約二割ほどであったが、ホームヘルパーは「二〇万円以上」は回答者の

図表 2-14　3 つの職務評価点

	Ⅰ　職務項目平均の職務評価点	Ⅱ　主要な 5 職務の職務評価点	Ⅲ　仕事全般の職務評価点
施設介護職員（正規・男）	746.9 （度数＝ 84）	779.7 （度数＝ 82）	859.6 （度数＝ 84）
施設介護職員（正規・女）	737.5 （度数＝ 139）	768.2 （度数＝ 134）	839.5 （度数＝ 133）
ホームヘルパー（非正規・女）	688.2 （度数＝ 225）	667.9 （度数＝ 219）	737.3 （度数＝ 209）

出典：筆者作成

約二％しか占めず、ほぼ全員が「二〇万円以下」であった。賞与も施設介護職員の九割近くが得ているが、ホームヘルパーで賞与を得ている者は約二割、そしてその額も「一～五万円」と施設介護職員と比べるとかなり少額であった。

（3）施設介護職員とホームヘルパーの職務評価とその特徴

①三つの職務評価点

三つの職務評価点「Ⅰ　職務項目平均の職務評価点」「Ⅱ　主要な五職務の職務評価点」「Ⅲ　仕事全般の職務評価点」（各評価点の説明は第1節参照のこと）をみると、どの職務評価点においても施設介護職員の方がホームヘルパーより高い。施設介護職員男性と女性では男性の評価点がいずれも女性のそれより高い。

施設介護職員では男性、女性とも「Ⅲ　仕事全般の職務評価点」「Ⅱ　主要な五職務の職務評価点」「Ⅰ　職務項目平均の職務評価点」の順番で職務評価点が高く、ホームヘルパー女性では、「Ⅲ　仕事全般の職務評価点」が最も高く、次に「Ⅰ　職務項目平均の職務評価点」「Ⅱ　主要な五職務の職務評価点」の順番であった（図表2－14）。

②職務項目別の職務評価点と「主要な仕事」と回答した割合

職務項目別の評価点を検討する（図表2－15）。施設介護職員の職務項目別の評価点では、職務評価点の高い職務の順番は男女とも「緊急対応」「相談・援助」「清拭／整容・入浴」「トイレ介助」「業務改善活動」の順番である。各職務項目の職務評価点は施設介護職員の女性と男性では男性の方がやや高い傾向がある。ホームヘルパーは、「緊急対応」「移動介助／体位交換」「清拭／整容・入浴」「トイレ介助」「相談援助」の順番で評価点が高い。ホームヘルパーは行うが、施設介護職員はあまり行わない「買い物」「調理」「掃除／洗濯など」でホームヘルパーが施設介護職員より職務項目の評価点が高いが、他の項目では施設介護職員の方がホームヘルパーより職務評価点が高い。

第1節でもみたように、施設介護職員は介助が、ホームヘルパーは生活援助が主な仕事である。施設介護職員の女性と男性の担当する主要な仕事と回答した割合をみてみると、女性の場合、一位～五位の順番は「トイレ介助」「食事介助」「移動介助／体位交換」「清拭／整容・入浴」「挨拶／健康チェック」であり、男性は「トイレ介助」「食事介助」「清拭／整容・入浴」「移動介助／体位交換」「サービス提供記録・連絡業務」の順番であった。大きな違いは、主要な職務の五位が施設介護職員の男性では「サービス提供記録・連絡業務」、女性では「挨拶／健康チェック」が入っていることである。

図表 2-15　施設介護職員（正規男女）とホームヘルパー（非正規女）の職務項目別職務評価点と主要な仕事

職務項目	施設介護職員・正規								ホームヘルパー・非正規			
	男性				女性				女性			
	職務評価点	(度数)	主要な仕事と回答した割合	(度数)	職務評価点	(度数)	主要な仕事と回答した割合	(度数)	職務評価点	(度数)	主要な仕事と回答した割合	(度数)
1．挨拶／健康チェック	729.3	(81)	28.0%	(23)	735.3	(128)	⑤ 41.0%	(55)	673.0	(194)	③ 54.8%	(120)
2．買い物	628.4	(38)	0.0%	—	637.7	(69)	1.5%	(2)	640.9	(194)	⑤ 50.7%	(111)
3．調理	601.4	(7)	0.0%	—	693.6	(14)	0.7%	(1)	659.0	(198)	② 76.7%	(168)
4．食事介助	776.3	(82)	② 87.8%	(72)	754.3	(135)	② 88.8%	(119)	694.9	(136)	21.9%	(48)
5．移動介助／体位交換	788.2	(83)	④ 80.5%	(66)	786.1	(134)	③ 87.3%	(117)	② 736.9	(172)	38.8%	(85)
6．清拭・整容／入浴	③ 808.4	(83)	③ 82.9%	(68)	③ 790.5	(134)	④ 84.3%	(113)	③ 729.1	(182)	④ 54.3%	(119)
7．トイレ介助	④ 798.0	(83)	① 89.0%	(73)	④ 774.9	(134)	① 90.3%	(121)	④ 727.0	(151)	35.2%	(77)
8．掃除／洗濯など	636.2	(69)	14.6%	(12)	627.9	(128)	24.6%	(33)	638.2	(206)	① 78.1%	(171)
9．相談・援助	② 811.1	(45)	8.5%	(7)	② 799.9	(81)	8.2%	(11)	⑤ 715.5	(126)	6.4%	(14)
10. 服薬対応	743.0	(74)	23.2%	(19)	703.4	(121)	14.9%	(20)	624.6	(170)	26.5%	(58)
11. 緊急対応	① 859.0	(77)	20.7%	(17)	① 833.9	(122)	12.7%	(17)	① 764.0	(124)	7.3%	(16)
12. サービス提供記録・連絡業務	727.8	(76)	⑤ 45.1%	(37)	696.8	(119)	38.8%	(52)	638.4	(154)	25.1%	(55)
13. 業務改善活動	⑤ 794.1	(74)	20.7%	(17)	⑤ 747.2	(114)	9.7%	(13)	691.7	(47)	1.8%	(4)

出典：筆者作成

図表2-16　施設介護職員（正規男女）とホームヘルパー（非正規女）の「仕事全般の職務評価」における職務評価項目の平均点

			身体的負担	精神的負担	感情的負担	仕事関連の知識	コミュニケーションの技能	仕事の手ぎわや機器の操作についての技能	問題解決力	患者や利用者に対する責任	仕事の方針・サービスの実施に対する責任	労働環境の不快さや危険度	労働時間の不規則性
施設介護職員・正規	男女計	平均値	72.7	73.6	80.0	98.0	68.2	67.1	101.1	111.3	77.8	47.0	50.3
		（度数）	(217)	(217)	(217)	(217)	(217)	(217)	(217)	(217)	(217)	(223)	(223)
		標準偏差	14.2	13.0	15.6	18.3	10.9	9.2	16.0	19.8	34.8	11.9	12.7
	男性	平均値	71.1	73.2	80.4	99.3	70.2	68.0	99.8	109.4	87.6	48.1	52.6
		（度数）	(84)	(84)	(84)	(84)	(84)	(84)	(84)	(84)	(84)	(84)	(84)
		標準偏差	15.3	14.2	16.2	18.5	11.0	9.2	15.7	21.6	33.1	12.1	11.1
	女性	平均値	73.7	73.9	79.8	97.1	66.9	66.6	101.9	112.6	71.6	46.3	48.9
		（度数）	(133)	(133)	(133)	(133)	(133)	(133)	(133)	(133)	(133)	(139)	(139)
		標準偏差	13.3	12.1	15.2	18.3	10.7	9.2	16.2	18.6	34.5	11.8	13.4
ホームヘルパー・非正規	男女計	平均値	59.7	63.7	73.3	86.9	63.3	62.0	95.0	98.5	58.7	41.4	33.7
		（度数）	(214)	(214)	(214)	(214)	(214)	(214)	(214)	(214)	(214)	(230)	(230)
		標準偏差	18.2	16.6	17.1	21.6	12.7	10.7	20.7	28.0	29.7	13.3	13.8
	女性	平均値	59.9	63.8	73.5	86.8	63.3	62.0	95.3	98.7	58.4	41.6	33.8
		（度数）	(209)	(209)	(209)	(209)	(209)	(209)	(209)	(209)	(209)	(225)	(225)
		標準偏差	18.2	16.6	17.1	21.6	12.6	10.7	20.8	28.1	29.6	13.3	13.9

出典：筆者作成

③施設介護職員とホームヘルパーの職務評価ファクターの特徴

図表２－16は今回の職務評価に用いた職務評価ファクター別の平均点を「仕事全般の職務評価」において算出したものである。職務評価ファクターは「1)身体的負担」から「11)労働時間の不規則性」まで一一項目で測定したものである。ホームヘルパーと施設介護職員を比べると、すべての項目で、施設介護職員の方がホームヘルパーより高い。

「身体的負担」「精神的負担」「労働時間の不規則性」においてホームヘルパーが施設介護職員より低いのは、施設介護職員は夜勤があり、日勤も早番と遅番があること、排せつ介助や移動介助も施設介護職員は多くの入所者に対して行う必要があり、身体への負担、精神的な集中力がより求められるからといえよう。「仕事関連の知識」も施設介護職員の方がホームヘルパーより高い。これは施設介護職員の約八割が介護福祉士資格を持ち、一方のホームヘルパーは約四割が介護福祉士の資格、約九割がヘルパー二級、約一割がヘルパー一級の資格を持ち、施設介護職員の方がホームヘルパーより知識を必要とする資格を持っていることが影響している可能性がある。

さらに、「患者や利用者に対する責任」「仕事の方針・サービスの実施に対する責任」でも、施設介護職員の方がホームヘルパーより高い点数になっており、特に、「仕事の方針・サービスの実施に対する責任」では大きな差がある。これはホームヘルパーの場合、ケアマネージャーが介護サービスの方針を決め、サービス提供責任者がその日の訪問介護で行う内容を決め、それに沿ってホームヘルパーが介護サービスを行うので、ホームヘルパーが仕事の方針を自分自身では決定しない状況があり、施設介護職員より低くなったといえよう。

「コミュニケーションの技能」「仕事の手ぎわや機器の操作についての技能」「問題解決力」も施設介護職員の方が、ホームヘルパーよりいずれも高かった。訪問宅において一人で介護サービスを行うホームヘルパーの方が、これらの職務ファクターは高いのではと考えたが、そうではなかった。

ホームヘルパーへのインタビュー調査で明らかになったが、二〇〇五年の介護保険制度改正後、ホームヘルパーの一つ一つの訪問先の介護サービス時間が六〇分や九〇分と短くなる傾向があり、サービス内容も身体介助ではなく生活支援の比重が高くなっているという。ホームヘルパーは生活支援、施設介護職員は身体介助の傾向が強まる状況があり、職務評価点にその差がでたともいえる。

さらに、インタビュー調査でわかったが、ホームヘルパーはサービス提供責任者から指示された訪問介護内容を行うことが求められているが、利用者の状況によっては指示された訪問介護内容通りできないこともあるという。そのような時、「もっとこうすればよりよかった」と思いながら訪問介護先を後にすることが多く、「これだけやった」という気持ちになかなかなれないという。さらに、ホームヘルパーが利用者宅を訪問し、利用者の気持ちに沿って職務を行うことが求められる状況で、ホームヘルパーの立場が弱く利用者の気持ちをたてることに気を遣う場合もあるという。これらのことを背景に、自記式の職務評価のアンケートを行う際に、評価をどちらかというと低めにつけた傾向があったという。施設介護職員の場合は、自分自身では手が回らないことがあっても職員間で連携することができるので、「もっとやれた」という気持ちにはあまりならない。入所者との関係も、ホームヘルパーのように利用者の家に入って行うのではないので、比較的対等な関係である。このような点にも、ホームヘルパーの点数が施設介護職員より低くなった要因があるといえよう。これらの点は、今回の職務評価が働いている者自らが行う自記式のアンケート方式であったことによるので、別の方法の職務評価の場合は、この点を修正することは可能であろう。

施設介護職員の男性と女性を比べると、統計的に差があるのは「コミュニケーションの技能」「仕事の方針・サービスの実施に対する責任」「労働時間の不規則性」であり、男性の方が女性より

図表 2-17　施設介護職員とホームヘルパーの賃金

	月収換算の時給（円） （度数） （介護施設職員正規・男 =100）	年収換算の時給（円） （度数） （介護施設職員正規・男 =100）
施設介護職員（正規・男）	1,501 (80) 100.0	1,799 (69) 100.0
施設介護職員（正規・女）	1,399 (129) 93.3	1,700 (107) 94.5
ホームヘルパー（非正規・女）	1,237 (216) 82.4	1,243 (189) 69.1

出典：筆者作成

高い。男性の方が、「コミュニケーションの技能」「仕事の方針・サービスの実施に対する責任」を必要とする職務についていると考えられ、また不規則な労働時間で働いている傾向があるといえる。

（4）施設介護職員の男女賃金格差

①賃金の実態

図表２－17は施設介護職員の男性・女性、ホームヘルパー女性の賃金をみたものである。施設介護職員男性の月給換算の時給は一五〇一円、施設介護職員女性では一三九九円、ホームヘルパー女性では一二四〇円であった。施設介護職員男性の月給換算の時給を一〇〇％とすると施設介護職員女性の時給は九三・三％、ホームヘルパー女性の時給は八二・六％である。

同様に施設介護職員男性の年収換算の時給は一七九九円、施設介護職員女性は一七〇〇円、ホームヘルパーは一二四二円であった。賞与がほとんど支払われて

図表2-18　賃金に影響を与える要因（重回帰分析・標準化係数β）

	施設介護施設職員・正規			ホームヘルパー・非正規
	全体	男性	女性	女性
性別・女性ダミー	−.177**	—	—	—
年齢	.385***	.520***	.380***	.031
学歴（参照カテゴリー：中高校・専門学校）				
短大・高専	.017	−.041	.019	.227**
大学・大学院	.229***	.210*	.251**	.070
資格1ダミー：ケアマネージャー	.099	.004	.188*	.060
資格2ダミー：介護福祉士	.093	−.016	.091	−.003
資格3ダミー：ホームヘルパー1級	−.065	−.132	−.046	−.011
資格4ダミー：ホームヘルパー2級	−.112	−.216	−.076	.031
仕事全般の職務ファクター・負担 1)+2)+3)	.012	−.165	.074	.005
仕事全般の職務ファクター・知識 4)+7)	.107	−.056	.191	.114
仕事全般の職務ファクター・技能 5)+6)	−.073	.078	−.159	−.153
仕事全般の職務ファクター・責任 8)+9)	.048	.086	.028	.020
労働環境 11)+12)	.147*	.321*	.061	.052
定数	***		***	***
（度数）	(200)	(78)	(122)	(193)
調整 R^2	.315	.360	.277	.001

注：* P.<.05 ** P.<.01 *** P.<.001
出典：筆者作成

いないホームヘルパーは月給換算の時給と年収換算の時給は変わらない。

②賃金はなにによって決定されているか

賃金に加味されているものがどんな要因であるかを明らかにするため、「月収換算の時給」（被説明変数）に、「性別」「年齢」「学歴」「資格」「仕事の負担」「仕事の知識」「仕事の技能」「仕事の責任」を影響している要因（説明変数）として重回帰分析を行った（図表2-18）。ここでは特に施設介護職員の男性と女性の違いを検討する。

第一に、施設介護職員の時給に影響を与えているものをみると、年齢が高い、学歴が「中学・高校・専門学校卒」より「大学・大学院卒」、労働環境が厳しい方が、時給が高い。また、これらの影響を考慮しても女性の方が男性より時給が低い。

第二に、施設介護職員では、男性も女性も年齢が高い方が時給が高い傾向があるが、男性の方がより年齢の時給に対する影響が強い。また、学歴が「大学・大学院卒」の方が「中学高校卒・専門学校卒」より時給が高く、学歴の効果は男女とも同じくらいの効果である。

第三に、男性にのみ「労働環境」が時給に影響しており、「労働環境」が厳しい方が「時給」が高い。女性には影響していない。

第四に、モデルの適合の度合いでは、男性の方がモデルの適合が高く、男性の場合、「年齢」と「労働環境」がかなり影響を与えていた。

なぜ施設介護職員の男性より女性の賃金が明らかに低いという結果になったのか。施設介護職員の賃金は男女同じ基準が適用されており、一般には男性と女性で賃金に差はないと考えられている。今回分析に用いたデータの属性をみると、男性と女性の年齢、勤続年数も大きな差はない。しかし、「仕事の評価についてのアンケート」調査後に実施したインタビュー調査で明らかになったが、主任やグループリーダーについている者は男性が女性より圧倒的に多く、この役職手当によって賃金の差がついたと考えられる。インタビューを実施した介護施設とその地域の複数の施設の役職をみると、主任、グループリーダーのポストは合計で二四あるが、女性はそのうち二つしか占めていない。男性と女性に年齢、勤続年数に差がなくても、主任、グループリーダーになれる、なれないでは、男性と女性で差があり、それが賃金の差になっているといえよう。

また、女性の場合「ケアマネージャーの資格」が時給に影響を与えているのは、介護施設で「ケアマネージャー資格」を持っている者を積極的に募集しており、この手当てがついているからと考えられる。介護施設では近年、相談業務や入所者の生活支援作成に力を入れており、ケアマネージャーを積極的に採用している。

「労働環境」が影響しているのは、当直を行っているか、いないかの違いによると考えられる。夜勤は男性職員も女性職員も同じように担当するのが一般的で、通常どの施設でも男性も女性も夜勤を行っている。一方で、夜勤以外の職員が当直として泊まる制度を設けている施設は多い。そして、この当直の場合、「希望者」が行うことになっており、多くの施設では男性が当直する傾向がある。男性が当直を「希望」するのは、当直手当がでることが大きく、当直を週一回、月四回行った場合、約二万円程度手取りが増えるからである。

ホームヘルパー女性の時給に影響を与えていた要因は、「学歴」だけであった。第1節でも述べたが、ホームヘルパーの賃金は少なくとも「職務における負担」の要素をもっと取りいれた賃金にすべきであろう。

(5) 施設介護職員とホームヘルパーの賃金の是正割合

先にもみたが、施設介護職員男性・女性、ホームヘルパーの月給換算の時給は、施設介護職員男

図表 2-19　賃金と職務評価点（施設介護職員男性を基準として）

	月収換算の時給（度数）（介護施設職員正規・男=100）	年収換算の時給（度数）（介護施設職員正規・男=100）	Ⅰ　職務項目平均の職務評価点（介護施設職員正規・男=100）	Ⅱ　主要な5職務の職務評価点（介護施設職員正規・男=100）	Ⅲ　仕事全般の職務評価点（介護施設職員正規・男=100）
施設介護職員（正規・男）	1,501 (N = 80) 100.0	1,799 (N = 69) 100.0	746.9 (N = 84) 100.0	779.7 (N = 82) 100.0	859.6 (N = 84) 100.0
施設介護職員（正規・女）	1,399 (N = 129) 93.3	1,700 (N = 107) 94.5	737.5 (N = 139) 98.7	768.2 (N = 134) 98.5	839.5 (N = 133) 97.7
ホームヘルパー（非正規・女）	1,237 (N = 216) 82.4	1,243 (N = 189) 69.1	688.2 (N = 225) 92.1	667.9 (N = 219) 85.7	737.3 (N = 209) 85.8

出典：筆者作成

性の時給を一〇〇％とすると施設介護職員女性の時給は九三・三％、ホームヘルパー女性の時給は八二・六％であった。年収換算の時給では、施設介護職員男性の時給を一〇〇％とすると施設介護職員女性の時給は九四・五％、ホームヘルパー女性の時給は六九・〇％である。

一方で、施設介護職員の男性を基準に職務評価点の比率をみてみると（図表2‐19）、賃金の格差ほどの差はない。「Ⅰ　職務項目平均の職務評価点」では、施設介護職員の男性を一〇〇％とすると、施設介護職員女性は九八・七％、ホームヘルパー女性は九二・一％、「Ⅱ　主要五職務の職務評価点」では、施設介護職員女性は九八・五％、ホームヘルパー女性は八五・七％、「Ⅲ　仕事全般の職務評価点」では、施設介護職員女性は九七・六％、ホームヘルパー女性は八五・八％である。

図表2‐20は、職務評価点の比率をもとに、施設介護職員の男性の賃金を基準として、施設介護職員女性、ホームヘルパー女性の賃金がどの程度是正されるのが適切

図表 2-20　賃金の是正割合（施設介護職員男性を基準として）

	パターンA 月収換算の時給（1501円）× Ⅰ　職務項目平均の職務評価点（%）		
	是正された賃金	是正額	是正比率
施設介護職員（正規・男）	1,501	± 0	± 0
施設介護職員（正規・女）	1,482	19	1.3%
ホームヘルパー（非正規・女）	1,383	118	9.5%

	パターンB 月収換算の時給（1501円）× Ⅱ　主要な5職務の職務評価点（%）		
	是正された賃金	是正額	是正比率
施設介護職員（正規・男）	1,501	± 0	± 0
施設介護職員（正規・女）	1,479	22	1.6%
ホームヘルパー（非正規・女）	1,286	215	17.4%

	パターンC 月収換算の時給（1501円）× Ⅲ　「仕事全般」の職務評価点（%）		
	是正された賃金	是正額	是正比率
施設介護職員（正規・男）	1,501	± 0	± 0
施設介護職員（正規・女）	1,466	35	2.5%
ホームヘルパー（非正規・女）	1,287	214	17.3%

	パターンD 年収換算の時給（1799円）× Ⅰ　職務項目平均の職務評価点（%）		
	是正された賃金	是正額	是正比率
施設介護職員（正規・男）	1,799	± 0	± 0
施設介護職員（正規・女）	1,776	76	4.5%
ホームヘルパー（非正規・女）	1,657	414	25.0%

	パターンE 年収換算の時給（1799円）× Ⅱ　主要な5職務の職務評価点（%）		
	是正された賃金	是正額	是正比率
施設介護職員（正規・男）	1,799	± 0	± 0
施設介護職員（正規・女）	1,772	72	4.1%
ホームヘルパー（非正規・女）	1,542	299	19.4%

	パターンF 年収換算の時給（1799円）× Ⅲ　「仕事全般」の職務評価点（%）		
	是正された賃金	是正額	是正比率
施設介護職員（正規・男）	1,799	± 0	± 0
施設介護職員（正規・女）	1,758	58	3.2%
ホームヘルパー（非正規・女）	1,544	301	19.4%

出典：筆者作成

であるかをみたものである。第1節でも説明したように、月給換算の時給と「Ⅰ　職務項目平均の職務評価点」をもとに是正割合を出したのがパターンA、月給換算の時給と「Ⅱ　主要な五職務の職務評価点」をもとに是正割合を出したのがパターンB、月給換算の時給と「Ⅲ　仕事全般の職務評価点」をもとに是正賃金を出したのがパターンCである。次に、年収換算の時給と「Ⅰ　職務項目平均の職務評価点」をもとに是正割合を出したのがパターンD、年収換算の時給と「Ⅱ　主要な五職務の職務評価点」をもとに是正割合を出したのがパターンE、年収換算の時給と「Ⅲ　仕事全般の職務評価点」をもとに是正割合を出したのがパターンFである。

施設介護職員女性は現在の賃金より一・三%〜五・九%あがった額（賃金を時給換算した時給ベースで一九円から八三円上がった額）が、ホームヘルパー女性の場合は三・七%〜三三・五%あがった額（賃金を時給換算した時給ベースで一一八円から四一六円上がった額）が妥当という結果になった。

(6) 同一価値労働同一賃金の原則にもとづくホームヘルパーの賃金

本章では施設介護職員とホームヘルパーの職務と賃金について検討してきたが、以下のことが明らかになった。

第一に、施設介護職員とホームヘルパーを比べると、「Ⅰ　職務項目平均の職務評価点」「Ⅱ　主要な五職務の職務評価点」「Ⅲ　仕事全般の職務評価点」のどの職務評価点も施設介護職員の方が高い。また、施設介護職員の男性と女性の職務評価点を比べると、どの評価点も男性の方が高い。

第二に、ホームヘルパーが施設介護職員より職務評価点が低いのは、次の三点が要因と考えられる。①サービスの方針、内容は、施設介護職員はそれぞれの職員が作成に関わるが、ホームヘルパーではケアマネージャーやサービス提供責任者が作成するので、ホームヘルパーは介護サービス提供を行うだけであること、②ホームヘルパーが一人で利用者宅に出向き生活支援、身体介護を行うのに対して、施設介護職員は、身体介護を中心に多くの入所者に対して行い、夜勤もあること、③ホームヘルパーはサービス提供責任者が作成したその日のサービス内容を行うことが必要であるが、利用者の状況によって予定通りの介護サービスが実施できない場合もあり達成感がうすいことや、ホームヘルパーは利用者宅でサービスを提供するので、利用者と対等の立場でない場合もあることから、回答者は低めの職務評価をした傾向があった。

第三に、施設介護職員とホームヘルパーを比べると、施設介護職員の賃金の方が高い。施設介護職員の男性と女性を比べると、男性の方が賃金が高い。

第四に、時給が何によって決定されているかをみたところ、施設介護職員の賃金には、「性別」「年齢」「学歴」「労働環境」が影響を与えており、これらが加味された賃金であることがわかったが、ホームヘルパーの賃金には学歴以外はこれらの要素はなにも加味されていなかった。ホームヘルパーの賃金は「仕事における負担」の要素をもっと取りいれた賃金にすべきである。

第五に、施設介護職員の男性と女性には「年齢」「学歴」「資格」「仕事の負担」「仕事の知識」「仕事の技能」「仕事の責任」を統制しても、明らかな賃金の差があった。施設介護職員の賃金は男女おなじ基準が適用されており、一般には男性と女性で賃金に差はないと考えられていたが、はっきりとした差があった。インタビュー調査で、①役職についている者は男性が女性より圧倒的に多く、この役職手当によって賃金の差がついていること、②夜勤以外に当直のある施設があり、夜勤は男性女性が同じように行うが、当直業務は男性が行う傾向があり、当直手当によって差がついていること、がわかった。女性が役職につけるようにする必要があることが示唆された。

第六に、施設介護職員とホームヘルパーとの是正賃金をみてみると、施設介護職員の男性の賃金を基準として、施設介護職員女性は現在の賃金より一・三％～五・九％あがった額（賃金を時給換算した時給ベースで一九円～八三円上がった額）が、ホームヘルパー女性の場合は三・七％～三三・五％あがった額（賃金を時給換算した時給ベースで一一八円～四一六円上がった額）が妥当という結果になった。

注

(1) ペイ・エクイティ研究会（1997）『調査・研究報告書 WOMEN AND MEN PAY EQUITY 商社における職務の分析とペイ・エクイティ』

(2) 職務評価点の算出は職務評価質問紙調査の回答を集計した。有効回収数より数が減るのは回答していない場合があるからである。

(3) 「仕事の負担」は職務評価ファクターの1)身体的負担、2)精神的負担、3)感情的負担の点数を足したもの、「仕事の知識」は職務評価ファクターの4)仕事関連の知識、7)問題解決力の点数を足したもの、「仕事の技能」は職務評価ファクターの5)コミュニケーションの技能、6)仕事の手ぎわや機器の操作についての技能の点数を足したもの、「仕事の責任」は職務ファクターの8)患者や利用者に対する責任、9)仕事の方針・サービスの実施に対する責任の点数を足したものである。

(4)「月給から換算した時給」は正規雇用の看護師、施設介護職員、診療放射線技師では「給与総額(月)÷(一ヵ月の所定労働時間+残業時間)」で、非正規雇用のホームヘルパーの場合は「給与総額(月)÷総労働時間(月)」で算出した。「年収から換算した時給」は看護師、施設介護職員、診療放射線技師では「(給与総額(月)×一二ヵ月+賞与総額)÷(一ヵ月の所定労働時間+残業時間)×一二ヵ月)」で、ホームヘルパーの場合は「(給与総額(月)×一二ヵ月+賞与総額)÷(総労働時間(月)×一二ヵ月)」で算出した。

(5) 介護労働研究会は東京ケアユニオンが二〇〇三年八月に発足させ、二〇〇五年一〇月報告書『ホームヘルパーの仕事——職務評価に向けて』を発行し、その後二〇〇六年一月より東京自治研究センターの介護労働研究会へと発展した。ペイエクィティ科研費研究会の森、遠藤、木下、山田、大槻は介護労働研究会のメンバーとして研究会活動に参加した。

第三章　雇用における年齢制限

1　年齢制限の実態

(1) 雇用における年齢制限

本章の目的は、年齢制限によって女性の就業の機会がどのように狭められているか明らかにすることである。二〇〇七年に求職者に対する年齢制限原則禁止の施行がなされたが、例外規定が設けられている。例外規定には労働基準法その他の法令の規定により年齢制限が設けられている場合、①定年年齢を上限として、その上限年齢未満の労働者を期間の定めのない労働契約の対象として募集・採用する場合、②労働基準法その他の法令の規定により年齢制限が設けられている場合、③長期勤続によるキャリア形成を図る観点から、若年者等を期間の定めのない労働契約の対象として募集・採用する場合、④技能・ノウハウの継承の観点から、特定の職種において労働者数が相当程度少ない特定の年齢層に限定し、かつ、期間の定めのない労働契約の対象として募集・採用する場合、⑤芸術・芸能の分野における表現の真実性などの要請がある場合、⑥60歳以上の高年齢者または特定の年齢層の雇用を促進する施策（国の施策を活用しようとする場合に限る）の対象となる者に限定して募集・採用する場合である。

たとえば、③については、期間の定めのある（＝有期）労働契約であること、職務経験を付すこと、下限年齢を付すことは禁止であるが、「三五歳未満の人を募集（高卒以上・職務経験不問）」という募集を行うことは禁止ではない。実効性があるのかやや疑問がわく。

柳澤（2014）は、求人年齢制限撤廃は年長フリーターの就業率を高めて正社員化することが目的であったという。しかし、佐々木・安井（2014）の「雇用動向調査」の個票を用いた入職フロー分析によると、二〇〇七年の改正の影響としては、男女ともパートタイム労働者において六〇歳以上の高齢雇用者の割合が上昇した可能性があること、これは若年層との代替で生じたものではなく、その他はさほど変化していないことを示唆している。佐々木・安井の作成した女性のフルタイム労働者のフロー（入職）をみると、二九歳以下が六七・一％、三〇～三九歳が一七・八％と、四〇歳未満で約八五％を占めている。この状況は二〇〇七年の改正法前も後もほとんど変わっていない。また、女性のパートタイム労働者のフロー（入職）は、二九歳以下が二七・七％、三〇～三九歳が

図表 3-1　性別・フルタイム／パートタイム別・年齢比率（%）
（厚生労働省「雇用動向調査」各年より）

	ストック				フロー			
	2003 年	2007 年	2008 年	2011 年	2003 年	2007 年	2008 年	2011 年
男性フルタイム								
29 歳以下	18.4	18.2	19.0	18.2	58.7	58.5	59.6	57.7
30 ～ 39 歳	31.3	29.5	28.3	27.0	15.4	17.7	17.1	16.4
40 ～ 49 歳	25.3	26.8	27.2	29.0	9.9	9.4	9.2	9.8
50 ～ 59 歳	23.1	22.0	21.4	20.4	11.2	9.2	7.9	7.4
60 歳以上	2.0	3.5	4.1	5.4	4.8	5.2	6.2	8.7
男性パートタイム								
29 歳以下	34.8	29.5	24.2	22.7	48.4	38.8	40.0	36.8
30 ～ 39 歳	14.9	16.3	15.6	16.6	9.6	13.0	11.2	12.9
40 ～ 49 歳	10.0	11.0	12.0	12.8	6.6	7.4	7.7	8.4
50 ～ 59 歳	13.0	15.2	15.5	13.5	12.8	14.9	12.2	10.4
60 歳以上	27.3	28.0	32.7	34.4	22.6	25.9	28.9	31.5
女性フルタイム								
29 歳以下	38.5	34.1	34.5	32.2	69.1	68.6	69.2	67.1
30 ～ 39 歳	30.0	32.0	31.3	30.6	14.3	17.3	17.0	17.8
40 ～ 49 歳	16.6	19.2	19.6	22.2	9.5	8.7	8.7	9.3
50 ～ 59 歳	13.4	12.9	12.6	12.5	6.0	4.4	3.9	4.2
60 歳以上	1.5	1.8	2.0	2.6	1.0	1.0	1.2	1.5
女性パートタイム								
29 歳以下	17.9	17.2	13.2	13.2	30.9	27.9	28.8	27.7
30 ～ 39 歳	17.6	19.3	19.4	20.0	26.6	26.3	25.7	27.9
40 ～ 49 歳	28.8	25.8	27.1	26.3	23.6	23.0	23.3	23.5
50 ～ 59 歳	28.1	27.9	28.0	25.1	14.7	17.3	15.8	13.7
60 歳以上	7.6	9.8	12.4	15.4	4.2	5.5	6.5	7.3

出典：佐々木勝・安井健吾（2014, pp. 36-39）

二七・九%、四〇~四九歳が二三・五%であり、改正法の前も後もほとんど変わっていない。

玄幡は、二〇〇七年の法改正以降の年齢制限、年齢差別を経験した新聞の投書を紹介し、改正法の趣旨にあった求人案内では、あからさまな年齢制限は書かれていないが、「偽装」された求人広告が少なくないこと、問い合わせると年齢差別や年齢制限があることが明らかになると述べている。罰則規定のない法改正は実効性がなく、法が逆に仇となりかねない仕組みであると指摘している(玄幡 2010)。

本章では二〇〇二年と二〇〇三年に行った年齢差別の調査をもとに、年齢差別の実態、それを下支えしている人々の意識について考えてみたい。改正法前に実施した調査ではあるが、女性のフルタイム労働者のフロー(入職)の状況が二〇〇三年からほとんど変わっていないことをふまえると、なぜ変わらないのかについての十分な示唆をえることができるだろう。

(2) 年齢を考える視点

①基準としての年齢

社会学の考えでは、地位には「生得的地位」と「達成的地位」がある。「達成的地位」とは個人が自分の持つ技能や成しとげた仕事によって得た地位のことで、「生得的地位」とは社会のなかで継承される身分に基づいた地位のことである。「生得的地位」は、性別、人種、カーストなどを基準にして生まれた時と同時に、もしくは一定の年齢になった時に個人に与えられる。前近代の社会では生得的地位によってその人の一生は決定されていた。しかし、近代社会になって、性別・人種を基準とした生得的地位は「いけないこと」となった。生まれた時に決定している性別や人種が基準となってその人の一生のあり方が決定されることはおかしい、という社会的な合意が一応は成立している。

一方で、年齢を基準として得た地位は純粋な生得的地位ではない。年齢は基準として「いけないこと」となるかは、まだはっきりとしていない。生まれた時から一生変わらないカテゴリーである性別や人種と違って、年齢は全員が経験することだから、これにもとづく差があったとしてもいいのではないか、という考えもある。

②年齢の価値

年齢の価値は、時代や社会によって異なる。前近代の社会では年齢は高い方に価値があり、近代においては若いことに価値があると考えられている。高木（2006）によると前近代の社会では、一部の人々だけが老齢を迎えることができ、財産権、家父長権を前提に権力をもつエリートとみなされていたという。高齢者は宗教的役割を持つ畏敬の対象であり、世話役、調整役、経験、知識の伝達者、教育係であったという。それが、一九世紀の工業化社会においてもたらされた経済的余剰、経営と所有の分離、科学的進歩によって高齢者像は大きく変化したと指摘する。

田中ひかる（2011）は男性五七歳、女性四七歳という男女別定年制の「伊豆シャボテン公園事件」

の会社側の述べた理由を紹介している。それによると、女性のみ四七歳に定年にした理由として、「(観光サービス業であることを理由に)若い女性のもつ「若さ」「明るさ」「やさしさ」「清潔感」「機敏性」を要求し、中高年層の女子に不向き」と会社側は主張したという。田中ひかるは、女性は明るさ、やさしさ、清潔感、機敏性があるとされる若い間しか雇う価値がないという、同様の考えに立つ企業は今日でも少なくないと指摘している。

(3) 調査について

本章では、①三つの質問紙調査の調査データ、②インタビュー調査を用いて、年齢制限の実態、年齢についての人々の意識について考えてみたい。

①調査の概要

三つの質問紙調査について説明したい。

◇大都市調査

標本対象は二〇〇二年一月一日現在、東京都練馬区に在住する二五~五四歳の女性とした。練馬区は年齢分布において東京都全体と大差がないというサンプリング上の利点と、住民基本台帳の転記手続きを比較的行いやすいことなどを総合的に鑑みて選択した。標本の抽出は住民基本台帳から等間隔で無作為抽出(系統的無作為抽出)で行った。配布方法は郵送法で行い(二〇〇二年三月配布)、督促はがきを一回郵送した。配布数は二〇四六票、有効回収は一〇四三票（有効回収率、五〇・一％）であった。

◇ハローワーク調査

ハローワークに求職者として来所した女性に、当方調査員がアンケート用紙を配布（二〇〇三年二～三月に実施）、郵送にて回収した。配布数は二二五八票、有効回収は八七七票（有効回収率、三八・八％）であった。

◇人材派遣登録会社登録来社者アンケート

人材派遣会社に登録に来所した女性に、アンケート用紙を人材派遣会社社員から配布（二〇〇三年二～三月に実施）、郵送により回収した。依頼配布数は九〇〇票、有効回収は二三六票（有効回収率、二六・二％）であった。

さらに、インタビュー調査を実施し、①求職者・転職者の女性へのインタビュー調査と②企業へのインタビュー調査を行った。求職者・転職者の女性へのインタビュー調査は再就職活動中および転職経験のある女性四名、男性一名に対して行い、年齢制限の実態、年齢制限についての考えを聞いた。企業へのインタビュー調査は三社に対して行った。

②各データの特徴

次に質問紙調査を行った調査の回答者の特徴について説明する。

◇ハローワーク調査の回答者

・年齢層で最も多かったのは三〇～三五歳の一九・二％、次が三五～三九歳の一三・九％、二五～二九歳の一四・六％であった。四〇代、二〇代前半がやや少ないものの、ほぼすべての年齢層に渡っていた。

・学歴は、中学・高校卒が四三・一％、短大・高専卒業が二七・八％、大学以上卒が二八・六％であった。

・既婚が半数弱である。年齢構成のわりには、未婚、離死別の割合が高い。

・独り暮らし以外の人で、子どもがいる人は約半分である。

・配偶関係別に世帯年収の分布をみてみると、ハローワーク調査では、「既婚」は四〇〇万円以上の年収カテゴリーに多く分布し、「離死別」は「三〇〇万未満」四〇・七％とかなり低所得である。「未婚」も「三〇〇万未満」が二六・五％と最も多くなっているが、その他の年収カテゴリーは一〇％台の分布となっている。世帯年収は、既婚者は平均的な水準と考えられるが、離・死別者の水準はかなり低い。

・八割の人が無業である。まさに、仕事を探している人たちである。

・働いている人は、非正規雇用者が約半数。職業は事務が六割を占める。

・働いている人の収入は、正規雇用者は比較的ばらつきがあるが、非正規雇用者は半数が一〇〇万円未満である。

・就業経験のない人はほとんどいない。就業継続は少なく、転職しながらずっと働いてきた人が約半数である。また、いったん退職した後で、仕事を探している人は三割である。

◇派遣調査の回答者

・二〇代、三〇代中心である。二〇～二四歳が一一・四％、二五～二九歳が三三・一％、三〇～三五歳が三〇・一％を占め、かなり若い。
・高学歴である。短大・高専卒業が三七・三％、大学以上を卒業が三九・八％を占めている。
・未婚者の割合が高い。未婚者が六二・三％である。
・独り暮らしの人を除いても、子どもがいない人が八割を占める。
・配偶関係別に世帯年収の分布をみてみると、ハローワーク調査と同様に「既婚」は四〇〇万円以上の年収カテゴリーに多く分布していた。「離死別」はハローワーク調査より年収が高い傾向がみられるが、実数が二〇票と少なかった。「未婚」は、「三〇〇万円未満」二五・九％で最も多い。一方で「派遣」は年齢構成が若いので、親との同居者がかなり含まれていると考えられ、「一〇〇〇万円以上」が一九・二％と次に多くなっている。また、世帯年収が「無回答」一二・二％と多いのも、親と同居していて、親の年収を把握していない人が多いためと考えられる。
・六割の人が無業である。仕事をしながら新しい職を探している人が四割である。
・働いている人は、正規雇用者、非正規雇用者、派遣社員それぞれ約三割あるが、派遣社員が最も多い。
・働いている人の収入は、正規雇用者は比較的水準が高い。派遣社員は二〇〇万円代を中心として、前後に分散している。
・就業経験のない人はほとんどいない。就業継続は少なく、転職しながらずっと働いてきた人が約六割である。

これらの特徴は、ハローワークに来所する人、人材派遣登録会社に登録しにくる人の特徴を反映したものと考えられる。全体的な傾向としては、ハローワーク利用者の方が、求職の切迫度が高いようにみえる。特に、離死別、中高年齢者の未婚などの女性は、最近の不況で失業したため、求職活動に入ったものと考えられる。人材派遣登録会社の方も、もちろんそうした人も含まれてはいるだろうが、次の派遣先を探す人や、新たに派遣という選択肢を探っている人が来社しているようである。

◇大都市調査の回答者
・本人年齢は二五〜二九歳層にやや少なく、五〇〜五四歳層にやや多い。
・未婚者の割合は約二割である。一般的に大都市調査では未婚者が三割弱を占めるので、大都市としてはやや少ない。本人年齢の二五〜二九歳層が少ないことが影響していると考えられる。しかし、未婚率約二割は全国水準とほぼ同じである。
・本人の学歴はやや高い傾向にあり、大都市の傾向を強く反映している。短大・高専卒が三二・

四％、大学・大学院卒が二九・一％を占めている。
・有業者の割合はやや高いが、全国的には同水準である。職業ではホワイトカラー職（専門・技術、管理、事務）の割合がやや高い。
・勤労年収は、大都市としては同水準、全国的にはやや高いと推測される。
・夫の職業もホワイトカラー職の割合が高く、特に管理の割合が突出して大きい。夫の勤労年収はかなり高い水準にあると推測される。
・世帯年収もかなり高い水準にあると推測される。
・夫婦共稼ぎ世帯は、調査対象年齢の制限に伴い、その割合が大きい。
以上を踏まえると、本人と夫の社会的地位はやや高く、やや裕福な女性の多い標本となっているといえる。

（4）年齢を理由に応募できなかった、不採用になった割合――ハローワーク調査、派遣調査から

年齢を理由に応募できなかった、不採用になった割合について、ハローワーク調査、派遣調査の結果を検討する。

①希望の仕事内容
まず、求職者がどのような仕事を希望していたかを確認する。希望の就業形態をみると、ハロー

ワーク調査では「正規雇用」六二・〇％と最も多く、続いて「非正規雇用」三二・二％となっている。派遣調査では当然のことながら「派遣社員」五三・四％と最も多くなっているが、「正規雇用」三八・一％もいることは注目すべきことである。つまり、とりあえず「派遣社員」も当たってみるという女性が登録に来ていると考えられる。

希望月収を就業形態別にみると、ハローワーク調査では、「正規雇用」は「二五万円以上」四二・一％と最も多く、次に「二〇〜二四万円」三二・八％、「一五〜一九万円」二四・一％となっている。「非正規雇用」は「一五万円未満」六六・三％が最も多くなっている。「派遣社員」は「二〇〜二四万円」四六・三％、「二五万円以上」も三一・七％となっている。派遣調査では、「正規雇用」は「二〇〜二四万円」四六・七％、「非正規雇用」は「一五万円未満」五二・九％、「派遣社員」は「二〇〜二四万円」四九・二％が最も多い。

希望職種を希望就業形態別にみると、ハローワーク調査では、どの形態でも「事務」が圧倒的に多く、正規雇用希望で七一・七％、非正規雇用希望で六二・一％、派遣社員希望で八〇・五％である。非正規雇用希望は、「サービス」「販売」が他の類型よりやや多くなっている。派遣調査では、どの就業形態でも、事務が八〇％以上であるが、「正規雇用」希望では、「専門・技術」二三・三％とやや多い。

図表3-2　年齢別、学歴別、希望就業形態別、年齢を理由に応募できなかった求人の状況

▼年齢を理由に応募できなかった求人

	職安					派遣				
	とても多かった	いくつかあった	あまりなかった	なかった	(度数)	とても多かった	いくつかあった	あまりなかった	なかった	(度数)
全体	35.7	29.2	16.2	15.3	(877)	14.0	39.4	21.2	23.7	(236)
年齢										
20～24歳	—	7.7	33.3	59.0	(39)	—	22.2	44.4	33.3	(27)
25～29歳	0.8	28.9	33.6	35.9	(128)	1.3	32.1	28.2	37.2	(78)
30～34歳	10.7	39.9	26.8	18.5	(168)	9.9	47.9	18.3	21.1	(71)
35～39歳	32.8	41.8	14.8	8.2	(122)	27.3	56.8	6.8	6.8	(44)
40～44歳	41.2	36.8	10.3	8.8	(68)	80.0	20.0	—	—	(10)
45～49歳	55.8	24.7	6.5	6.5	(77)	66.7	33.3	—	—	(3)
50～54歳	62.4	23.8	5.0	5.0	(101)	100.0	—	—	—	(1)
55～59歳	65.6	23.3	2.2	4.4	(90)	100.0	—	—	—	(2)
60歳以上	72.6	10.7	4.8	4.8	(84)	—	—	—	—	—
学歴										
中学・高校	48.9	27.2	9.5	9.8	(378)	17.6	41.2	25.5	13.7	(51)
短大、高専	31.6	29.5	20.1	16.4	(244)	9.1	47.7	18.2	22.7	(88)
大学以上	19.5	31.9	22.7	22.3	(251)	17.0	30.9	21.3	29.8	(94)
希望就業形態										
正規雇用	37.7	27.6	15.8	15.6	(544)	23.3	36.7	24.4	15.6	(90)
非正規雇用	33.7	30.9	16.3	15.6	(282)	—	41.2	23.5	35.3	(17)
派遣	19.5	41.5	19.5	12.2	(41)	9.5	39.7	19.0	28.6	(126)

注：無回答はスペースの都合上表示していないが、数値には含まれている
出典：筆者作成

②年齢を理由に応募できなかった求人

年齢を理由に応募できなかった求人がどのくらいあったか、年齢差別の実感を四択でたずねた（図表３－２）。全体では、ハローワーク調査で「とても多かった」三五・七％、派遣調査では一四・〇％であり、ハローワーク調査の方が年齢差別を感じた人が多い。

年齢別では、ハローワーク調査でも派遣調査でも、年齢が上がるほど、応募できなかった求人が「とても多かった」とする割合が高くなる。特に、ハローワーク調査では、「三五～三九歳」になると、「とても多かった」三二・八

%、「いくつかあった」四一・八％と急激に増加することがわかる。学歴別では、ハローワーク調査では、学歴が低いほど、応募できない求人が多くなる傾向がみられる。派遣調査では、この傾向はみられない。

希望就業形態別では、ハローワーク調査では派遣希望が「とても多かった」が一九・五％と最も少ないが、かといってその分「なかった」が多くなるわけでない。むしろ「いくつかあった」が四一・五％と多くなっている。派遣調査では非正規雇用希望のサンプル数が少ないためあまり参考にならないが、正規雇用希望の方が、派遣希望より「とても多かった」とする割合は高く、「なかった」という割合が低くなっている。

③過去一年間に年齢を理由に不採用になった割合

過去一年間に応募した求人数、年齢を理由として採用を断られた求人数を使って、年齢を理由として採用を断られた求人の割合を求め、その分布を示したものが図表3－3である（まだ求人に応募していない人は除いた）。

「なし」に着目して年齢別にみると、ハローワーク調査では、「四五～四九歳」を境に、「なし」が五〇％を切り、「五〇％以上」が四〇％弱まで増える。全体に、年齢が上がると、「なし」が減り、「五〇％以上」が増えていく。つまり、年齢差別を受けやすくなっている傾向が明確になっている。派遣調査でも、四〇歳以上はサンプル数が少ないので、四〇歳未満だけでみれば、ハローワーク調

図表 3-3　年齢別、学歴別、希望就業形態別、年齢を理由にした不採用割合の状況

▼過去１年間年齢を理由にした不採用割合　＊求人に応募した人のみ

	職安				派遣			
	なし	50% 未満	50% 以上	(度数)	なし	50% 未満	50% 以上	(度数)
全体	61.5	11.4	27.1	(439)	73.7	12.4	13.9	(137)
年齢								
20 ～ 24 歳	95.5	4.5	—	(22)	88.2	11.8	—	(17)
25 ～ 29 歳	80.0	8.6	11.4	(70)	83.0	14.9	2.1	(47)
30 ～ 34 歳	73.7	14.5	11.8	(76)	73.2	9.8	17.1	(41)
35 ～ 39 歳	71.6	9.0	19.4	(67)	52.6	15.8	31.6	(19)
40 ～ 44 歳	70.0	13.3	16.7	(30)	37.5	12.5	50.0	(8)
45 ～ 49 歳	42.9	19.0	38.1	(42)	100.0	—	—	(2)
50 ～ 54 歳	42.6	13.0	44.4	(54)	100.0	—	—	(1)
55 ～ 59 歳	40.0	8.9	51.1	(45)	50.0	—	50.0	(2)
60 歳以上	27.3	9.1	63.6	(33)	—	—	—	—
学歴								
中学・高校	49.7	12.7	37.6	(181)	67.7	16.1	16.1	(31)
短大、高専	64.0	12.8	23.2	(125)	75.6	11.1	13.3	(45)
大学以上	76.3	8.4	15.3	(131)	75.0	11.7	13.3	(60)
希望就業形態								
正規雇用	63.3	13.3	23.4	(286)	67.9	10.7	21.4	(56)
非正規雇用	55.6	7.3	37.1	(124)	70.0	10.0	20.0	(10)
派遣	72.7	9.1	18.2	(22)	78.6	14.3	7.1	(70)

注：無回答はスペースの都合上表示していないが、数値には含まれている
出典：筆者作成

査と同様の傾向がみてとれる。

学歴別では、ハローワーク調査では学歴が低くなるほど、年齢差別を受けやすい傾向があるが、派遣調査では、そのような傾向はみられない。希望就業形態別では、ハローワーク調査では、非正規雇用希望、正規雇用希望、派遣希望の順に年齢差別を受けやすいが、派遣調査では派遣希望が最も年齢差別を受けにくいのは変わらないが、正規雇用・非正規雇用希望の両者の差はほとんどない。

（5）年齢差別と性差別を受けた経験——ハローワーク調査、派遣調査、大都市調査から

年齢差別と性差別を受けた経験について、ハローワーク調査、派遣調査、大都市調査の結果をみる。ハローワーク調査、派遣調査では、質問紙調査において、年齢差別、性差別の経験は、（a）正社員として（b）非正社員として、①求人、②採用、③退職、④教育訓練について、年齢差別、性差別を受けたことがあるかを、それぞれたずねた。大都市調査では（a）正社員として（b）非正社員として、それぞれ①求人、②採用、③昇進、④退職、⑤教育訓練、⑥職務について、年齢差別、性差別を受けたことがあるかをきいた。これらの経験をした人には、その時の年齢を書いてもらい、複数回経験した人には最も若い時の年齢を書いてもらった。それぞれの分野での差別が最初に訪れる年齢を探ろうと考え、また直接的に年齢差別の経験をたずねる質問の設定とした。

集計にあたって、注意しなければならないのは、①求人、②採用における差別は一体であることである。つまり、採用求職者の側からみれば、求人から採用という流れは、一連のプロセスである。具体的には、①求人の段階で、年齢差別が「ある」ならば、先には進めない。つまり、②採用の段階までは至らないので、②採用での年齢差別は「なし」となる。反対に、②採用での年齢差別が「あり」であれば、その前の①求人の段階では「なし」になるのである。これをふまえて、年齢差別の経験を集計したものが、図表3‐4～図表3‐6である。経験が「ある」人は、その内訳（「求人のみ」「採用のみ」「両方」）の割合も計算した。内訳の割合を合計すると、「ある」の割合となる（ただし、一部で小数点桁上げの関係上、＋一〇・一の誤差が生じる）。

図表 3-4　ハローワーク調査　求人・採用における年齢差別の経験状況

	正規雇用		非正規雇用			正規雇用・非正規雇用	
	%	度数	%	度数		%	度数
ない	57.5	(504)	74.9	(657)	ない	47.2	(414)
ある（↓内訳）	42.5	(373)	25.1	(220)	ある（↓内訳）	52.8	(463)
求人のみ	25.3	(222)	15.3	(134)	正規雇用のみ	27.7	(243)
採用のみ	1.3	(11)	0.8	(7)	非正規雇用のみ	10.3	(90)
両方	16.0	(140)	9.0	(79)	両方	14.8	(130)
合計	100.0	(877)	100.0	(877)	合計	100.0	(877)

出典：筆者作成

図表 3-5　派遣調査　求人・採用における年齢差別の経験状況

	正規雇用		非正規雇用			正規雇用・非正規雇用	
	%	度数	%	度数		%	度数
ない	66.1	(156)	80.5	(190)	ない	57.6	(136)
ある（↓内訳）	33.9	(80)	19.5	(46)	ある（↓内訳）	42.4	(100)
求人のみ	22.9	(54)	14.0	(33)	正規雇用のみ	22.9	(54)
採用のみ	2.5	(6)	0.4	(1)	非正規雇用のみ	8.5	(20)
両方	8.5	(20)	5.1	(12)	両方	11.0	(26)
合計	100.0	(236)	100.0	(236)	合計	100.0	(236)

出典：筆者作成

図表 3-6　大都市調査　求人・採用における年齢差別の経験状況

	正規雇用		非正規雇用			正規雇用・非正規雇用	
	%	度数	%	度数		%	度数
ない	81.5	(850)	81.7	(852)	ない	70.5	(735)
ある（↓内訳）	18.5	(193)	18.3	(191)	ある（↓内訳）	29.5	(308)
求人のみ	12.8	(133)	12.6	(131)	正規雇用のみ	11.2	(117)
採用のみ	1.3	(14)	1.1	(11)	非正規雇用のみ	11.0	(115)
両方	4.4	(46)	4.7	(49)	両方	7.3	(76)
合計	100.0	1043	100.0	1043	合計	100.0	1043

出典：筆者作成

①年齢差別の経験

ハローワーク調査（図表3－4）をみると、正規雇用として、年齢差別の経験「ある」は四二・五％と半数に満たないとはいえ、かなりの数である。「ある」の内訳をみると、「求人のみ」二五・三％、「両方」一六・〇％と、ほとんど求人絡みで経験されており、予測どおり、「採用のみ」では、ほとんど差別は生じていないことがわかる。非正規雇用として、経験「ある」二五・一％と、正規雇用に比べて割合がかなり低くなる。内訳は正規雇用と同じ傾向である。

女性の場合は、正規雇用と非正規雇用のどちらも大きな労働市場であるが、全く別の労働市場でもあるので、正規雇用と非正規雇用を合わせて集計したところ、ハローワーク調査の回答者の五二・八％が、求人・採用段階での年齢差別の経験があると回答していた。その内訳は、「正規雇用のみ」が二七・七％と最も多く、「両方」一四・八％、「非正規雇用のみ」一〇・三％と、正規雇用絡みの方が多くなっている。

次に、派遣調査の年齢差別の経験についてみていこう（図表3－5）。正規雇用では、経験「ある」三三・九％で、その内訳もやはり「求人のみ」二二・九％と、求人に関するものが多くなっている。非正規雇用では、経験「ある」一九・五％と、正規雇用より割合が低い。非正規雇用の「ある」の内訳は、「求人のみ」一四・〇％とそのほとんどを占める。正規雇用と非正規雇用を合わせて集計すると、派遣調査のサンプルの四二・四％が、求人・採用段階での年齢差別の経験があった。その内訳は、「正規雇用のみ」二二・九％と最も多く、「両方」一一・〇％、「非正規雇用のみ」

図表 3-7　ハローワーク調査　年齢差別、性差別の経験状況

	年齢差別		性差別			年齢・性差別	
	%	度数	%	度数		%	度数
ない	45.5	(399)	78.2	(686)	ない	40.1	(352)
ある（↓内訳）	54.5	(478)	21.8	(191)	ある（↓内訳）	59.9	(525)
正規雇用のみ	28.7	(252)	17.2	(151)	年齢のみ	38.1	(334)
非正規雇用のみ	10.0	(88)	2.7	(24)	性別のみ	5.4	(47)
両方	15.7	(138)	1.8	(16)	両方	16.4	(144)
合計	100.0	(877)	100.0	(877)	合計	100.0	(877)

出典：筆者作成

八・五％と、正規雇用の方が多くなっているのは、ハローワーク調査と同じ傾向である。

大都市調査の結果をみると（図表3－6）、年齢差別を経験した女性の割合は正規雇用、非正規雇用とも一八％台である。どちらも求人が主で、採用ではかなり少ない。正規雇用と非正規雇用を合わせて集計すると、年齢制限が、正規雇用のみ一一・二％、非正規雇用のみ一一・〇％、両方七・三％となり、経験のある人を合計した結果は、二九・五％であった。

つまり、ハローワークに求職に来ている人の約五〇％（五二・八％）、派遣で働こうと派遣会社に登録にきた人の約四〇％（四二・四％）、大都市の一般的な女性の約三〇％が、求人・採用の段階で、年齢差別を経験したことがあると回答していることになる。

②性差別の経験

性差別の経験についてみていこう。質問の形式も、集計方法も年齢差別と全く同様となっている（該当の図表なし）。

ハローワーク調査の求人・採用における性差別は、正規雇用で性

図表 3-8　派遣調査　年齢差別、性差別の経験状況

	年齢差別		性差別	
	%	度数	%	度数
ない	57.6	(136)	83.9	(198)
ある（↓内訳）	42.4	(100)	16.1	(38)
正規雇用のみ	22.9	(54)	12.3	(29)
非正規雇用のみ	8.5	(20)	1.7	(4)
両方	11.0	(26)	2.1	(5)
合計	100.0	(236)	100.0	(236)

	年齢・性差別	
	%	度数
ない	51.3	(121)
ある（↓内訳）	48.7	(115)
年齢のみ	32.6	(77)
性別のみ	6.4	(15)
両方	9.7	(23)
合計	100.0	(236)

出典：筆者作成

差別の経験「ある」は一七・五%と、年齢差別よりはかなり少なくなっている。「あり」の内訳では、「求人のみ」八・四%、「両方」五・二%と、ほとんど求人絡みで経験されており、やはり、「採用のみ」では、ほとんど差別は生じていない。非正規雇用では、経験「ある」三・九%と、正規雇用に比べて割合がかなり低くなる。内訳は正規雇用と同じ傾向である。

正規雇用と非正規雇用を合わせて集計すると（該当の図表なし）、ハローワーク調査回答者の一七・七%が、求人・採用段階での性差別の経験があった。その内訳は、「正規雇用のみ」一三・八%と最も多く、「両方」一四・八%、「非正規雇用のみ」一〇・三%と、正規雇用の方が多くなっている。

派遣調査の求人・採用における性差別についてみると、（該当の図表なし）「正規雇用」で性差別の経験「ある」は一一・四%と、年齢差別よりはかなり少なくなっている。「あり」の内訳では、「求人のみ」七・六%、「両方」一・七%と、ほとんど求人絡みで経験されている。「非正規雇用」では、経験「ある」三・四%と、正規雇用に比べて割合がかなり低くなる。

正規雇用と非正規雇用を合わせて集計すると、このサンプルの一三・一％は、求人・採用段階での性差別の経験があるということになる。その内訳は、「正規雇用のみ」九・七％と最も多い。これまでと同様、正規雇用の方が多い。

最後に、大都市調査の求人・採用における性差別についてみたい（該当の図表なし）。正規雇用と非正規雇用を合計しても一〇・三％と、年齢差別に比べて割合は低い。性別を理由とした差別は、表向きには行われにくいと考えられる。

③年齢差別と性差別の経験

年齢差別と性差別の経験について、ハローワーク調査と派遣調査の①求人、②採用、③退職、④教育訓練の各段階を全て合わせて集計した（図表3－7、3－8）。

職安調査では、いずれかの項目で、一つでも年齢差別の経験が「ある」とした人は、五四・五％と半数を超える。「ある」の内訳をみると、「正規雇用のみ」二八・七％、「両方」一五・七％、「非正規雇用のみ」一〇・〇％となっており、全四項目でも正規雇用絡みの方が多くなっている。性差別の経験が「ある」とした人は、二一・八％と年齢差別の半分以下である。内訳では、性差別は「正規雇用のみ」一七・二％とほとんどを占めている。年齢差別、性差別の両方を合わせて集計すると、どちらかでも経験の「ある」人は五九・九％と約六割に達する。「ある」の内訳をみると、「年齢のみ」三八・一％、「両方」一六・四％、「性別のみ」五・四％と、年齢絡みの方が多い。

図表 3-9　大都市調査　年齢差別、性差別の経験状況

	年齢		性別			年齢・性別	
	%	度数	%	度数		%	度数
ない	69.1	721	80.5	840	ない	59.0	615
ある（↓内訳）	30.9	322	19.5	203	ある（↓内訳）	41.0	428
正規雇用のみ	12.0	125	13.3	139	年齢のみ	21.6	225
非正規雇用のみ	11.2	117	3.4	35	性別のみ	10.2	106
両方	7.7	80	2.8	29	両方	9.3	97
合計	100.0	1043	100.0	1043	合計	100.0	1043

出典：筆者作成

派遣調査では、いずれかの項目で、一つでも年齢差別の経験が「ある」とした人は、四二・四％と半数未満となり、職安調査よりは少なくなっている。「ある」の内訳をみると、「正規雇用のみ」二二・九％、「両方」一一・〇％、「非正規雇用のみ」八・五％で、全四項目でも正規雇用絡みの方が多い。性差別の経験が「ある」とした人は、一六・一％と年齢差別の三分の一程度である。内訳では、性差別は「正規雇用のみ」一二・三％とほとんどを占めている。年齢差別、性差別の両方を合わせて集計すると、どちらかでも経験の「ある」人は四八・七％と約半数に達する。「ある」の内訳をみると、「年齢のみ」三二・六％、「両方」九・七％、「性別のみ」六・四％と、年齢絡みの方が多い。

大都市調査の六項目（①求人、②採用、③昇進、④退職、⑤教育訓練、⑥職務について）の集計を示すと図表3－9となる。正規雇用・非正規雇用合わせて、年齢差別を経験した人は三〇・九％、性差別は一九・五％である。やはり、年齢差別より性差別を経験している人は少ない。

図表3－9の右端をみると、年齢・性差別のいずれかだけを経験

図表 3-10　大都市調査　正規・非正規別　差別の種類の割合（%）

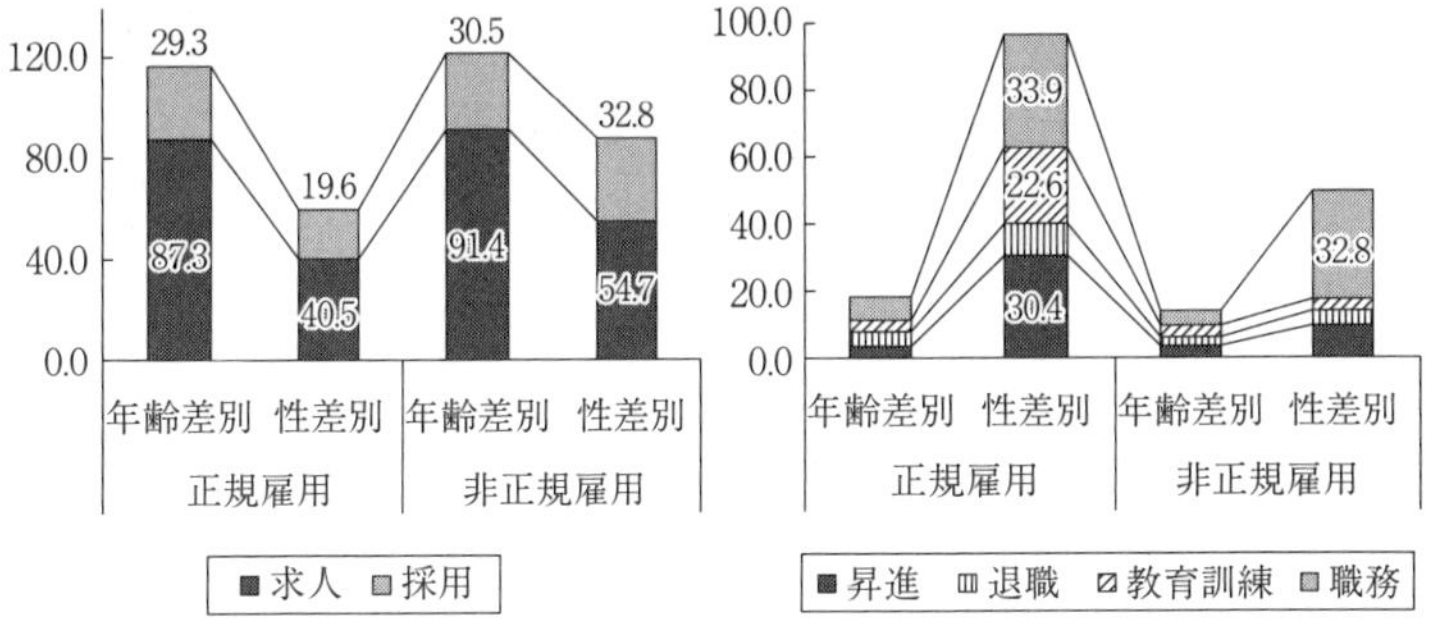

出典：筆者作成

した人と、どちらも経験した人を合わせると、四一・〇%となる。正規雇用・非正規雇用別に、年齢差別と性差別について、その経験の割合（%）を算出すると、「正規雇用のみ」経験した人と、「両方」経験した人の合計は、年齢一九・七%、性別一六・一%と年齢を経験した割合（%）がやや多い程度で、両者の水準は同じくらいである。「非正規雇用のみ」経験した人と「両方」を経験した人を合計してみると、年齢一八・九%、性別六・二%と性別は年齢の約三分の一と割合が低い。正規雇用と非正規雇用を比べると、年齢差別は、どちらも二〇%弱くらいで同水準だが、性差別は、非正規雇用は正規雇用の半分以下である。つまり、年齢差別は、正規雇用でも非正規雇用でも経験する人の割合は二〇%弱と変わらないが、性差別は、正規雇用の方が経験する人の割合が高く、約一五%である。

図表3－10は大都市調査の正規雇用・非正規雇用別に、年齢差別、性差別それぞれの経験者数を母数に、差別の

種類の割合（％）を求めたものである。二つの積み上げグラフのようになる。積み上げると一〇〇％を超えているのは、二項目以上の経験者がいるためである。つまり、複数回答の集計と同じである。先ほどと同様、正規雇用は「正規雇用のみ」経験した人と、「両方」経験した人を合計、非正規雇用は「非正規雇用のみ」経験した人と「両方」を経験した人を合計してある。

年齢差別は、正規雇用でも非正規雇用でも、求人と採用だけを経験している人の割合が高い。昇進以下の四項目を合計しても二〇％に満たないのに、求人は約九〇％、採用は約三〇％である。

性差別は、正規雇用でも非正規雇用でも、求人と採用で、年齢差別には及ばないものの、両者を単純に合計して六〇～七〇％とわりと高い。また、正規雇用で、昇進・教育訓練・職務が二〇～三〇％、非正規雇用で、職務が三二・八％と、年齢差別に比べ圧倒的に高い。

結果を要約すると以下のようになる。第一に正規雇用では、年齢差別・性差別とも同水準で経験されている。第二に非正規雇用では、年齢差別の方が性差別よりも経験されている。第三に年齢差別は、正規雇用・非正規雇用を問わず、ほぼ求人・採用だけで経験されており、昇進・退職・教育訓練・職務では、経験者は少ない。第四に性差別は、求人・採用でも経験されているが、正規雇用・非正規雇用とも職務では経験者の三分の一を占めており、正規雇用だけでは、昇進で経験者の三分の一、教育訓練は経験者の四分の一が経験している。

（6）求人、採用で経験されている年齢差別

年齢差別の状況をまとめてみると以下の通りである。第一に、年齢を理由に応募できなかった求人が「とても多かった」という回答はハローワーク調査で三五・七％、派遣調査では一四・〇％を占める。また、ハローワーク調査でも派遣調査でも、年齢が上がるほど、応募できなかった求人が「とても多かった」とする割合が高くなる。特に、ハローワーク調査では、「三五～三九歳」になると、「とても多かった」三二・八％、「いくつかあった」四一・八％と急激に増加していた。

第二に、過去一年間に年齢を理由に不採用になったのが半数を超えているのは、四〇～四五歳で一六・七％であるが、四五～四九歳になると三八・一％に登り、四五歳を境に大きな壁があることがわかる。第三に、求人・採用における年齢差別を正規雇用・非正規雇用雇用を合わせてみてみると、ハローワーク調査では五二・八％、派遣調査では四二・四％、大都市調査では二九・五％が経験していた。第四に、年齢差別・性差別の経験状況を両方合わせてみてみると、ハローワーク調査では五九・九％、派遣調査では四八・七％、大都市調査では四一・〇％が経験している。

第五に、年齢差別と性差別の状況について調査結果をみてみると、正規雇用では、年齢差別・性差別ともほぼ同じ水準で経験されているのに対し、非正規雇用では、年齢差別の方が性差別よりも経験されている。年齢差別は、正規雇用・非正規雇用を問わず、ほぼ求人・採用だけで経験されており、昇進・退職・教育訓練・職務では、経験者は少ない。性差別は、求人・採用でも経験されているが、正規雇用・非正規雇用とも職務は経験者の三分の一を占めており、正規雇用だけでは、昇

進も経験者の三分の一、教育訓練は経験者の四分の一が経験している。

女性は、求職・採用段階で、正規雇用・非正規雇用とも、年齢差別を経験する可能性が高い。採用後は、正規雇用であれば、昇進・教育訓練・職務で性差別を受ける可能性がある。さらに、女性であることで、年齢差別を経験する可能性が増していると考えられる。現状では、性差別と年齢差別の関連が強固であることが、女性の就業の機会を狭めている大きな要因の一つであるといえるだろう。

2 年齢差別、年齢についての人々の意識

(1) 年齢差別を受けた経験・年齢への考え――インタビュー調査から

求職者・転職者の女性、男性へのインタビュー調査の結果から、年齢差別の経験・年齢への考えをみたい。求職者・転職者の女性へのインタビュー調査は再就職活動中および転職経験のある女性四名、男性一名に対して行い、年齢制限の実態、年齢制限についての考えを聞いた。

①求職者・転職者の年齢制限や年齢への考え

◇Aさん（女性　四〇代前半　事務職→結婚→パート→現在求職中）

教育関連の事務職員の職を探しているが、四〇歳代前半で応募できる正社員の求人はとても限ら

れているという。募集している年齢より自分の年齢が上の場合、応募することができるか、企業に採用される可能性があるか、電話で問い合わせをしている。問い合わせの電話のなかで、自分の今までの経歴を話し、感触の良かったところで、自分の年齢を告げ、応募することができないか聞いているが、断られてしまうことが多い。また、応募することができ、書類選考も通り、面接までいった場合でも不採用になっている。不採用になった時は、電話で不採用理由を聞いている。不採用理由に年齢をはっきりとあげるところは少ないが、年齢が理由なのではないかと感じるところは多い。もう少し若い人がほしいからといわれたこともある。年齢ではなく、個人の能力をみてほしいと思っている。

◇Bさん（女性　三〇代初　正社員→派遣会社勤務→正社員）

高校卒業後、外資系会社で事務の補助職として五年間勤務したが、退社して留学をした。帰国後、職業訓練学校に半年通い、職業訓練学校の課程をおえたあと正社員の職を求めて就職活動した。しかし、正社員の職がみつからず、派遣社員として外資系の会社に秘書として働いた。派遣社員から正社員になれないかと考えたが、秘書はほとんどが派遣社員になっており、正社員として雇用されている人は、長期勤続している人だけであったので、その職場の秘書として正社員になるのは無理とあきらめ、派遣社員の契約終了後、再度、正社員の職を探した。

求職していて痛切に思ったのは、三〇歳までの求人がもっとも多く、三〇歳までないと正社員として採用されることは無理だと思った。また、国内の企業に採用されることは難しいと考え、外資系を中心に就職活動を行った。
派遣社員をやっていた経験から、正社員と派遣社員の年齢制限を考えてみると、派遣社員の方が年齢制限はきついと思う。年齢制限はおかしいと思うが、一方で年齢の制限が実際にあるならば、募集の際に、ちゃんと明記してほしいと思う。無駄足になるのはいやだ。

◇Cさん（女性　三〇代初　正社員→正社員）

大学卒業、一般職として商社に就職し、新規採用一般職の採用、若手社員の研修の企画、営業、運営、フォローアップを行っていた。しかし、会社の業績が悪化し、採用がなくなり、研修がカットされるようになる。任されていた仕事は、一般職の採用という重要な仕事であったし、自分で考え自分で行っていく、自立的な仕事ではあった。しかし、自分のキャリアアップを考えるとこの会社にいても先がないと思い、他社への転職を考える。転職する場合、募集の多い二〇代の方がいいとも思った。

人事課に勤務していたので、就職、採用がどういうものかは知っていた。女子の中途採用があまりない、国内の企業は難しいと思い、外資系を中心に人事の募集をどんどん受け、転職に成功した（転職時二六歳）。

採用における年齢制限はいたしかたないと思う。現在の会社で人事を担当しているが、採用では年齢は問題とならないが、どのポジションにどの人を入れるかを考えるとき、直属の上司との年齢の逆転は避けるようにしている。

◇Dさん（女性　三〇代半ば　正社員→派遣会社勤務→現在求職中）

派遣会社で、派遣社員登録している人に仕事を紹介する職務についていた。派遣を依頼する会社からのオーダーシートには、希望年齢が明記されており、国内の会社で三〇歳、外資系の会社で三三歳ぐらいが一つの目安としてあった。外資系の会社の場合は年齢が制限されていない場合もあったが、国内の会社の場合、必ず年齢の制限が明記されていた。その年齢以上の登録者を紹介することはまずない。

企業の希望年齢以上の登録者には、登録していても仕事はほとんど紹介されない。また、希望者がいても年齢を理由にではなく、他の人が決まったとか、経歴が合わない等、他の理由で断っていた。年齢制限のない会社の場合は、高度なスキルを求めてきていた。派遣社員の方が正社員より年齢制限が厳しいのではないかと思う。正社員の方がヒューマンスキルをみていると思う。

◇Eさん（男性　三〇代後半　正社員→正社員〈システムエンジニア〉）

国内のシステム会社から外資系ソフト会社を経て、情報産業の国内の企業のシステムエンジニアとして転職を経験する。男性の転職の場合、三〇歳と三五歳で年齢制限の大きなラインがあると思う。自分が最初の転職をした時は三二歳、次に外資系ソフト会社から国内の企業のシステムエンジニアとして転職する時は三六歳であった。この時の年齢制限は三五歳であった。企画を提示しての選考であったので、一歳オーバーしていても大丈夫だと考えて応募し、採用された。

外資系のシステムエンジニアは転職を日常的に行っている。多くは人材紹介会社に登録して転職している。自分も登録をし、いろいろ話もあったが、情報誌の求人で決まった。

現在働いている会社は設立されてからまだ新しく、設立当時は社員全員が転職して会社に加わっていた。会社の体力から考えると、新人を育てていくという体力はまだないと思う。現在は三〇歳前の中途採用者が社内の大部分を占める。企業としては今後の年齢構成の潜在的な問題は抱えていると思う。

システムエンジニアの場合、特にユーザーの立場のシステムエンジニアは、メーカーシステムエンジニアから自分に必要なことだけを教えてもらえばいいような傾向があるから、スキルは陳腐化しない。管理職の立場から、中途採用者を考えると、自分より年齢の上の人は使いにくい。また、自分より年齢が上で、給与が低くてもいいからというスタッフ希望者の場合は、そのような人の持っているスキルには魅力がない。若い人は無理もきくし、スキルをつけていけると思う。年齢が高くても、秀でた資質があればとるが、なければとらない。職種を途中で変えて、システムエンジニアとしての経歴が短いというような人は、職を変えているということ自体がマイナスだと思う。

②採用側の年齢への考え――企業へのインタビュー調査から
企業へのインタビュー調査は四社に対して実施した。四社の内訳は、情報産業（音楽）、金融業（外資系）、ブライダル、製造業（化学）、製造業（精密機器）である。
◇A社　情報産業（音楽）

急速に大きくなった会社なので中途採用は多く採用した。おおむね三五歳ぐらいまでの採用が多かった。応募してくる人たちがそのくらいまでが多いので三五歳ぐらいまでの採用が多い。

社内の年齢分布は三〇歳までの若い層が多く、三〇歳前後が中心である。会社が急成長した頃と比べ、業績がやや伸び悩んできていることもあり、新卒の採用は四〜五年前よりかなり人数を絞っている。中途採用も同じである。現在は中途採用も行っているが、新卒の採用が中心になっている。現在の中途採用は、システム開発の部門で多い。

音楽を扱っているので、ターゲットは若い層であり、ターゲットに近い年齢の方がより企画やコンテンツのあり方がヒットしやすいということはあるかもしれない。これからの会社の年齢分布は中心が三〇歳前後から三〇歳後半、そして四〇歳へとシフトしていく。今後は、高齢者のマーケットや子どものマーケットの開拓もしていきたいと考えている。

◇B社　金融業

B社は消費者金融であり、中途退社が比較的多い。現在の採用の状況は、新卒四割、中途採用六割である。新卒でまとめて採用する方が採用にかかるコストが低く、よい人材をとることができると考えている。採用コストは中途採用の方が新卒の一・五倍ほどかかっている。

B社が中途採用で欲しい人材は、二五〜二七歳ぐらいである。このあたりの年齢は、事務的なことをある程度わかって入社してくることになるので、即戦力として活用することができる。一方、応募者で最も多いのは二八〜二九歳である。B社では新卒で入社した場合、二五歳ぐらいで支店長になることが多い。中途採用者が二五〜二七歳の場合は、支店長より年下の場合が多く、支店長も使いやすいが、二八〜二九歳で中途入社の場合は、支店長より年上となる場合が生じる。新卒三年目の支店長の下で、二八〜二九歳で中途入社した人間が働いていけるのかという点がある。全社的に年齢構成が若く、支店長の年齢の若いB社では中途採用では二五〜二七歳ぐらいが適材と考えている。

◇C社　ブライダル

C社はブライダル衣装をレンタルする小さめの会社である。採用は中途採用がほとんどである。採用したいスタッフの年齢は、ブライダルの会社では、「結婚」「ウエディングドレス」のイメージを大切にするため、正社員として勤務するスタッフは四〇歳未満が望ましいと考えていた。かつては二〇歳代のスタッフが主だったこともあるが、若手の勤務の期間が短い、顧客の要求にうまく対応できる能力、重たいドレスを扱う体力を考えると、三〇歳代が最もいいのではないかと考えている。一方、パートタイムの年配のスタッフも雇用しているが、主に和装を担当している。年配者の落ち着いたイメージが和装を扱ったり、顧客に勧めたりする上でプラスになるという。

◇D社　製造業（化学）

現在、海外へラインは移行し、内部の正社員をどのように配置していくのかが大きな課題である。新規事業を立ち上げる際に、その事業に関わる重要な技術が社内で十分でない場合、中途採用を募集している。しかし、その数は全体からみれば若干名である。中途採用は応募はしても採用まで至らないケースが多い。採用まで至らないのは、応募者の専門とこちらが求めている専門がマッチしないためである。レベルが高くて分野が合わないのではなく、レベルが低くて合わない場合が多い。システムエンジニアの場合、比較的多く中途採用している。また、現在、技術者の派遣も増えてきており、設計などに入ってきている。

◇E社　製造業（精密機器）

正規社員はコア社員として位置づけ、単純反復作業は人材派遣や有期契約の社員にしている。雇用の吸収材として外部人材を使うことも行っている。コア社員は学卒以上と考えている。コア社員の現業ニーズはほとんどない。技術系社員の場合、八割は大学院卒である。

コア社員は事業拡大に合わせて中途採用もしていたが、現在、新卒の定着率がよいので、中途採用の割合は少ない。中途採用は新規分野に進出する際に主に行っている。中心は三〇歳前半である。募集してくる人が三〇歳前半がもっとも多いので、その結果である。いままで、少数だが中途採用で部長として採用した人もいる。年金の問題で、五〇歳近くで転職することがあまり本人のプラスにならない面がある。

中途採用を行う時は人材紹介会社を使うことが多い。技術者の持つ技術の汎用性はあるが、大切なのは会社の持つバリューの理解である。会社の目指すバリューを理解していることが社員に最も求められている。

（2）女性の年齢への意識

人々の年齢への意識について、第1節でも紹介した大都市調査の結果から考えたい。大都市調査の回答者はすべて女性なので、大都市に暮らす女性の年齢への意識ということになる。

①雇用における年齢差別に関する意識

男女それぞれの場合について、各年齢（二五〜六五歳を一〇歳刻みで五つ）を提示し、「年齢を理由に就職や転職で会社に断られたとしたらどう思うか?」を、「おかしいと思う」「しかたがないと思う」「当然だと思う」の三択でたずねた。

本人年齢別・職業別に、「おかしいと思う」と回答した人の割合（%）を折れ線グラフにしたものが図表3－11である。全体の割合は、各グラフの左軸上に、線を結ばず点で表示した。

全体の割合（%）からみてみると、同じ年齢でも男女の場合で異なっている。男性と比べて女性のほうが「おかしいと思う」とする割合が低い。つまり、女性に対する年齢制限を男性の年齢制限に比べて「仕方がない」「当然である」と許容する割合が高い。また、男性、女性とも四五歳と五五歳、五五歳と六五歳の間にやや大きな開きがある。五五歳から、男性、女性とも年齢差別が許容されやすくなり、六五歳となると許容されてしまうということであろう。

本人の年齢別でみると、本人年齢が若いほど年齢制限を許容し、年齢が上がると許容しなくなる傾向がある。男性・女性の二五歳に対しては、年齢制限はほとんど許容されていない。三五歳への

図表 3-11　本人年齢別・職業別　次の年齢の人が、年齢を理由に就職や転職を断られたとしたら、「おかしいと思う」人の割合（%）

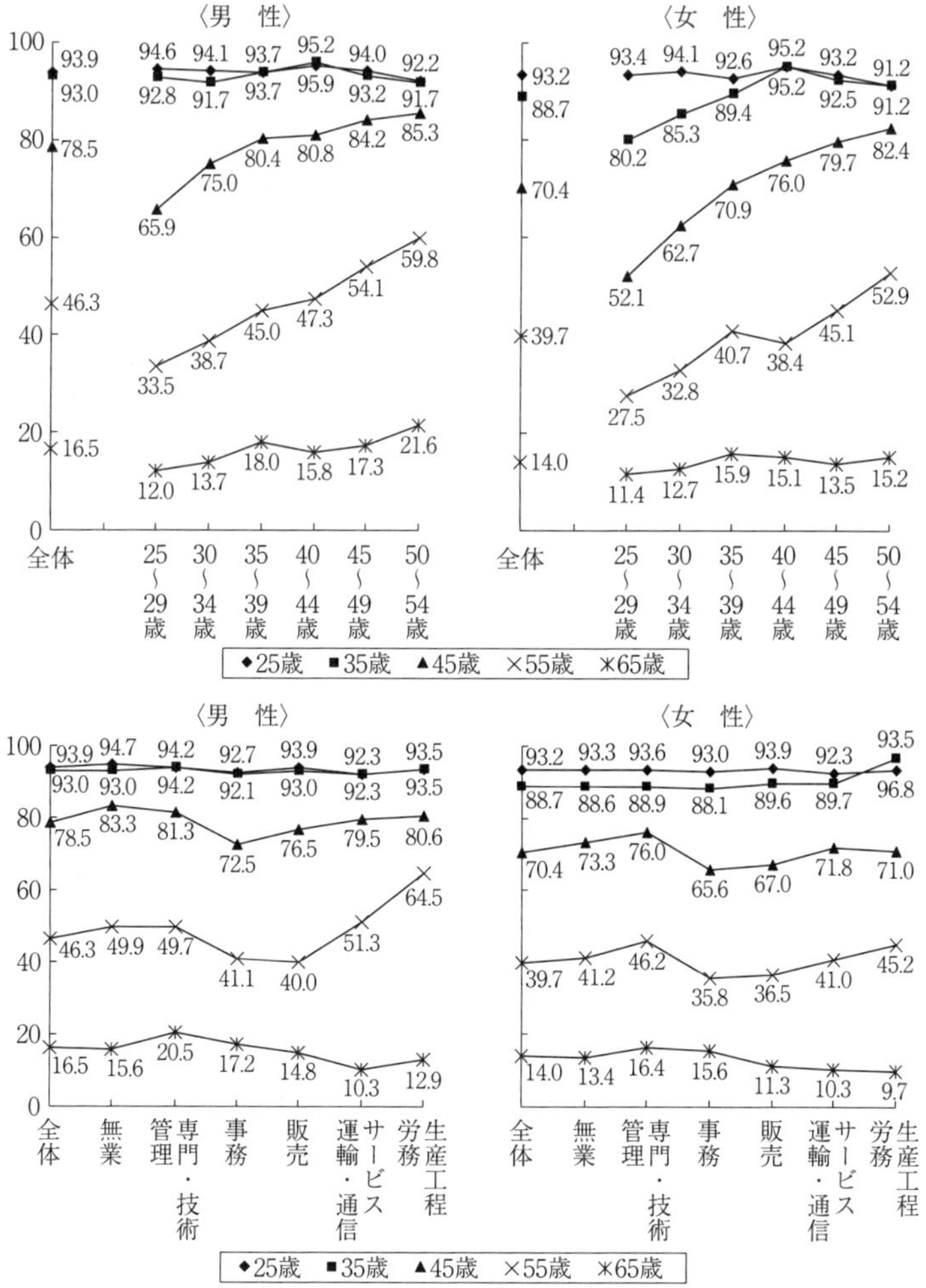

出典：筆者作成

年齢差別では、男性に対してはほとんど許容されないのに、女性では三五歳より年齢が低い人で、三五歳への年齢制限を許容する人がではじめる。四五歳男性・女性への年齢制限では、ともに回答者の年齢が上がるにつれて許容しないが、女性四五歳の段階でグラフの傾きが急であり、若い回答者ほど女性四五歳への年齢制限を許容する傾向がはっきりしている。五五歳の男性・女性への年齢制限では、グラフの傾きは同じだが、水準としては、回答者は五五歳女性のほうに対して年齢制限を許容している。六五歳男性・女性への年齢制限は、許容する人が多くなり、男性・女性の場合の差や本人年齢間の開きが最も小さくなっている。

②年齢に関する意識

年齢に関する多様な意見を並べてその賛否を「そう思う」「どちらかといえばそう思う」「どちらかといえばそう思わない」「そう思わない」の四択でたずねた。順に、各質問項目の結果をみていこう。以下のグラフでは、「そう思う」と「どちらかといえばそう思う」を合計した「そう思う」の割合(%)を示している。

「年齢による不公平は、全ての人がいずれ経験することだからしかたがない」について人々の考えをきいてみた(図表3-12)。年齢による不公平を許容するかどうか、たずねている。これまでの知見では、いずれみながその年齢を経験するのだから、不公平は許容されやすいとされてきた。しかし、近年、年齢に対する不公平感が高まっているという指摘が多くなされていた。

図表 3-12　年齢による不公平は、全ての人がいずれ経験することだから
しかたがない。(「そう思う」の割合（%))

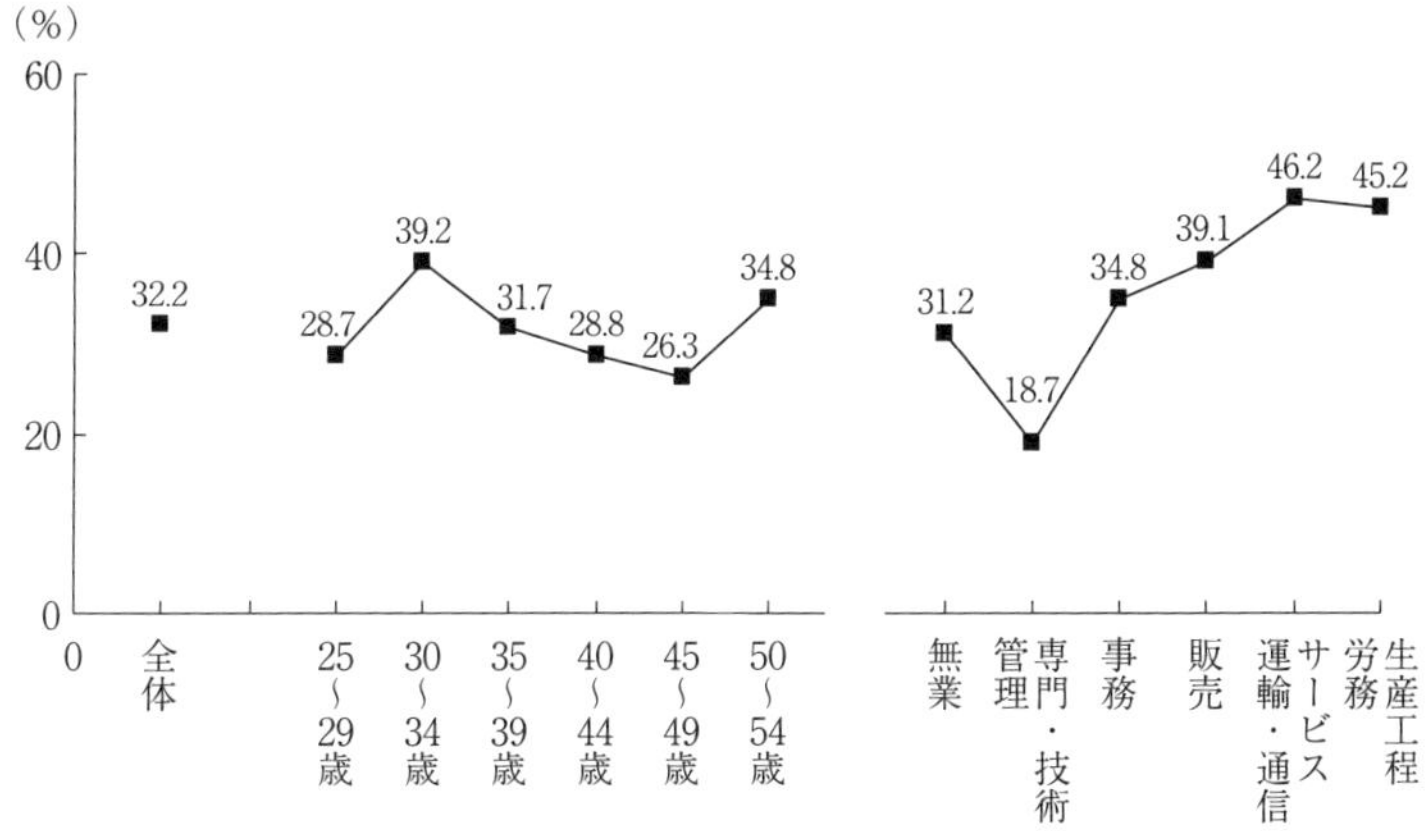

出典：筆者作成

　全体として、約三〇％しか許容しておらず、近年の不公平感の高まりを裏付ける結果となった。年齢別では、若いほど許容しないとされてきたが、本調査ではそうした傾向がみられない。

　職業別では、専門・技術、管理で許容していない人が多い（一八・七％）。サービス、販売、生産工程、労務などのブルーカラー職では比較的許容が多いが、それでも半数以下となっている。この質問項目もある種の職業的特徴を反映したものとなっていると考えられる。

　「女の魅力は「若さ」にある（女の魅力）」「男の魅力は「若さ」にある（男の魅力）」（図表3-13）をみると、「男の魅力」は回答者の年齢と関連がないが、「女の魅力」は回答者の年齢と関連がある。「女の魅力は若さに

図表3-13　女の魅力は「若さ」にある・男の魅力は「若さ」にある
（「そう思う」の割合（%））

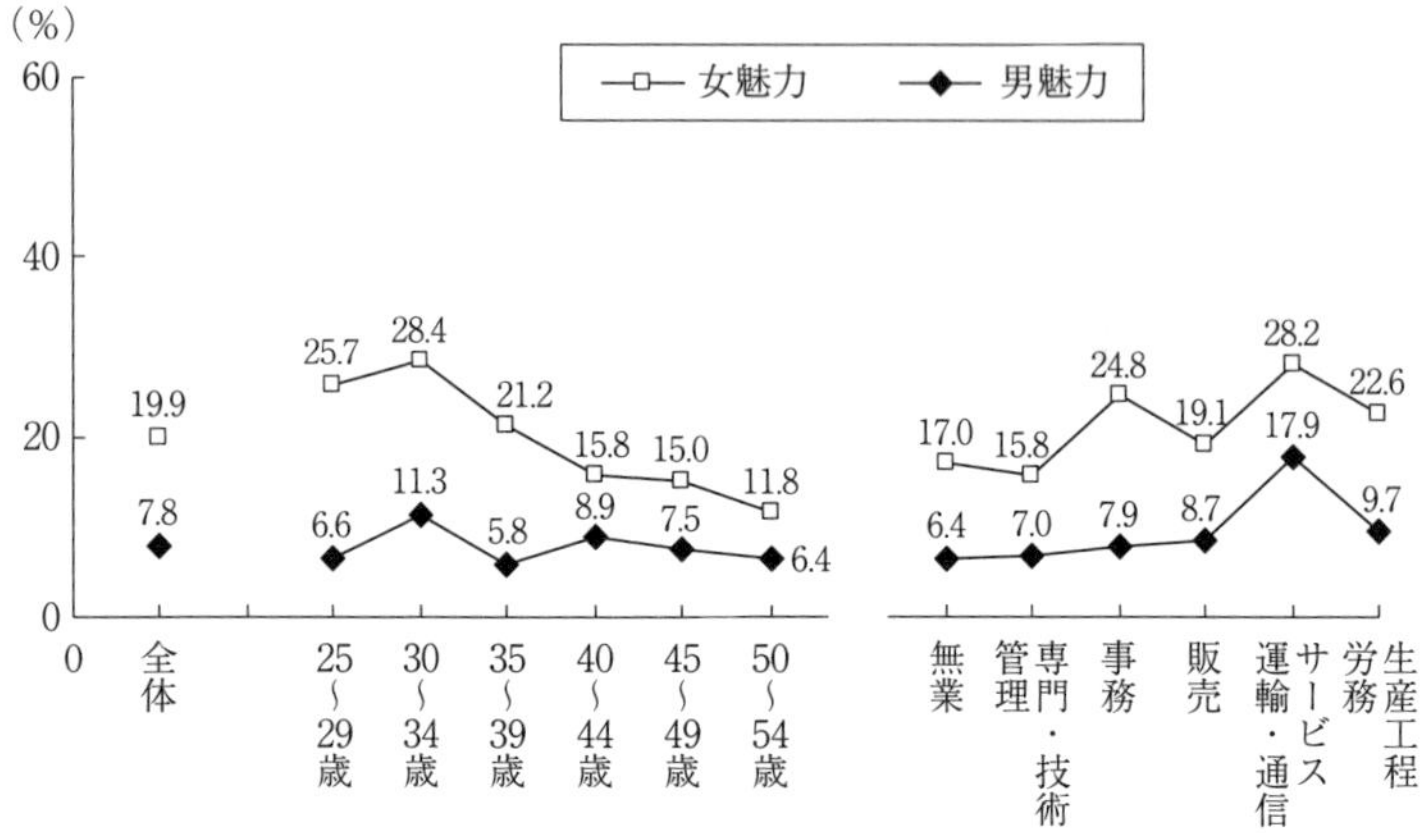

出典：筆者作成

ある」と考える人は、年齢が若いほど割合が高い。また、職業では、事務、サービスで「女の魅力は若さにある」と考える傾向が強く、サービスでは「男の魅力は若さにある」の割合も高い。

「年齢を重ねると仕事の「能力」が落ちる」「年齢を重ねると仕事の「意欲」が落ちる」「若い方が「柔軟性」がある」をみると（図表3－14）、仕事の「意欲」が落ちるとする人は二五〜三〇％程度だが、仕事の「能力」が落ちるとする人は、年齢が上がるほど多くなる。職業別では、販売、サービス、生産工程・労務などブルーカラー系の職業では高い。「柔軟性」は、若い人ほど、職業別では、事務、販売、生産工程・労務で高い。

「上司が年下であるとやりにくい（上司が年下）」「部下が年上であるとやりにくい（部

図表 3-14　年齢を重ねると仕事の「能力」が落ちる・年齢を重ねると仕事の「意欲」が落ちる・若い方が「柔軟性」がある（「そう思う」の割合（%））

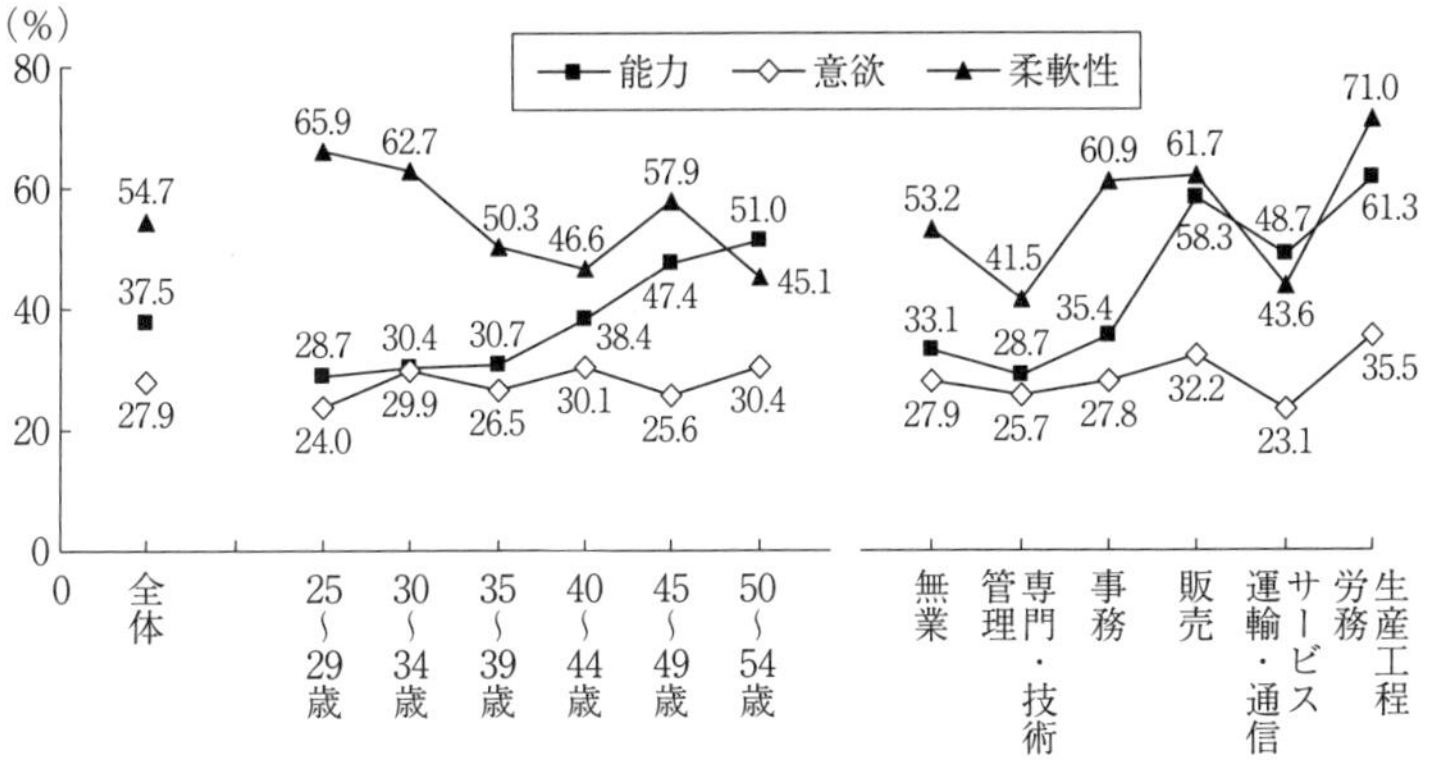

出典：筆者作成

下が年上）」（図表3－15）をみてみると、「上司が年上」と「部下が年上」は、ともに、全体としても、各年齢別・各職業別でも、ほぼ同水準である。年齢別では、四五歳以上になると「そう思う」とする割合は低くなる。職業別では、「無業」で割合がやや高い。無業の人たちの方が、実際に働いている人たちより、年齢序列意識が強いのかもしれない。

「中高年は働きより給与が高い（中高年高い）」「若者は働きより給与が低い（若者低い）」（図表3－16）をみてみると、全体としても、各年齢別・各職業別ともほぼ同水準で、全体で約半数の人が「そう思う」としている。

年齢別では、若いほど割合が高く、二五～二九歳層で七〇%以上である。三〇～三四歳層で六〇%台、三五～三九歳層で四〇～五〇%台、四〇～四四歳層で四〇%台、四五～四

図表 3-15　上司が年下であるとやりにくい「上司が年下」・部下が年上であるとやりにくい「部下が年上」（「そう思う」の割合（%））

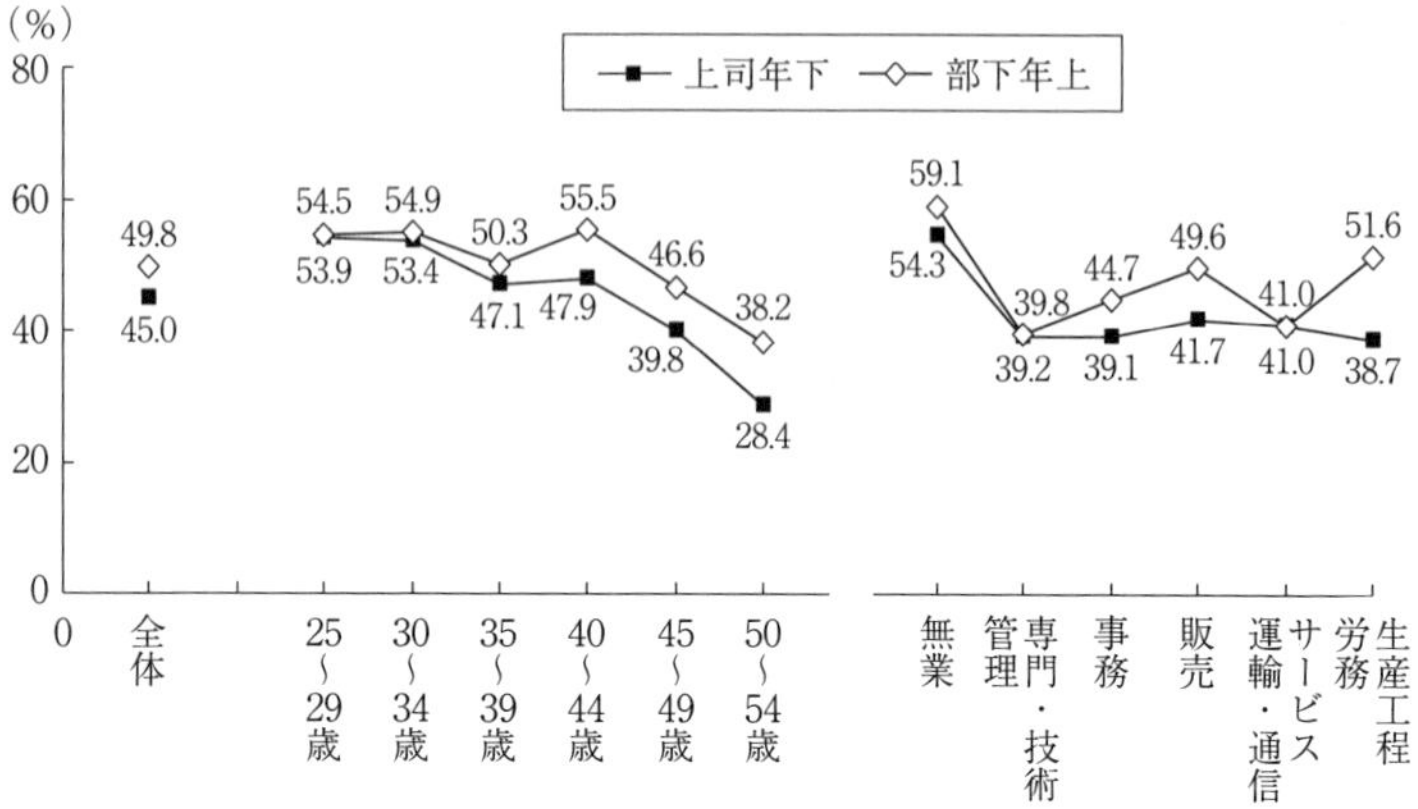

出典：筆者作成

九歳層で三〇％台と年齢が上がるにつれ、約一〇％ずつ割合は低くなっていく。だが、五〇〜五四歳層では再びやや割合が高くなり、グラフでは最後が跳ね上がっているようにみえる。この項目は年齢による意見の開きが最もはっきりした項目である。つまり、分配をめぐって、若者と中高年者との意識の間に大きな溝が存在していることがわかる。職業別では、事務で「若者は働きより給与が低い（若者低い）」の割合がやや低くなっている。しかし、全体として職業間に大きな開きはみられない。

若いだけで「軽んじられる」、年をとっているだけで「重んじられる」（図表3-17）は、「中高年は働きより給与が高い（中高年高い）」「若者は働きより給与が低い（若者低い）」の分配の問題と似ているが、この質問では主に「評価」について尋ねた質問項目である。年齢が若

図表 3-16　中高年は働きより給与が高い「中高年高い」・若者は働きより給与が低い「若者低い」（「そう思う」の割合（％））

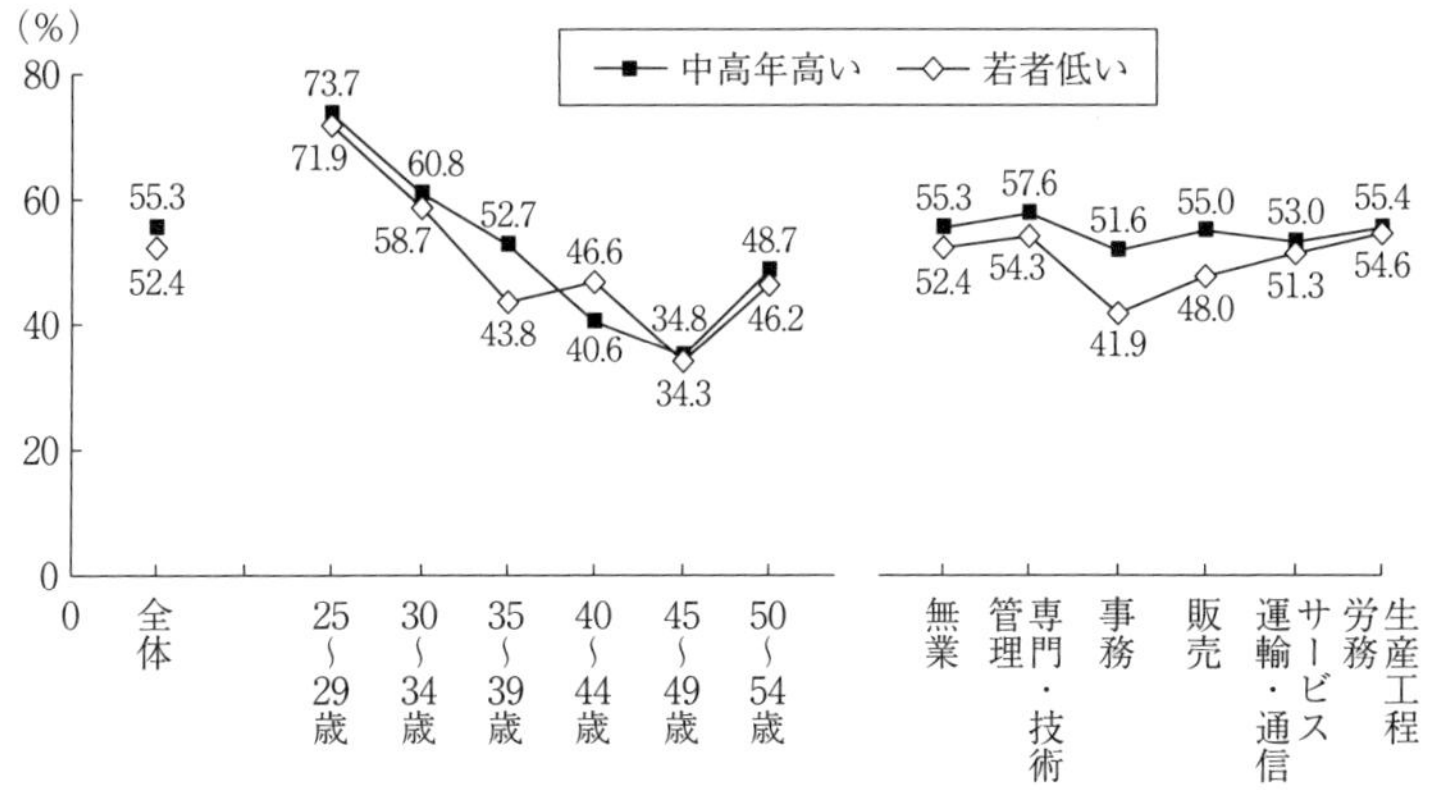

出典：筆者作成

いと割合が高く「三五～三九歳」と「四〇～四四歳」との間に大きな溝がある。三九歳以下では六〇～七〇％台、四〇歳以上になると四〇～五〇％台と開きが大きい。職業別では、それほど大きな開きはないが、先の「上司が年下であるとやりにくい（上司が年下）」「部下が年上であるとやりにくい（部下が年上）」の項目と同様に、「無業」で割合がやや高い。やはり無業は、年齢序列意識が強いと考えられる。

　最後にふだんの生活で、年齢による不公平と性別による不公平のどちらを切実に感じるかをたずねた結果を紹介したい。全体では、「年齢」の方が切実とした人が三七・〇％と最も多く、両方とも「感じない」とした人が三二・七％であった。年齢別では、年齢が上がるほど、「年齢」の方が切実に感じる人の割合が確実に増えていく。一方、年齢が若いほど、「性別」の方

図表 3-17　若いだけで軽じられることがある「軽じられる」・年をとっているだけで重んじられることがある「重んじられる」(「そう思う」の割合 (%))

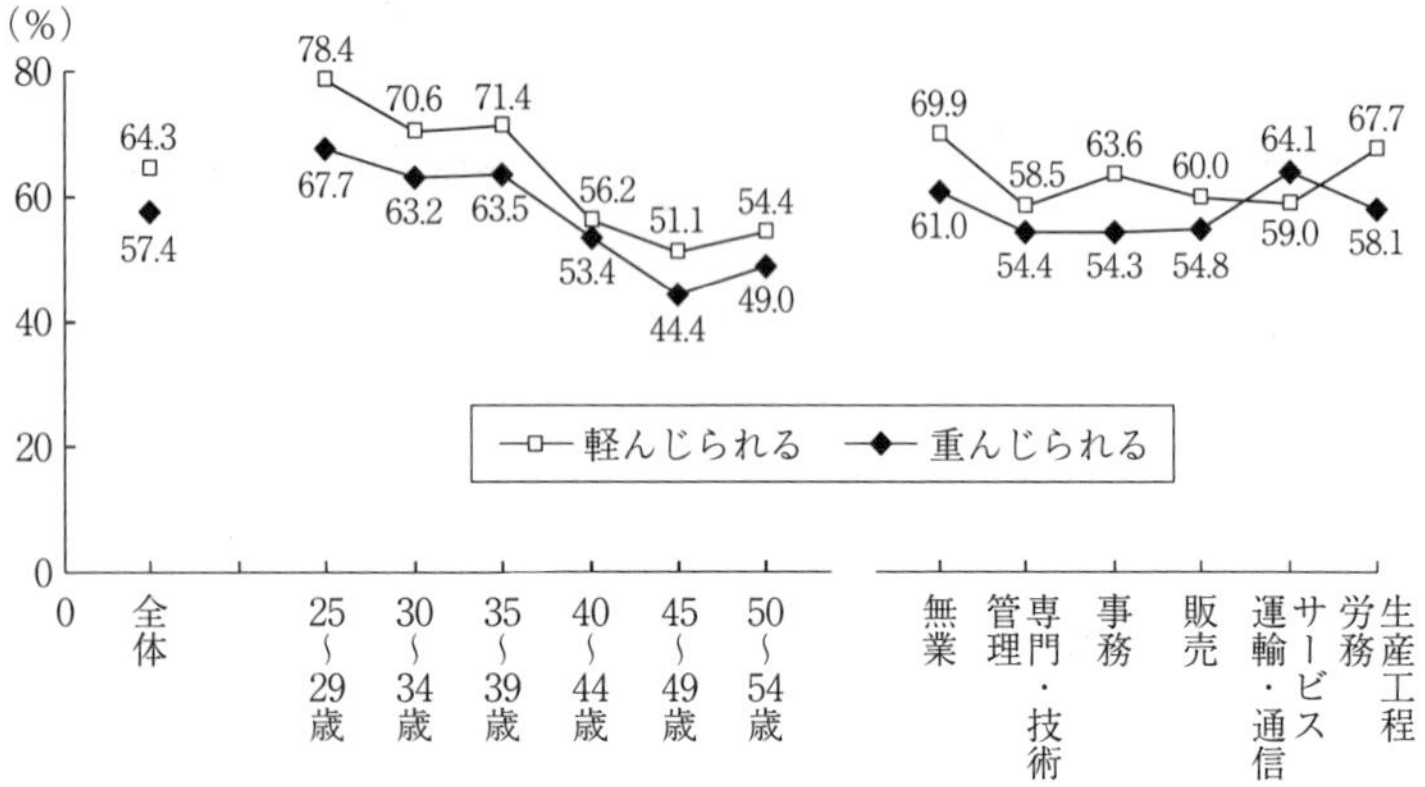

出典：筆者作成

が切実に感じるとする人の割合が多くなっていることも読み取れる。

学歴別では、学歴が低いほど「年齢」、学歴が上がると「性別」「感じない」がそれぞれ増えている。無業者の就業希望別にみると、「仕事をしたい」人は、「年齢」の方が切実に感じる人が多く、四五・六%にも達している。「仕事をする気がない」人では、「感じない」が四四・八%と最も多くなっている。有業者の雇用形態別に見ると、非正規雇用・派遣社員で「年齢」の方が切実に感じる人が多く(四五・〇%)、正規雇用では、「年齢」二六・七%、「性別」二二・一%と同水準であるが、両方とも「感じない」という人が三八・〇%と最も多い。

つまり、年齢・雇用差別経験別に、不公平感をみてみると、経験と不公平感は一致する

図表 3-18　ふだんの生活で、年齢による不公平と性別による不公平のどちらを切実に感じるか（%）

		両方	年齢	性別	感じない
全　体		12.8	37.0	16.6	32.7
年齢	25-29 歳	16.8	26.3	22.8	33.5
	30-34 歳	10.8	34.3	18.6	34.8
	35-39 歳	9.5	38.6	21.2	29.6
	40-44 歳	15.1	37.0	11.6	36.3
	45-49 歳	9.8	41.4	12.0	35.3
	50-54 歳	14.7	44.1	11.8	28.4
学歴	中学・高校	14.7	42.5	11.4	30.2
	短大、高専	11.2	37.9	17.2	33.1
	大学以上	11.9	29.4	23.4	34.3
就業希望	無業計	14.2	38.7	15.6	29.2
	仕事をしたい	15.3	45.6	14.9	22.2
	仕事をする気はない	11.4	23.8	17.1	44.8
雇用形態	有業計	12.0	36.1	17.3	34.2
	正規雇用	13.2	26.7	22.1	38.0
	非正規雇用・派遣社員	10.9	45.0	13.6	29.8
年齢・雇用差別経験	なし	12.2	28.0	14.8	43.7
	年齢のみ	10.7	66.7	8.9	13.3
	女性のみ	11.3	22.6	39.6	25.5
	両方	22.7	41.2	20.6	15.5

出典：筆者作成

傾向が見られる。経験「なし」では、感じない人が四三・七％と圧倒的に多いが、それでも半数以上の人は、年齢、性別の不公平を感じている。経験「年齢のみ」では、圧倒的に年齢（六六・七％）、経験「女性のみ」では、性別が三九・六％と最も多い。一方で、経験「両方」の人も、確かに両方感じている人も多いが（二二・七％）、年齢が最も多い（四一・二％）。

③採用での年齢制限をやめることへの考え

女性たちに「採用での年齢制限をやめる」ことが、「あなたにとって必要なものか？」と質問した

図表3-19　就業有無別・就業希望別「採用で年齢差別をやめることがどのくらい必要か」の回答分布

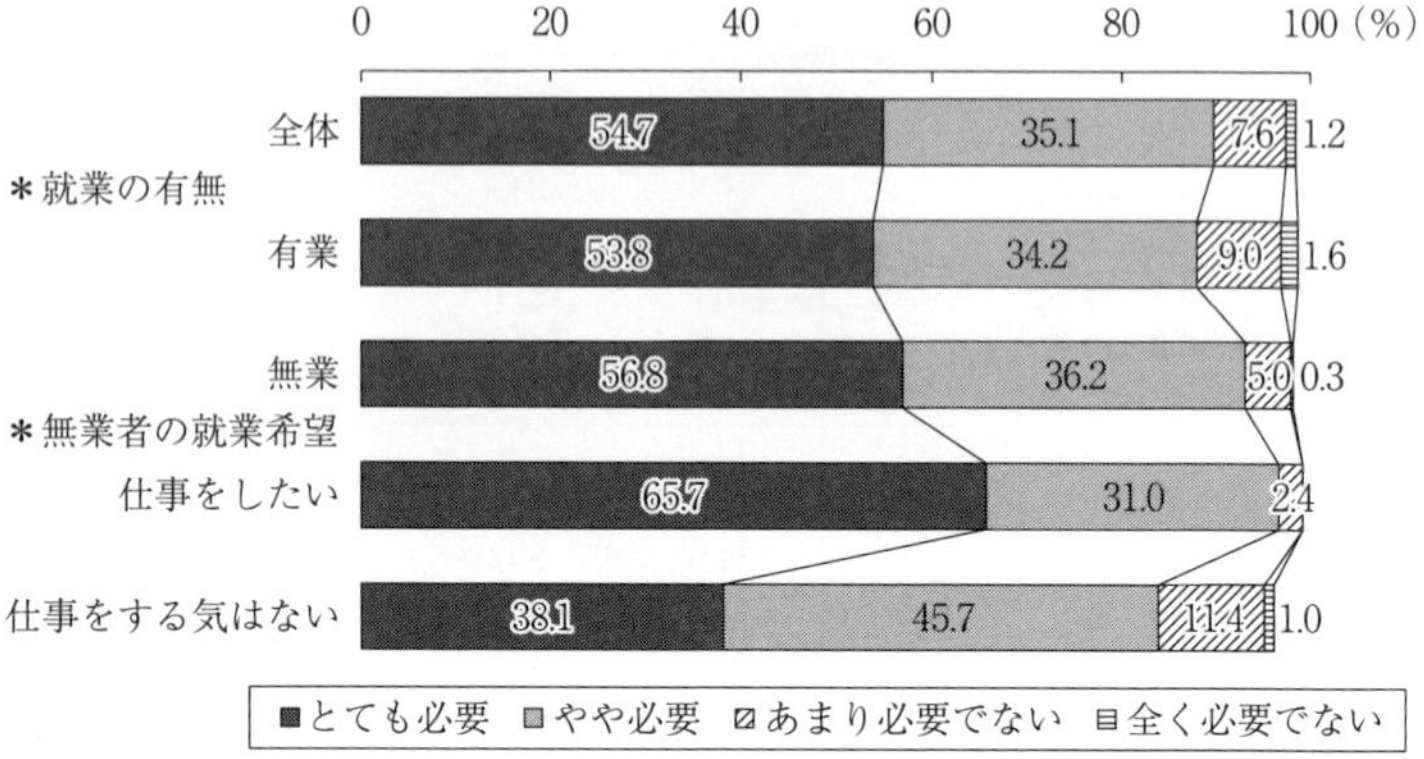

出典：筆者作成

ところ、約九〇%が「必要（とても必要＋やや必要を合計した）」と回答した。特に、現在無業で就業を希望している人の場合、採用で年齢制限をやめることが必要であるとする割合が最も高く、就業を希望する人にとって、年齢制限が求職への大きな不安、障害になっていることがわかる。

「女性の雇用を広げる」ことが、あなたにとって必要かどうかの回答別（「必要あり」と「必要なし」に集約）で、「女性正社員の給与を上げる」「非正社員賃金を正社員に近づける」「女性に男性と同じ仕事を本当にあたえるようにする」「採用での年齢差別をやめる」についての考えをきいた。「女性の雇用を広げる」ことを「必要あり」とする人では、どの項目でも八〇%以上と高いが、そのなかでも「年齢差別をやめる」が九四・六%と最も高く、次に「女性正社員の給与を上げる」が九一・五%である。

一方、「女性の雇用を広げる」ことを「必要なし」とする人でも、「年齢差別をやめる」を「必要あり」とする人が五六・二％と、他の項目と比べて割合がかなり高い。「非正社員の賃金を正社員に近づける」も三七・一％と二番目に高い。

(3) 年齢差別の実態とそれを下支えする意識

本節では、年齢差別を受けた経験や、求人側の年齢差別への考え、そして人々（女性）の年齢差別や年齢への考えを探った。

第一に、求職者へのインタビュー調査の結果から、正社員の採用でも派遣社員の採用でも、女性たちが「年齢差別がある」と感じていることがわかる。採用における年齢差別は、採用の年齢が明記されているために応募できないことと、採用の年齢には抵触しないものの年齢を理由として不採用になることに大別されるが、二〇歳代後半から三〇歳にかけて、既に募集の段階で応募できない経験をしている。また、三〇歳を超えると不採用の理由が年齢であったのではないかと感じている。通常、不採用になった理由は企業側からは通知されないが、インタビュー対象者の多くは、応募の電話や面接の時の印象、不採用の電話口で採用担当者がふと漏らした言葉などから、自分が年齢を理由に不採用になったと考えている。

第二に、ハローワーク調査、派遣調査の結果から、どちらの回答者も年齢制限のために応募できなかった求人があると答えている。ハローワーク調査では年齢を理由に応募できなかったことが

「とても多かった」という回答が、三五〜三九歳で三割、四〇〜四四歳では四割を超え、派遣調査では、三五〜三九歳で三割弱、四〇〜四四歳では八割を超えている。また、年齢制限がない、あるいは年齢制限内の求人に応募した場合であっても年齢を理由に断られたことがあるのが、ハローワーク調査で四割、派遣調査で二・五割いることは、年齢が採用に大きく影響していることを示している。年齢を理由に断られることが多くなるのは三五歳（派遣調査）、四五歳（ハローワーク調査）である。この差はハローワークと派遣会社では求人の種類が異なるためであろう。求人、採用に関して年齢差別を経験した人はハローワーク調査で五割以上、派遣調査で四割以上、大都市の一般的な女性で約三割にのぼっていた。さらに、正規従業員の募集の場合の方が非正規の場合よりも年齢差別が強い。つまり、求職側からみるとよい雇用機会ほど年齢差別が強いのである。一方、性差別の経験者はハローワーク調査で一八％、派遣調査で一三％であって、年齢差別よりは少なくなっている。これはあからさまな性差別はしにくくなってきている状況を反映したものであろう。

第三に、女性たちに「採用での年齢制限をやめる」ことが、「あなたにとって必要なものか」と質問したところ、約九〇％が「必要（とても必要＋やや必要を合計した）」と回答した。特に、現在無業で就業を希望している人の場合、採用で年齢制限をやめることが必要であるとする割合が最も高く、就業を希望する人にとって、年齢制限が求職への大きな不安、障害になっていることがわかる。また、約九〇％が感じている年齢差別があるという実感が、女性が労働市場に参入する意欲を失わせている可能性がある。再就職したい、転職したいと考えても、深く浸透している年齢差別の存在を強く認識させられることによって、最初から、あきらめている状況があると考えられる。

第四に、インタビュー調査から、求職者、転職者では年齢があらたな職を得る時に大きな要因として働いていることが示されている。多少とも年齢の制限を突破できるのは高度の知識や経験を持ったものだけである。企業は依然として新規採用を中心としており、中途採用は限定された場面でしか行なわれていなかった。したがって、中途で採用する場合は要求される知識、技術のレベルが高く、また新しい知識であることが多い。結果的に採用される年齢はそれほど高くなっていない。

企業へのインタビュー調査の結果から、最初から年齢構成が逆転となることがわかっている採用は避けようとすることがわかる。社内の内部昇進において、地位と年齢の逆転現象が起きるのは、いたしかたないと考えられているが、最初から逆転となる採用は避けていた。

企業が扱う品物や業種のイメージが採用する人の年齢のイメージとむすびついていた。ブライダルの会社では、「結婚」「ウエディングドレス」のイメージを大切にするため、ドレスを担当するスタッフは四〇歳未満が望ましいと考えられていた。年配のスタッフは和装を扱う担当となり、年齢相応の落ち着きが和装を取り扱う上でプラスになると考えられていた。また、音楽配信会社では、ターゲットとする顧客に年齢が近い方が顧客の志向や考えがわかるのでよいと考えられている。

第五に、年齢に関する意識に関して、いくつか興味深い結果が示された。男性・女性に対する年齢制限の考え方は異なっていた。男性に対しての年齢制限は、約九五％の人が二五歳、三五歳の男性への年齢制限を「おかしい」と考えているが、女性に対しての年齢制限については若年層ほど

「おかしい」と考えない。また、年齢制限を「おかしい」とするのは回答者本人がその年齢を上回っているほど高く、回答者本人がその年齢未満であるほど「おかしい」と考えていない。女性の年齢制限の方が、男性のそれより若い段階で許容され、年齢制限となっている年齢より若い人ほど年齢制限への許容が高いことが明らかになった。

また、本調査結果では、「女の魅力は若さにある」とした人は二五～三四歳で約二五％を占め、年齢が上がるとその割合は下がる。さらに、サービス職において「女性の魅力は若さにある」を肯定するものが約三割弱、「男性の魅力は若さにある」を肯定するものが約二割弱と他の職種に比べて多い。接客を行うサービス業は仕事を行う上で「若さ」が魅力の一つと認識する機会が多く、内面化されていくのかもしれない。男性・女性を対象として、職業との関係をより精緻化して検証することが必要であろう。

年齢と給与に関しては「中高年の給与が働きより高い」「若者の給与は働きよりも低い」と考えている女性が多い。上司と部下の関係が年齢の序列と一致しないと仕事がやりにくい、と考える女性も多かった。さらに「年齢による不公平は全ての人がいずれ経験することだからしかたない」と考える人は三割強である。

（4）年齢差別の解消への糸口

雇用における年齢差別は性差別よりも強く存在していた。性や年齢は個人の能力や努力と関係のない要素であって、これらによって雇用が左右されることは近代社会における平等の原則に反する。したがって、年齢差別も性差別も解消しなければならない現象ではあるが、ここで考えなければならないのは年齢差別が女性により不利に働いているのではないかという点である。この調査では男性を対象としていないので直接の証拠は示されていないが、人々が、女性の雇用に対して、年齢制限があってもよいと許容する年齢は、男性のそれより若い段階で始まっている。販売業や接客業で、女性は若い方が、価値があるとみなされている傾向、女性自身もそう思っている傾向もある。女性は年齢差別の存在によって良好な雇用機会から排除される傾向が男性より強い可能性がある。

ジェンダーへの関心が深まった結果、現在ではあからさまに性差別を行うことは困難になってきている。ところが、年齢差別は是正すべきだとの意識が性差別と比べて薄い。二〇〇七年に、改正法が施行されたが、法律的な制限もまだゆるやかである。二〇〇七年を境に女性の入職者の年齢構成が変わるというようなことはおきていない。年齢差別はまだ行なわれ、それが結果として性差別を存続させる働きをしているかもしれない。

年齢差別はさほど是正すべきものではないという意識は、年齢差別の被害を受ける女性たちのあいだにも認められる。職場において上位の者は下位の者より年齢が高くなければ仕事がやりにくいと考える女性は少なくないし、年齢差別はよくないと考えない女性も三割以上いるのである。また、人事で働いていた経験を持ち、求職者となって職を得るのに苦労した女性でも、年齢制限があることは「いたしかたない」と考えていた。年齢はそれだけ深く人々の意識の中に入り込んでいるといえよう。

年齢差別をなくすためには、もちろん企業の採用の制度や慣行を変えなければならないが、わたしたち自身の年齢に関する考えを変える必要がある。年齢が人間としての魅力と関連するものでないこと、能力や意欲と関連するものではないこと、上下関係を意味するものではないことなどを広く認識する必要がある。もちろん、企業に対して、求人、採用、昇進、教育・訓練において年齢を反映させないようにより強い法律で指導することも必要であろう。

第四章　女性のＮＰＯ活動と金銭的報酬

1　女性とＮＰＯ活動

本章の目的は、第一にＮＰＯ活動がどのように女性のキャリア形成に結びついていくのか、女性が「力をつけること」にいかに寄与しているかについて考えること、第二に、ＮＰＯ法人を立ち上げた女性の事例をもとに、どうやったら女性がＮＰＯ活動から金銭的報酬を得ることができるかを、組織のあり方と個人のキャリア形成のあり方から考察することである。

近年、日本において非営利セクターが拡大し、そこで活動する人たちが増えてきている。総務省の「事業所・起業統計調査」によると非営利セクターの従業員に占める女性の割合は二〇〇九年に約六割である。一九九八年には市民が行う非営利活動の健全な発展を促進し、公益が増進することを目的に特定非営利活動促進法が施行され、この法律により、特定非営利活動を行う団体に法人格が付与されることになった。ＮＰＯ法人の認証数は、二〇〇三年に一万件をこえ、二〇〇五年に二万件をこえ、二〇一五年五月末で五〇一六九件となっている（内閣府調べ）。

内閣府が非営利で活動しているＮＰＯ法人及び任意団体に実施した「市民活動等基本調査」（経済企画庁 2000）によると、事務局スタッフで女性が多い団体は半数をこえ、年齢は「五〇歳代」と「六〇歳代以上」がそれぞれで四割となっている。また、労働政策研究・研修機構が二〇〇五年に行ったＮＰＯ職員の実態調査では以下のことが明らかになった。①事務局長は男性比率が高く、有給職員や有償ボランティアは女性比率が高いこと、②平均年齢は一般の有給職員よりも事務局長やボランティアの方が高いこと、③一般の有給職員は壮年層と若年層が中心であるのに対し、事務局長やボランティアは高齢層と壮年層が中心であること、④事務局長や無償ボランティアは、大卒・大学院卒者の比率が高く、有給職員や有償ボランティアは、中卒・高卒者の比率が高いこと、⑤無償ボランティアや事務局長の世帯収入は、有給職員や有償ボランティアの世帯収入より平均的に多いこと、⑥女性の平均世帯収入は男性よりも多く、ＮＰＯからの収入が世帯収入にプラスの効果を与えていること、⑦有給の事務局長や有給職員、有償ボランティアは、「保健・医療・福祉分野」のＮＰＯに所属している割合が高く、無給の事務局長や無償ボランティアは、「その他の分野」のＮＰＯに所属している割合が高いこと、である（労働政策研究・研修機構 2006）。女性はＮＰＯのなかで、有給職員や有償ボランティアとして働き、中卒・高卒者が多いこと、NPOからの収入が女性の世帯収入にプラスの効果を与えていることが浮かび上がってくる。

岡本（2005）はNPO活動の担い手として女性が注目される理由を①性別役割分業によって女性はお金を稼ぐことから解放もしくは排除されているので非営利的な活動が男性よりも女性に親和的であること、②NPOは男性によって主導されてきた営利企業と、行政サービスによって十分供給されていないサービスの提供者として、新たに登場してきたので、男性による主導の程度がそれほどでもなく、周辺的であるがゆえに女性が活躍しやすい面があること、③現在のNPO活動の主流をなす福祉や教育が、女性に向いている活動であるとみなされているので女性に参加しやすい状況を作っていること、を指摘している。

また、非営利セクターにおいて女性が多く存在していることについて、山内はセクター間賃金格差、男女間賃金格差の影響を検討し、その結果、営利企業セクターにおいて女性労働者の雇用上の地位が低いことが背景にあること、主婦が非営利セクターで低い報酬、無償で働けるのは夫が家計を支えていることが多いからであると指摘している（山内 2001）。さらに、小野はNPOの賃金の特徴として、第一にNPOでは男性の賃金において民間企業との差が大きく、このため多くの男性がNPOへの参入をあきらめ、民間企業との賃金格差が小さい女性が中心になっていること、第二にNPOでは男女間の賃金格差が小さく、女性も男性も同様の職務をこなし、平等の労働条件の下で働ける環境にあることが示唆されており、このような職場の特徴から女性が優先的にNPOで働くことを選択していると考えられると指摘し、企業社会で報われにくい女性の生き方がＮＰＯに映し出されていると指摘している（小野 2005）。

非営利セクターで雇用者として働く可能性、またその問題点についての研究が進んでいる。非営利セクターにおける人材確保の問題点として、中田・宮本は非営利セクターでは男女の賃金格差が存在すること、また、職員の勤続年数が短く、組織的特殊スキルが評価されず、賃金も財政状況に規定され昇給がままならないという現状は、そこに働く個人に対する経済的インセンティブが欠如していることを意味し、このことは特に家計の中心となる男性労働者が非営利セクターで核となる労働力として参入することを難しくするという（中田・宮本 2004）。また岩田（2004）は、ＮＰＯ法人は雇用の受け皿となりえるかについて有給職員や有償ボランティアの状況を検証し、有給職員がいる割合が高いのは「ヒューマン・サービス型」[1]で事業規模が団体収入一〇〇〇万円以上のＮＰＯ法人の場合であり、また「有償ボランティア」の「労働性」もこのようなＮＰＯ法人の場合に高く、主婦や定年退職者が多く在籍しているという。そして事業形態が「ヒューマン・サービス型」で有給職員や正規職員が既に存在する団体についてはさらなる雇用の拡大が期待できると述べる。

ＮＰＯで働く職員への金銭的報酬はあまり高くない。労働政策研究・研修機構の調査によるとＮＰＯ法人の有給職員で月給制該当者の平均月給額は一五・八万円、事務局長の平均給与は一八・七万円、雇用形態別にみると、正規職員の平均月給は一六・九万円、非正規職員は七・八万円、性別にみると男性の平均月給が一七・四万円、女性が一四・九万円であった（労働政策研究・研修機構

2006）。また、一団体あたりの平均人数は、有給職員五人弱、ボランティア一二人弱（うち有償ボランティア三人弱）、合計で一七名弱である（労働政策研究・研修機構 2004）。NPO法人は組織のなかで、有給で働く者は少なく、その金銭的報酬も高くないことがわかる。

調査対象NPO法人の三割に有給役員がいることはわかったが、NPO法人を立ち上げ、役員となっている人々への金銭的報酬についてはあまり論じられていない。NPO法人は利益を追求せずに社会的課題の解決を目指すが、長期的・持続的に活動するためには、その中核となるメンバーは報酬を得て職業的な活動として業務を行うことが必要である。NPO法人を立ち上げた者がどの程度の金銭的報酬を得ているかを検討することは、活動の中核となる者がどの程度の金銭的報酬を得ることが可能かを明らかにすることである。NPO法人が組織としての立ち上げ時にどんな現状であるか、さらには今後どのような傾向を持つかの一つの目安になるものである。NPO法人の金銭的報酬が低い状況は現在も変わっていない。また、NPO法人で雇用者として働く者への金銭的報酬は、立ち上げた者への金銭的報酬に影響を受けると考えられるので、雇用者として働く者への金銭的報酬を考える上でも、その実態を検討することは重要である。

さらに現在、NPO法人で活動する女性は増え、女性がNPO法人を立ち上げる例も少なくない。NPO法人で活動することは女性にとって、社会的な活動と職業的なキャリアの連鎖のなかで、キャリア形成の一環となる可能性をおおいに持っている。一方で、女性が非営利セクターで働くことは、先にも述べたように営利セクターにおいて女性が不利であることを反映している状況があることも確かである。

本章では、非営利セクターで女性が増加している現状があることをふまえ、まず、NPO活動がどう女性のキャリア形成に結びついていくのか、女性が「力をつけること」にいかに寄与しているかを検討する。次にNPO法人を立ち上げた者がどのようにその団体で活動し、金銭的報酬をいかなる構造の中で得ているかを明らかにし、立ち上がったNPO法人において本人だけでなく他のメンバーも含めて金銭的報酬を得るための組織・事業のあり方、個人のキャリア形成のあり方を考察する。今後ますます広がりを見せるであろう非営利セクターで女性がなにを得ることができるのか、また、金銭的報酬を得るためにはなにが重要なのか、示唆できればと思う。

（1）女性のキャリア形成からみたNPO活動

なぜ個人のキャリア形成から論じる必要があるかを整理しよう。

一般に「キャリア」という言葉は「個人が一生のうちにたどる職業上の経歴」として用いられることが多いが、ホールは、「キャリア」は、①昇進、②専門職、③生涯を通じた職務の連続、④生涯を通じた役割に関する経験の連続、として用いられているという（Hall 2002）。また、文部科学省「女性の多様なキャリアを支援するための懇談会」の第二次報告書では、「職業」のみをキャリアの要素としてとらえることをやめ、多様なキャリアを生活のあらゆる領域、段階での経験とその連鎖や組み合わせを通して獲得される「力・ポテンシャル」としてとらえると述べている（女性の多様なキャリアを支援するための懇談会 2003)。

キャリアという言葉が職業上の経歴だけを意味していたのが、近年、職業だけでなく社会的活動を含めて個人の活動の連鎖を意味するものとして使われるようになってきている。女性の場合、結婚や出産で職業的キャリアを中断せざるを得ないことが多く、職業的なキャリア形成にだけ限定すると、女性のキャリア形成の全体をとらえられないことがあった。キャリアを生涯を通した個人の活動の連鎖ととらえることによって、より実際に即した女性のキャリア形成を明らかにできると考えられる。

NPO活動は女性にとって社会的な活動と職業的なキャリアの連鎖のなかで、キャリア形成の一環となる可能性がある。多くの女性は結婚前や出産前には正社員として働くが、結婚や育児によって就業を中断すると再就職することは難しく、職を得たとしてもパートとして働くことが多い。このような状況においてNPO活動の意義は大きい。

また、日本の中高年女性は熱心に生涯学習を行っているが、学んだ内容を生かす場所がなく、学ぶこと自体が目的になっている傾向がある(大槻 2005)。今まで学んだことを生かす場を得られなかった女性たちの、学んだことを生かせる場になる可能性がNPO活動にはあるかもしれない。

先に述べたように、NPO活動のなかに、金銭的報酬を伴う職業的要素の強い活動と、金銭的報酬を伴わないボランティア要素の強い活動が混在している状況が生じている。そうした状況下でNPO活動がどう女性のキャリア形成に結びつくのか、女性が「力をつけること」にいかに寄与しているかについて考えたい。また、社会的な活動をキャリア形成の一つとしてとらえることを前提に、NPO活動から金銭的報酬を得ている場合（職業的キャリアに結び付けている場合）と金銭的報酬を得ていない場合（社会的活動に結び付けている場合）とで、いかにしてNPO活動を通して女性が職業的キャリア形成できるかについても検討する。

NPO活動は個人の活動の連鎖のなかに位置づけられるものであり、活動それ自体のあり方は個人のそれまでのキャリアのあり方に影響されると考えられる。以上の問題関心から、NPO法人を立ち上げ、中心として動いているメンバーの個人の活動の連鎖であるキャリア形成のあり方が、NPO法人における金銭的報酬のあり方にどのように影響を与えているかについても検討する。

（2）用いるデータについて

本章で用いるデータは、独立行政法人国立女性教育会館が「生涯学習をいかした女性のキャリア形成に関する調査研究」として行ったインタビュー調査と「女性のNPO活動に関する調査」として行ったアンケート調査によって得たものである。

アンケート調査は、二〇〇七年一月～二月に実施し、NPO法人三〇〇団体、NPO法人で活動する個人三〇〇〇名を対象としている。有効回収数は法人票一二九、個人票七一七であった。回答者の年齢は平均五一・一歳、四〇歳未満は一七・四％、四〇歳以上は八一・六％であった。本章では中高年女性に焦点をあてて考えてみたいので、四〇歳以上の回答者に対象を絞って分析を行う。

四〇歳以上の有効回収数は五八五票である。

質問した項目は、①NPOの活動について——活動形態、活動頻度、活動内容、関与の度合い、活動日数、活動から得られる年収、活動満足度、②学習経験、③仕事の経験、④NPO活動から得たこと、などである。

インタビューは二〇〇四年一〇月から二〇〇五年一月にかけて実施し、面接対象者に約一時間半の半構造化インタビューを行った。調査対象はNPO法人の立ち上げに関わり、現在立ち上げたNPO法人で活動している女性二一名（三〇代二名、四〇代四名、五〇代一二名、六〇代二名、七〇代一名）である。

NPO設立から運営までのプロセスと個人のキャリア、当該NPO法人の金銭的報酬について検討するため、調査対象者は全員NPO法人の立ち上げに関わり、調査時点で活動を継続している人とした。調査対象者のうち一一名が代表である。

質問した項目は、①NPOの活動について（当該NPOの概要、活動内容、社会的役割、社会的評価、成果、地域との関係、今後の展開・課題、NPO内での本人の活動・地位、法人格取得の理由、メリット・デメリット、NPO法人でなければできないこと）、②NPOの運営について（活動の成果、運営スタッフについて、運営スタッフの待遇、運営の課題・問題点、運営において必要な支援）、③調査対象者の経歴とNPO参加の過程（本人の職業経歴、現在の活動に至った経緯、NPO活動への投入度、今後の活動・課題）、④NPO活動と職業生活との関連（活動に役立った資格・技能、NPO活動と職業生活と

図表 4-1　活動形態別にみた役職の状況（%）

	理事長・代表	理事	事務局長	その他役職	役職なし	合計（度数）
正規職員	24.8	23.3	4.5	21.1	26.3	(133)
非正規職員	2.1	18.9	3.5	18.9	56.6	(143)
有償ボランティア	10.4	35.4	3.1	12.5	38.5	(96)
無償事務局ボランティア	38.6	38.6	1.4	10.0	11.4	(70)
無償その他ボランティア	11.0	38.6	—	11.0	39.4	(127)
全体	15.7	29.1	2.6	15.7	36.9	(585)

出典：筆者作成

の比較）、などである。

2　女性が「力をつけること」とNPO活動

「女性のNPO活動に関する調査」の結果から、NPO法人で活動する四〇歳以上の女性の活動状況、NPO活動と「力をつけること」の関係について検討する。

(1) どんな形で活動しているのか

NPO法人のなかでどのように活動しているかをみると、「正規職員」として活動している者が二二・七%、「非正規職員」二四・四%、「有償ボランティア」一六・四%、「無償事務局ボランティア」一二・〇%、「無償その他ボランティア」二一・七%である。役職をみると「理事長、代表」であるものが一五・七%、「理事」が二九・一%、「事務局長」が二・六%、「その他の役職」が一五・七%、「役職なし」が四六・九%である。さらに、活動形態と役職の状況をみると、「正規職員」では「役職なし」が二六・三%、

表4-2 NPOで行っている活動（n=585）

	すべて％（複数回答）	主なもの％
1．組織全体の事業計画・運営・管理	39.7	19.3
2．個々のプロジェクトの企画・運営	33.3	7.0
3．資金調達	15.6	—
4．会計・経理	15.9	5.5
5．人事（職員の採用、管理）	15.4	—
6．ボランティアコーディネート	13.0	1.7
7．行政や企業との連携	21.4	0.7
8．広報（機関誌等）	24.4	2.7
9．一般事務	21.2	2.6
10．専門的な仕事（福祉、教育等）	32.6	20.3
11．1～10の業務の補助的な仕事	19.8	4.8
12．現場での活動	53.2	17.4
その他	10.8	1.7
無回答	5.6	16.2

出典：筆者作成

「理事長・代表」が二四・八％「理事」が二三・三％、「その他役職」が二一・一％、「非正規職員」では「役職なし」五六・六％、「その他役職」が一八・九％という状況である（図表4－1）。

また、調査対象の女性たちの活動程度は一日平均五・七時間、週に平均三・七日、一日以上活動している人は七〇・六％、一日未満の人は二二・九％（無回答六・五％）である。回答者は比較的活動している人たちといえよう。

(2) どんな活動をしているのか

主な活動をみてみると「専門的な仕事」二〇・三％、「現場での活動」一七・四％、「組織全体の事業計画・運営・管理」一九・三％である（図表4－2）。行っていることを「すべて」回答してもらったものをみると、「現場での活

図表 4-3　NPO 内での関与の度合い（度数 =585）（%）

	かなり関与している	やや関与している	あまり関与していない	関与していない	無回答
a. 組織運営やミッションの方針決定	33.5	25.0	12.5	22.4	6.7
b. 所属 NPO の運営にとって重要な人との連携	34.0	24.6	16.1	17.8	7.5
c. 組織の全般的な業務	31.3	32.6	16.1	14.2	5.8
d. 個々のプロジェクトや活動	36.6	35.9	11.1	11.3	5.1

出典：筆者作成

動」五三・二%、「組織全体の事業計画・運営・管理」三九・七%、「個々のプロジェクトの企画・運営」三三・三%であり、以下「専門的な仕事」三二・六%、「広報（機関紙等）」二四・四%から「ボランティアコーディネート」一三・〇%である。NPO活動の基盤である「現場での活動」を軸としながら、「企画」「運営」「事務」「会計」「人事」「広報」など多岐にわたる活動が行われ、女性たちが従事していることがわかる。

関与の度合いをみたのが図表4-3である。「個々のプロジェクトや活動」は七割を超える一方で、「組織の全般的な業務」では六割を超え、「組織運営やミッションの方針決定」「所属NPOの運営にとって重要な人との連携」に関与している人が六割弱である。つまり、六割近くの女性は「個々のプロジェクトや活動」に関わるだけでなく、「方針の決定」「他との連携」「組織全般の業務」に携わっていることがわかる。

（3）学習経験、仕事の経験はNPO活動に役立っているのか

学習経験については（複数回答）、回答者の六〇・〇％が「女性センター・公民館の講座」を受講し、五一・六％がカルチャーセンター等の民間講座や教室に通った経験がある。また、「本やテレビ等を利用して一人で学ぶ」という人も四一・七％である。「大学等に社会人入学、公開講座利用」は一九・五％、「通信教育、放送大学利用」は一八・一％、「専修学校、各種学校通学」一五・九％と、熱心に学習を深めていることがわかる。NPOで活動する女性たちの多くが、過去に生涯学習で学んだ経験を持っていた。

「今までの学習経験」と「収入を伴う仕事の経験」が現在のNPO活動に役立っているかについてみると、「今までの学習経験」は「とても役に立った」は三八・五％、「ある程度役立っている」は四五・六％と、八四・一％の人が「今までの学習経験」が現在のNPO活動に役立っていると回答している。また、「収入を伴う仕事の経験」がNPO活動に役立っているかをきいたところ、「とても役立っている」四〇・三％、「ある程度役立っている」四〇・一％で、「収入を伴う仕事の経験」がNPO活動に役立っていた。

（4）NPO活動は「力をつけること」に寄与しているか

NPO活動は女性が「力をつけること」に寄与しているかをみてみよう。

図表 4-4　NPO 活動で得たこと（度数 =585）（%）

	あてはまる	ややあてはまる	どちらともいえない	あまりあてはまらない	あてはまらない	無回答
a．考える力の向上	38.3	36.1	15.0	3.2	3.4	3.9
b．知識や技能を得た	37.1	39.8	12.8	4.1	2.6	3.6
c．地域・社会貢献	36.2	42.2	14.7	2.4	1.4	3.1
d．コミュニケーション能力	27.0	40.9	20.9	5.0	2.9	3.4
e．自信がついた	22.2	30.1	31.6	7.7	5.0	3.4
f．生活に必要な収入	7.2	17.3	12.5	16.8	42.1	4.3
g．社会との関わり	30.8	39.0	15.4	6.2	5.1	3.6
h．仲間ができた	46.7	37.6	8.5	2.6	1.5	3.1
i．異業種交流	35.9	36.9	14.7	6.5	3.1	2.9
j．地域で他人と交流	35.6	34.2	15.7	8.2	3.9	2.4

出典：筆者作成

①ＮＰＯ活動から何を得ているのか

図表４－４はＮＰＯ活動を行っている女性たちに、ＮＰＯ活動で得たことを聞いた結果である。「あてはまる」がもっとも高いのは「仲間ができた」四六・七%、次に「考える力が向上した」三八・三%、「知識や技能を得た」三七・一%である。一方で、「生活に必要な収入を得た」に「あてはまる」と答えた人は八%に満たない。「ややあてはまる」は一七・三%、「あてはまる」と「ややあてはまる」を加えても二四・五%である。

ＮＰＯ活動から得たこととして「収入」はあまり当てはまらないが、「仲間」で約九割が、「社会との関わり」で約七割が、「知識や技術」「考える力」は約八割が、「自信をつけること」は約五割の人たちが

NPO活動から得たこととしてあげている（「あてはまる」＋「ややあてはまる」）。先に「どんな活動をしているか」でみたように、女性たちは「現場での活動」「企画」「運営」「事務」「会計」「人事」「広報」などの活動を行い、「方針の決定」「他との連携」「組織全般の業務」に携わるなかで、「仲間」を作り、「社会との関わり」をもち、「知識や技術」「考える力」を伸ばしている姿が浮かびあがってくる。NPO活動は女性のキャリア形成の場になっているといえよう。

②NPO活動と「自信をつけること」

女性の「力をつける」視点に立ち、「自信がついた」に焦点をあてて検討する（図表4－5）。女性の「力をつける」を考えるとき「自信がついた」ということは非常に重要な点だと考えられるからである。また、他の項目と比べて「どちらともいえない」が最も多い項目となっているからである。

③役職、活動形態、活動日数、設立関与と「自信がついた」

「自信がついた」ことが「あてはまる」と回答している者を役職別にみると、「事務局長」で七八・六％、「理事長・代表」では「あてはまる」が六五・九％、「その他役職」では「あてはまる」が六〇・七％である。「事務局長」「理事長・代表」として活動していることは「自信をつける」ことにつながっている。

図表 4-5 「自信がついた」当てはまるの割合（%）

	（度数）	自信がついた当てはまる %
役職別		
理事長・代表	(91)	65.9
理事	(168)	48.2
事務局長	(14)	78.6
その他役職	(89)	60.7
役職なし	(203)	49.3
合計	(565)	54.2
活動形態別		
正規職員	(130)	60.8
非正規職員	(138)	60.9
有償ボランティア	(93)	51.6
ボランティア	(190)	46.3
合計	(551)	54.3
活動年間日数別		
52 日まで	(154)	46.8
53 日から 200 日未満	(147)	55.8
200 日以上	(229)	59.4
合計	(530)	54.7
NPO 設立への関与別		
中心的に関わった	(182)	64.8
中心的ではないが関わった	(150)	48.7
設立に関わっていない	(229)	48.9
合計	(561)	54.0

	（度数）	自信がついた当てはまる %
a. 組織運営・方針決定		
かなり関与している	(193)	65.3
やや関与している	(145)	49.0
あまり関与していない	(73)	58.9
関与していない	(126)	39.7
合計	(537)	54.0
b. 重要な人との連携		
かなり関与している	(196)	63.8
やや関与している	(142)	54.9
あまり関与していない	(94)	51.1
関与していない	(99)	36.4
合計	(531)	54.0
c. 組織の全般的な業務		
かなり関与している	(180)	65.6
やや関与している	(186)	58.6
あまり関与していない	(94)	43.6
関与していない	(79)	29.1
合計	(539)	54.0
d. 個々プロジェクト		
かなり関与している	(209)	65.6
やや関与している	(207)	50.7
あまり関与していない	(65)	49.2
関与していない	(62)	32.3
合計	(543)	54.1

	（度数）	自信がついた当てはまる %
学習経験は役に立っているか別 (*1)		
とても役立っている	(194)	68.0
ある程度役立っている	(225)	52.4
あまり役立っていない	(53)	32.1
まったく役立っていない	(11)	27.3
合計	(483)	55.9
収入を伴う仕事の経験が役立っているか別 (*1)		
とても役に立っている	(176)	65.3
ある程度役立っている	(175)	45.1
あまり役に立っていない	(58)	43.1
まったく役に立っていない	(25)	44.0
合計	(434)	53.0
NPO で得られる年収別		
50 万円未満	(278)	51.1
200 万円未満	(154)	56.5
200 万円以上	(46)	73.9
合計	(478)	55.0
現在の NPO 活動の満足度別		
満足している	(124)	73.4
まあ満足している	(318)	54.7
やや不満である	(96)	37.5
不満である	(16)	18.8
合計	(554)	54.9

注：(*1) 経験者のみ

出典：筆者作成

「活動形態」別に「自信がついた」割合をみると、「正規職員」「非正規職員」で約六割が自信がついたと回答しているが、「有償ボランティア」では五一・六%、「ボランティア」では四六・三%と、自信がついたという割合が五割程度である。

「活動年間日数」をみると活動日数が「二〇〇日以上」であると自信がついたにあてはまるが六割近くになっているが、「五二日まで」では四六・八%であり、活動日数が多い方が自信がついたと思っている。「NPO設立の関与」をみると設立に「中心的に関わった」人の方が「自信がついた」と回答している。

④「NPO内での関与」と「自信がついた」

「NPO内での関与」と「自信がついた」割合をみると、「組織運営・方針決定」「重要な人との連携」「組織の全般的な業務」「個々プロジェクト」のどの項目も「かなり関与している」人の方が「自信がついた」ことにあてはまると回答している。「組織運営・方針決定」では「かなり関与している」場合は六五・三%が自信がついたと思っているが、「関与していない」では三九・七%である。「重要な人との連携」でも、「かなり関与している」場合は六三・八%が自信がついたと思っているが、「関与していない」では三六・四%である。「組織の全般的な業務」「個々プロジェクト」でも同様の傾向がみられる。

⑤「学習経験」「仕事の経験」「NPO活動で得られる年収」「活動満足度」と「自信がついた」「学習経験」が「NPO活動に役立っている」か、そして「自信がついた」があてはまるかをみると、学習経験が「とても役立っている」と考えている者で自信がついたにあてはまるのは六八・〇%、「ある程度役立っている」五二・四%、「あまり役立っていない」三一・一%、「まったく役立っていない」二七・三%と、学習経験が役に立っていると思っている方が自信がついたと考えていることがわかる。この傾向は、「収入を伴う仕事の経験」が役立っているかにおいても同様の傾向があり、「収入を伴う仕事の経験」が「とても役立っている」と思っている人の方が、自身がついたと考えていた。さらに「NPO活動で得られる年収」が高いほど、「現在のNPO活動の満足度」が高いほど、「自信がついた」と回答している。

⑥NPO活動で「自信がついた」女性はどんな人か

NPO活動で「自信がついた」と思っている女性はどんな人であるかを検討するため、年齢、学歴、就業状況、収入を伴う経験の有無、NPOから得られる収入、活動形態、NPO設立への関与の度合い、NPO活動への関与の度合い、NPOの組織の全般的な業務への関わり、学習が役に立っているか、NPO活動への満足度を説明変数としてロジステック回帰分析を行った。その結果、「自信がついた」と考えているのは年齢が低い、ボランティアに比べて非正規職員、NPOの設立に中心的に関わっている、組織の全般的な業務に関与している、学習が役立っていると考えている、現在のＮＰＯ活動に満足している方であったことがわかる。

（5）ＮＰＯ活動は女性のキャリア形成に資するもの

アンケート調査「女性のＮＰＯ活動に関する調査」の結果から次のことが明らかになった。第一に、ＮＰＯ活動から女性たちは多くのことを得ていた。女性たちは「専門的な仕事」「組織全体の事業計画・運営・管理」「現場での活動」を中心とした活動を行い、「組織運営やミッションの方針決定」「個々のプロジェクトや活動」にかなり関与している。これらを経験するなかで、「仲間」「社会との関わり」「知識や技術」「考える力」「自信をつけること」を得ている。つまり、ＮＰＯ活動は女性たちのキャリア形成の場になっており、また、「力をつけること」にも寄与している。

第二に、収入を伴う仕事の経験はＮＰＯ活動に役立っていると女性たちは考えていた。職業的キャリア形成と社会的活動のふたつをあわせて人生を通したキャリア形成がなされると考えられるが、職業上の経験と社会的活動の経験の連鎖を確認できた。

第三に、「力をつける」の観点から、どのような女性にとってＮＰＯ活動が「自信をつけた」につながっているのか焦点をしぼって分析した。その結果、年齢が若い方、ＮＰＯ活動への関わりが深い方（ボランティアに比べて非正規職員、ＮＰＯの設立に中心的に関わる、組織の全般的な業務に関与している）、学習が役になっていると考えている方、現在のＮＰＯ活動に満足している方が「自信がついた」と考えていることがわかった。ＮＰＯ活動へ深く関わることを経ることが、「力をつける」につながっている。

第四に、ＮＰＯで活動する女性たちの多くが生涯学習を学んだ経験を持っていること、多くの女性たちが生涯学習で学んだ経験は現在のＮＰＯ活動に役立っていると思っていることがわかる。日本の中高年女性は生涯学習に熱心なものの、それをなかなか活用できないと指摘されてきたが、ＮＰＯ活動が、生涯学習で学んだことをいかす場となっている。

中高年女性のＮＰＯ活動は女性の生涯学習の経験、仕事の経験をいかしつつ、ＮＰＯ活動それ自体が女性のキャリア形成の場となり、ＮＰＯ活動が「力をつけること」に寄与している。社会的な活動と職業的なキャリアの連鎖のなかでキャリアが形成され、キャリア形成それ自体が女性の「力をつけること」に寄与する点も示唆されたといえよう。また、中高年女性たちにとって学習したことを「いかす場」になっている。一方で、ＮＰＯ活動から十分な金銭的報酬を得るのは難しい状況もある。日本におけるＮＰＯ活動が、その中核となるメンバーに十分な金銭的報酬を支払い、メンバーが職業的な活動として行うことが可能となったとき、ＮＰＯ活動は女性のキャリア形成および「力をつけること」にとって、より大きな広がりをもつともいえよう。

3　女性のＮＰＯ活動と金銭的報酬

（1）ＮＰＯ活動のあり方と個人のキャリア

女性のＮＰＯ活動と金銭的報酬について考えてみたい。

ＮＰＯ法人といってもそのあり方は多様であるが、図表4－6は調査対象者が属しているＮＰＯ法人の人員の概要と金銭的報酬、団体の設立年、認証年、調査対象者がＮＰＯ法人から得ている年収、ＮＰＯに関わる活動から得ている年収、現在の職業、前職、社会的活動歴をまとめたものである。

団体の設立及び認証年は、事例の多くの団体がＮＰＯ法人認証前から任意団体を設立して活動しており、より活動を広げるためにＮＰＯ法人になったケースが多い。ＮＰＯ法施行後すぐの一九九九年認証が四団体、二〇〇〇年認証が六団体と、全体の約半数を占める。また、インタビュー時、申請中だった団体が二〇〇五年に認証され、二一団体のうち最近認証された団体となっている。

ＮＰＯ法人での活動前の職業をみると、自らの起業による自営業、家族が自営業である者が八人と多い。家族の自営業に関与している人は、会社の経理など事務一般を担当しているケースが多い。自営業に関わっている人は、そこから給料を得て、それをＮＰＯ活動に投入した事例も多くみられる。自営以外でも、専門、技術、管理と比較的社会的地位の高い職業に従事している人が多く、一

概要と個人の略歴・年収一覧

個人番号	年齢	NPO内での立場	NPOからの年収(万円)	NPOに関わる年収(万円)	その他年収(万円)	現在の職業(NPO活動を除く)	NPO活動直前の職業	NPO活動前の社会活動
21	50代	代表	0	300	0	研究所主宰(介護関係)	—	—
2	40代	代表	70	170	0	県の委員等	—	育児グループ、様々な活動
3	50代	理事・事務局長	240	0	0	—	—	育児グループ、ボランティア団体副代表(継続中)
4	40代	常務理事	240	60	—	通信添削	通信添削	—
5	60代	代表	0	0	100	自営(印刷業)	印刷所版下等作成	—
6	50代	事務局長 有給フルタイム	380	0	0	—	電気メーカー組み立て	労働組合副委員長
7	50代	元代表、理事 無給スタッフ	0	0	0	—	—	育児グループ、自主幼稚園
8	40代	代表	0	80	120	父の会社(自営)の事務	自営(英語塾)	日本語講師ボランティア
9	50代	副代表理事	0	0	0	—	窓口相談員	様々なボランティア活動、PTA会長、NPO相談員等(継続中)
10	50代	代表	0	0	—	自営(不動産業)	自営(不動産業)	—
11	60代	代表	240	70	120	夫の会社(自営)の事務	夫の会社(自営)の事務	婦人会会長、地域の様々な活動
12	40代	代表	0	0	480	役員(IT関連)	自営(印刷業)	環境問題団体活動
13	50代	代表	80	0	0	—	パート→市議会議員	生協理事身障者支援ボランティア
14	50代	代表	0	0	1000	自営(美容業、飲食、不動産)	自営(美容業)	地域の様々な会合の役員(ロータリークラブ等*)
15	50代	専務理事	0	0	0	—	—	子どものスポーツ活動のNPO(継続中)
16	30代	事務局長	180	50(大学非常勤講師＋医療事務)		医療事務	団体職員	—
17	30代	元副理事長 専従スタッフ	0	0	272	幼稚園教諭	幼稚園教諭	—
18	50代	代表	0	200	200	自営(政策コンサルタント、書店)	自営(政策コンサルタント)	地域の様々な活動(PTA、地域の役員)
19	50代	代表	0	100	600–700	夫の会社(自営)の事務	役員(建築事務所)	公立高校入試男女差別反対の運動
20	50代	事務局長	450	0	0	—	自営(編集者)	NPO研究会(NPO調査活動等)
1	70代	元代表、スタッフ(ヘルパー)	0	0	0	—	生協理事	生協理事、障害児支援

4：個人番号網掛けは団体創立者
出典：筆者作成

表 4-6　NPO 法人の人員の

団体の活動内容		団体の人員の概要				団体年間収入（万円）
		役員	有給フルタイム	有給パートタイム	無給スタッフ	
第三者評価事業	人数	—	0	0	6	—
	報酬額	—	—	—	—	
子育て支援	人数	—	0	21	0	500 未満
	報酬額	—	—	月 1-4 万円	—	
NPO 支援	人数	14	5	0	1	4000
	報酬額	—	月額 20 万円	—	—	
男女共同参画	人数	9	1	20	0	1000 〜 3000
	報酬額	(*1)	月額 18 万円	時給 800 円	—	
ひとり親支援	人数	6	0	1	0	1200
	報酬額	0	—	時給 1000 円	—	
DV 被害支援（シェルター）	人数	9	5	2	0	4800
	報酬額	—	月額 15-28 万円	時給 800 円	—	
子育て支援	人数	8	1	13	3	920
	報酬額	代表のみ月 1 万円	月額 21 万円	時給 330-810 円	—	
学習障害児支援	人数	3	0	4	5	2400
	報酬額	0	—	時給 850・1000 円	—	
学習支援ボランティア	人数	4	0	0	0	150
	報酬額	0	—	—	—	
まちづくり・環境保全	人数	11	0	0	0	30
	報酬額	0	—	—	—	
介護サービス	人数	6	3	90	0	6200
	報酬額	平均月額 15 万円	時給 630・1100 円	時給 900・1100 円	—	
まちづくり	人数	—	0	1	6	250
	報酬額	—	—	時給 800 円	—	
配食サービス (*2)	人数	4	8	13	0	2940
	報酬額	理事長のみ月額 6 万円	時給 630 円	時給 630 円	—	
女性の経済自立支援	人数	9	1	0	0	1100
	報酬額	0	月額 20 万円	—	—	
男女共同参画	人数	10	—	11	13	300
	報酬額	0	—	時給 1000 円	—	
外国人支援	人数	11	1	3	5	600
	報酬額	—	月額 15 万円	時給 800-900 円	(学生インターン)	
演劇・劇場	人数	4	—	—	8	100
	報酬額	0	—	—	—	
女性の政治参画	人数	6	—	1	0	350
	報酬額	0	—	時給 500 円	—	
NPO 支援	人数	2	2	5	0	4100
	報酬額	0	時給 850-1100 円	時給 1000 円	—	
NPO 支援	人数	11	15	6	0	9700
	報酬額	代表と事務局長 40 万円	月額 20 万円	時給 750 円	—	
地域福祉サービス	人数	10	2	103	0	3000 〜 5000
	報酬額	0	月額 13 万円	時給 800-1200 円	—	

注 1：(*1) 法人としては明らかにしていないが、対象者はここに含まれる
　2：(*2) 役員のうち代表を除く 3 名は有給フルタイムとしても記載されている
　3：調査対象者個人の収入から団体の人員の概要に記載できるものもあるが、法人から資料が出ていない場合はすべて「－」とした

度職業的キャリアが途絶えた後に、新しい職業的キャリアを展開させている場合が多い。また、現在の活動前の社会活動では、一四人の人が何らかの社会活動を経験しており、現在の活動の直接のきっかけとなっているものが多い。ここに職業的キャリアとしての経験の連鎖をみることができる。

ＮＰＯ法人から直接収入を得ているのは、二一人中八名である。ＮＰＯ活動に関わる活動から年収を得ている人を加えると、二一名中一三名である。一方で、ＮＰＯ活動とＮＰＯ関連活動から全く金銭的な収入を得ていない人も六名いる。ＮＰＯ法人から金銭的報酬を受けている場合でも、その額は決して多くない。

金銭的報酬を受け取っているＮＰＯ法人の人員の概要は「役員」「有給フルタイム」「有給パートタイム」「無給スタッフ」[2]に分類した。規定によって役員の三分の一は金銭的報酬を得ることができ、実質活動をしているものに対しての金銭的報酬の規定はない。つまり、実質的な活動を行っている役員は金銭的報酬を得ることができる。しかし、今回の調査対象者で理事長、理事、監査役ではない五名（個人番号（1、6、16、17））を除く一七名中、役員が金銭的報酬を得ているのは五名である。ＮＰＯ法人を立ち上げ、役員として実質活動しているがその金銭的報酬を得ていない場合が多いことがわかる。金銭的報酬を得ていた他の調査対象者は、いずれも「事務局長」として「有給フルタイム」として金銭的報酬を得ている。

「有給フルタイム」のいるＮＰＯ法人は二一法人中一一法人である。事業規模の大きい法人が雇い入れている。今回の事例をみても、事業規模の大きいＮＰＯ法人が「有給フルタイム」を雇用し、比較的事業規模の小さい法人が「有給フルタイム」の雇い入れはなく、そのかわり「有給パートタイム」を雇っていることがわかる。

では、どのような要件がNPO活動者の金銭的報酬に結びつくのか、組織・事業のあり方、個人のキャリアのあり方を①金銭的報酬に結びついている三つの事例、②金銭的報酬に結びついていない二つの事例から考えてみたい。これら五つの事例を取り上げるのは、金銭的報酬に結びついている場合・いない場合のそれぞれにおける要因を抽出できる事例だからである。

(2) 金銭的報酬に結びついている場合

①配食サービスNPO法人A　代表aさんの場合

◇組織の概要

一九九九年、生協活動を行っていたメンバー六名（主婦）が中心になって配食サービスの団体を立ち上げ、二〇〇〇年にNPO法人化した。市内および近郊の高齢者・障害者等の世帯に生活支援としては配食サービスに関する事業を行い、地域福祉の向上に寄与することを目的として設立した。スタッフは全部で二二名、二一名の女性と一名の男性のNPO法人である。全員が有給のスタッフとして金銭的報酬を得ており、「有給フルタイム」八名、「有給パートタイム」一四名である。現在、代表のaさんは元市議会議員であり、aさんの選挙運動の際に食事のまかないを担当したメンバーたちが何か地域にできることをと思案したとき、選挙運動のまかないで大量の食事を作る経験があったので、これならできると考えたのが始まりである。

日曜日を除いた平日（月～土）と祝日の昼食と夕食を調理し、弁当箱に詰めて会員宅に届けるサービスを行っている。一日一九〇食程度配食している。一食あたり五五〇円から七〇〇円である。当初は七五食からはじめたが、年度を追うごとに、利用者数は増加した。基本的には、配食数が多くなればなるほど、「黒字」が増える構造となっており、スタッフの時給も当初二〇〇円だったものが、現在は六三〇円になっている。また、現在さらに調理場を増築して、市からの委託を受ける体制を整えようという準備をしており、市の委託を受けると事業収入で一〇〇〇万から一二〇〇万円の増収が見込まれ、事業体として安定していくと考えられる。

◇NPO法人の金銭的報酬と運営の課題

A法人におけるメンバーへの金銭的報酬は、時給二〇〇円からはじまり、現在六三〇円になっている（設立者も同じ時給）。NPO法人を立ち上げた際の時給二〇〇円は、基本的には借金はしないというメンバーの意思があったので、様々な経費を引いたあとに残ったお金を人件費にあてるという考えのもと、設定された額であった。活動を開始した当初、得られる金銭的報酬が少なくても、将来は金銭的報酬があがるとメンバーは信じて活動を行った。過渡期だから時給が少ない、がんばれば時給はあがるという気持ちが活動を支えていた。また、経済的な必要性に迫られて活動を始めた人がごく少数であったこともある。さらに、社会的意義のある活動に、メンバーはやりがいを感じていた。時給が少なくても、地域に役立つ活動を行っているという自負や利用者から感謝されることへの喜びがそれを補っていた。現在は時給六三〇円となり、地域のパートタイマーの時給とあまり変わらなくなってきているので、地域のパートとして働くより時間的な融通があり、社会的に重要な活動を自分たちの手で行っていると実感できるこのＮＰＯ法人の活動にメンバーは大きな魅力を感じている。

Ａ法人の場合は、配食数の増加とともに事業が安定し、メンバーの時給は上がったのであるが、ａさんからみた当該ＮＰＯ法人の運営上の課題は、事業の拡大と資金の調達である。ａさん以外の会員のほとんどが、借金をして事業を拡大することに反対のため、メンバーが出資できる範囲でしか事業が展開できなかった。法人を立ち上げた当初、ａさんは市の配食サービスの委託をうけることを考えていたが、市の要求する水準が厳しく、それをクリアする資金的余裕がなかったので委託を受けられなかった経緯がある。今回、調理場を増設して市の委託を受ける準備をしているが、メンバーが一人一〇万円を出し合い、それでも足りない分は中核メンバーが出資することにしている。このような時は外部からお金を借りてもいいのではとａさんは考えるが、他のメンバーからは賛同を得られない状況である。

◇事業拡大におけるａさんの働き

このような状況のなか、事業を拡大しスタッフへの時給アップを果たす上でａさんの役割は大きかった。ａさん以外の他のメンバーは外で働いた経験のない人が多かったが、ａさんは子どもがある程度の年齢になった時から、国勢調査の調査員やスーパーの販売などパートやアルバイトを行ない、なんとか仕事をみつけようとしてきた経験があった。また、生協活動にも従事し、理事として一〇年近く活動した。これらの経験をもとに、「収益をあげること」の重要性、NPO活動に関わっている者みんなが金銭的報酬を得る重要性を認識し、収益あげの仕掛けづくりに工夫をこらした。たとえば、ごはんのみ、おかずのみ、刻み食など、利用者の希望に合わせてきめ細かい注文ができるようにしたり、町内会の回覧に広告を挟んで回覧してもらったりした。町内会回覧板の効果は大変高く、配食数がぐっと伸びたという。

さらに、市議会議員を一年務めた経験があったので、この経験により行政との対応のあり方を学び、行政のなかにネットワークを得ることとなる。aさんのこれらの経験が、NPO法人が市の委託事業としてさらに事業拡大するうえで、大きな原動力となっていたと考えられる。aさんはパートやアルバイトをしていた時に改善の提案をしたことがたびたびあったが、自分が管理の側にいないのでどうしようもないことがあったという。現在のNPO活動では自分たちで話し合って決められるので自己実現、能力の発揮、連帯感などがあると感じている。

②外国人支援NPO法人B　事務局長bさんの場合

◇組織の概要

日本で生活する外国人への多言語による生活相談事業（ごみ問題解決キットの開発）、外国人を対象にした医療保険事業（医療通訳事業）、外国人の子供への支援事業（外国籍児童のためのガイダンス）、セミナー・ワークショップ（医療通訳・受診サポーター研究会の開催、講師派遣）を行っている。二〇〇〇年にNPO法人の認証を受ける。事業の予算規模は六〇〇〇万円弱で、現在、主な活動となっているのは医療通訳である。医療通訳の報酬は時給八〇〇円（一日八時間、週二～三日）であり、財源は市の委託事業として行っている。役員は一一名いるが全員が無給である。調査対象者のbさんは「事務局長」として「有給フルタイム」として働いている。「有給パート」三名（女性三名）が週二～三日、一日八時間程度働き、無給の学生インターンが五名（女性四名、男性一名）おり、週一回程度、一日三～四時間活動している。bさんは活動メンバーに女性が多い理由を「金銭的報酬が一般社会・会社員と比べて低いため、男性が関わりにくい、いくつもの仕事を掛け持ちするということに対して、女性の方が抵抗が少ない」と指摘する。

◇NPO法人の金銭的報酬と運営の課題

現在、医療通訳には委託事業として二〇〇五年度から三年間、市の予算がついたが、ここに至るには五年間の市への働きかけがあり、その結果として実ったことである。bさんは事務局長として、市への働きかけを行った。NPO法人が行政から委託事業を受けることは多いが、行政にかけあって今までなかった（他の自治体にも前例があまりない）事業を委託事業にできたことは、事業を展開する上でも、メンバーに金銭的報酬を支払う上でも非常に大きいことであった。

医療通訳がボランティアに支えられているという背景もある。b法人の地域において、医療通訳に携わっている人は、中国帰国者の二世や三世、留学経験のある主婦が多く、金銭的な報酬は交通費程度でボランティアとして行っている場合がほとんどである。そのような状況のなかで、B法人が医療通訳の報酬を時給八〇〇円であったとしても支払う状況にしたことは地域の医療通訳全体の状況を改善するための一歩であった。一方で、医療通訳を交通費程度の報酬で行うこと、NPO法人に属してもあまり高くない報酬で行うのは、医療通訳が必要であるとの強い気持ち、行う活動への強い使命感があるからだという。活動への強い気持ちが、低い金銭的報酬でも活動に従事することを支えている。

bさんからみてNPO法人Bの今後の課題は、現場に携わりたい人はいるが現場をマネジメントする人が不足していることであり、その理由として、意識的に組織内で人を育ててこなかったこと、人材育成に対する助成や委託金がないことをあげている。人件費は助成金からまかなえるが、人を育てるためのプロセスに対しての助成がないのでB法人のように財政規模の小さいNPO法人であるとなかなか人を育てるのにお金をかけられず、育成が難しいという。人材育成は実際には大変な労力を要するが、お金に換算されにくい部分であり、その助成を行政が理解してくれないという。

◇「転職」でNPO法人にはいったbさんの経歴

bさんは、NPO法人を立ち上げようとしている人（後の代表）に誘われ、この外国人支援NPO法人の立ち上げに関わり、転職してNPO法人の事務局長として働くこととなる。前職は外国人支援の外部団体である。NPO法人の有給スタッフとして専従することに決まったが、仕事を移るにあたって、給与が下がったので、その分は週二日医療事務を行うことで補った。bさん自身にとって、前職の外郭団体の構造的な問題に不満を持っていたので、やりたいことができそうなNPO法人に移ったことは、給与が下がっても（他で補うことができたこともあるが）よかったと考えている。

一方で、前例のなかった医療通訳事業を行政の委託事業にするまでに五年かかっているが、これはbさんが与えられた枠のなかだけで考えるのではなく、与えられた枠からでて考えることを基に、前例がなくても「必要なことは行う」という強い信念によって実現にこぎつけたところが大きい。bさんの与えられた枠からでて考えることは、bさんが高校時代に地域で海外に行く人は全くいなかった状況のなか二ヵ月の海外ホームスティをしたこと、大学時代にバックパッカーとして東南アジアを休みになると歩いたこと、大学生時代にタイにインターン研修に行ったことなどの経験から培われたものと考えられる。

③介護NPO法人C　代表cさんの場合

◇組織の概要

在宅介護支援を中心に、家事援助支援、配食、子育て、ミニ・デイケアを行う介護サービスのNPO法人である。年間収入は約六二〇〇万円である。現在、「有給フルタイム」三名（女性三名）、「有給パートタイム」女性八〇名、男性一〇名である。「有給フルタイム」の時給は事務で六三〇円、介護サービスで一一〇〇円である。「有給パートタイム」は配膳で九〇〇円、介護サービスで一一〇〇円である。ヘルパーに対する報酬は、現金とタイムストックの選択制となっている。

一九九二年に有志四人で立ち上げるが、立ち上げメンバーが一年も経たないうちに分裂し、その後はｃさんが主に一人で事業を継続した。一九九二年にヘルパー養成講座を開始し、一九九九年にＮＰＯ法人の認証を得る。二〇〇〇年からは介護保険訪問介護サービスを始めている。

◇組織運営の展開とメンバー

他の立ち上げメンバーは一年も経たないうちにやめていったが、ｃさんからみて、その原因の一つは働くことに対する意識であった。ｃさんは高校を卒業してからずっと働いてきたので、仕事を持つことは当たり前だと考え、仕事の厳しさもある程度実感してきた。一方、他の三人は全員専業主婦で、銀行員、教員、サラリーマンの妻であった。特に意見の違いとして顕著だったのは、事業化に対する考えであった。資金がないので、ヘルパー研修やサービスの拡大といった事業プランを立てると、消極的な反応ばかりであり、「そこまではできない」ということでやめていった。

次に分裂の危機に直面したのがＮＰＯ法人格を取得するか取得しないかの際であった。きっかけは介護保険導入を控えた時、利用者六〇名のうち二四名が要介護認定であったことである。利用者たちは引き続き当介護サービスのワーカーに来てもらいたいと強い希望を持っていた。その実現のためには、法人格を持つこと、指定事業者になることが必要だった。年三回も臨時総会をしていろいろ議論し、利用者の希望を取りいれるためには、ＮＰＯ法人にしなければならないという結論に達し、人員の基準、施設の広さ、建物の基準などの基盤整備をして法人格を取得した。その際、行政から本当にバックアップはあるのか、仕事が着実に入ってくるのか、法人になっても税制上の優遇がない、公益事業をやって税金を取られるのは納得がいかない、などの理由でメンバー男性三名、女性五名がやめた。

◇「自営業」cさんの経歴

cさんが現在の居住地に引っ越してきたのは、独立した夫が電気通信工業の会社を設立するのに伴ってである。夫の独立開業とその後の会社経営をともに行うとともに、地域の人と仲良くなれるよう、cさんは積極的に地域活動を行う。そんななか、地域活動の一環としての福祉サービスへの関心がめばえる。しかし、既存の地域活動がマンネリ化してきて限界を感じるようになり、自分で立ち上げようとの考えにいたる。立ち上げメンバーが分裂するなか、cさんが一人となっても事業継続を進めていったのは、事業の立ち上げのやり方や大変さを夫の独立開業の際に経験していたのである程度理解できたこと、夫の会社が自営業であり、自分も自分の生計を立てる仕事を持ちたいという気持ちがあったことが大きいと考えられる。cさんがはじめた当初は介護保険の導入は全く形となっていなかったが、介護保険の導入とともに、スタッフへの金銭的報酬もまかなえ、それとともに法人としての事業も安定している（ヘルパーへの金銭的報酬は一時間あたり一五〇〇円の事務費を除いたものが支給されている）。

介護保険が導入された時、NPO法人格を取得したが、その取得をめぐる意見の対立によって、メンバー八名がやめた。この際のメンバーは後から加わったが銀行勤務経験者や会社勤め経験者を含み、C法人の主力メンバーでもあった。これらのメンバーが抜けた後、cさんは抜けたメンバーの分も活動を行い、現在の規模まで拡大している。その一方で、cさんは自分名義で借り入れを行い、建物の改修、増築、新規物件の購入を行っている。その一方で、主力メンバーがいなくなった分、cさんの考えを実現するのに反対するメンバーがいないこともある。その結果、NPO法人の活動自体が自営業的意味合い（cさんが事業プランを練り、事業拡大を率先して行い、それにかかる経費はcさんが個人的に借りることもままあり、その一方でcさんはそれらの対価として金銭的報酬を得る）を帯びている部分があるといえよう。

(3) 社会的活動としてのキャリア形成――金銭的報酬に結びついていない場合

①女性の経済的自立支援NPO法人D　代表dさんの場合

◇組織の概要

起業をめざす女性、起業するという確固たる目標を持つ女性、起業しさらにビジネスの発展を願う女性を主な対象とし、起業へのトレーニングからサポート、さらに起業後のフォローと起業のトータルサポートを行うことを目的としている。具体的には、①店を開きたいと考えている女性に市価の半額を目安にスペースを貸与するチャレンジショップ、レンタルボックスの企画運営、②市からの委託によるビジネスマナー、ビジネス電話対応技術、パソコン基本操作のトレーニングセミナーの企画運営、③起業を考えている女性を対象とした自主セミナーの企画運営、④相談事業等を行っている。

二〇〇三年に任意団体として発足し、二〇〇五年にNPO法人として認証を受けた。団体の事業収入は一一〇〇万円である。NPO法人Dの特徴はメンバーが多様な専門家からなる集団であることである。メンバーは全員が女性であり、理事には会社経営者、税理士、司法書士、弁護士などが集まっており、セミナーの講師はNPO法人Dのメンバーがある程度は行うことができる。また、専門家個別の相談業務もメンバーが対応している。

◇組織運営と金銭的報酬

NPO法人Dの特徴は、専門家が集まっていることであるが、有給のスタッフが一名いるだけで、あとは役員（代表、理事あわせて九名）で活動している。自分たちの時間と労力を削って活動を行い、金銭的報酬は得ていない。各メンバーが講演や講師として活動した場合も一部を得ているだけで、多くは法人の運営資金として入れている（代表、副代表は無報酬）。dさんはNPO法人を運営・継続していくためにそれなりの労力と時間をつぎ込んでいるので、メンバーがもう少し金銭的報酬を取れるようにしたいと考えているが、NPO法人の活動を支援してくれる周りが、「無給で働いている」dさんたちだからこそ、支援してくれているところがある。金銭的報酬をうけとれば自分たちの収入のためにやっているとみなされ、支援も得られなくなるので、メンバーはだれも金銭的報酬をうけとれない状況である。dさんは、NPO法人はボランティアでありお金をうけとらない活動だという社会の考え方が変わらない限り、金銭的報酬を得るのは難しいと考えている。

◇dさんの経歴とNPO法人

dさんは若女将として料亭を切り盛りしていたが、子ども二人を連れて料亭をでて自立の道をさぐった経験を持つ。なんとか経済的自立をしたいと考え、イベント会社のパートを経て、エステティックの技術を身につけ、現在はエステの経営者として成功している。この経験からdさんは起業家セミナーのコーディネーターを依頼され、一〇年近く行っている。そのうちに、セミナーだけでは不足で、いずれは自前のハードを持って次の起業家を育てたいと思うようになった。自分自身がエステティックサロンを起業した時に、エステの学校で習っただけでは現場で即戦力にならなかった経験が、セミナーだけではなく、現場を持たなければと思うきっかけになった。そんな時、dさんの考えに共感してくれるメンバーや市の行政職員との出会いから、二〇〇三年に「起業を目指す女性のためのワークショップ」を開催し、ここでの成功が任意団体設立のきっかけとなる。二〇〇四年に任意団体を立ち上げ、二〇〇五年にＮＰＯ法人となる。ＮＰＯ法人立ち上げとともに、dさんはロータリークラブや他の社会的活動を熱心に行うようになり、ネットワークも広がっていった。dさんにとって営利活動しか行っていなかった活動の連鎖のなかに社会的活動が入ることによって、より幅のでた人生となったといえよう。

②男女共同参画推進支援ＮＰＯ法人Ｅ　代表ｅさんの場合

◇組織の概要

ＮＰＯ法人Ｅは、女性の視点からの提案によって、あらゆる人々の能力が生かされ、活性化した暮らしやすい社会を創造していくことを目的とし、主に研究会・講習会、およびシンポジウムなどの企画運営・開催や、特に女性の人権、および自立に関わる問題に関する調査・研究などを行っている。一九九八年にその前身の任意団体を中心に三県で実行委員会をつくり、高齢社会をよくする女性の会の全国大会を開催する。この任意団体をもとにｅさんは二年後ＮＰＯ法人を立ち上げることになる。また、実行委員会としての連携先の一つに行政機関があり、後にＮＰＯ法人Ｅが市から事業を受託することにも繋がった。現在、市からの委託事業は事業の大きな柱となっている。「有給フルタイム」一名（女性）で年収は約二〇〇万円、「有給パートタイム」二〇名（女性）で時給は八〇〇円である。

◇仕事のあり方と金銭的報酬

市の委託事業を受け事業的には安定したが、ＮＰＯ法人Ｅで働くメンバー全員がフルタイムで経済的自立を果たせたわけではない。ｅさんは女性にとって金銭的報酬を得ることの重要性は認めているものの、経済的に自立できるからいい、パートだからよくないという評価ではなく、どのような働き方をしているかを評価することが必要だという。やむを得ない現実の構造のなかで雇用労働にでられない主婦がいる現状を受け止め、壁を超えるためのプロセスを提供する場と、壁を超えた人のための場の二つの機能をＮＰＯ法人Ｅが持っていてもいいのではないかと考えている。そして、ＮＰＯ法人Ｅが柔軟な形で金銭的報酬を得られる仕事の場を提供することで、人々の働き方、生きかたが変わると思っている。

◇金銭的報酬への考えと個人的キャリア

eさんがNPO法人を立ち上げ、現在の活動に至ったのは、先にも述べたように全くのボランティアで行った高齢社会をよくする女性の会の全国大会の開催がきっかけである。二年の準備期間に実行委員会の会議を毎月開き、行政や企業に協力を求め、三〇〇〇万円規模のイベントを開催するための寄付を集めるといった仕事を通して、eさんは会議の運営、企画、人の配置や調整の方法などを学び、「普通のOLとしての会社勤めでは決して得られない経験」から「(お金とは)引き換えにならないくらいのものをもらえた」と思う。この経験が、NPO法人立ち上げへとつながるのだが、eさんのNPO法人における運営においても、また金銭的報酬に対するの考えにもこのボランティアとして行った経験が反映されている。

eさんにとって、経済的には持ち出しの状況にある。しかし全国の団体や行政の人々との間にネットワークを築き、彼らから新しいものの考え方・エネルギーを得て、「まさにNPO活動の醍醐味」を味わっており、仕事・義務ではなく、「勉強させてもらっている」と考えている。eさんは、職業生活における収入は「労働の対価」であるが、NPO活動における収入は、「労働の対価プラス生きがい・志」である点が異なると思っている。

大学卒業後、一部上場の企業に勤めたがその働き方は「枠にはまった働き方」であると思えたし、その後出産で退職し、専業主婦として夫の転勤で社会とのつながりに枯渇していた。そんな時、N

PO法人の前身である団体の「おしゃべりタイム」に参加し、地域や人とのつながり、今まで思っていた女性の生き方について考えるようになる。その活動がもととなって、NPO法人立ち上げから現在に至るのであるが、eさんにとって「枠にはまった働き方」は自分に不向きであり、自分のよさが生かされないと考えているので、NPO活動では「新しいこと」を自ら考え出して実行することが可能であり、自分を生かす最適な場と考えている。

（4）NPO活動と金銭的報酬

以上の五つの事例から、NPO法人のあり方・個人のキャリアと金銭的報酬について検討してきた。調査対象となった二一法人、二一名の事例をみると、調査対象者（NPO法人設立に関わり中心的な役割を果たした人々）が、NPO法人から金銭的報酬を得ている場合は少ない。その要因として、第一に収益をあげることができるかである。そして、収益をあげられるかあげられないかは①事業志向型の活動か、提案志向型の活動であるか、と②メンバーの経験によるといえる。事業志向型の場合は、行う事業が明確であり、その事業が拡大し、収益が上がる仕組みを作ればメンバーが金銭的報酬を得ることができる。配食サービスや介護サービスのNPO法人の場合がこのケースである。一方、提案志向型の活動が主な場合、そこから収益を上げる仕組みをつくることが難しい。収益が上がらないと、メンバー間で配分する報酬がないということになる。

第二に、事業志向型のNPO法人でも、事業拡大をめぐってメンバー間での意見が相違する場合があり、これをいかに乗り切るかが課題である。そして、その際、重要なのが中心メンバーのそれまでの職業経験や社会的活動の経験である。配食サービスのNPO法人の場合は、徐々に大きくしながら事業拡大を行ったが、aさんの生活組合活動やパート、アルバイトとして働いた経験、市議会議員の経験がNPO法人の事業展開には必須であったといえよう。介護サービスのNPO法人の場合は、意見の異なるメンバーがやめていくなか、残った者のがんばりによって（介護保険法導入の後押しもあったと考えられるが）乗り越えたが、設立者cさんが自営業であった経験によるところが大きい。外国人支援NPO法人の場合も、事務局長bさんの枠にとらわれない考え方をもとに、事業を拡大している。NPO法人の場合、中核となるメンバーの数が限られていることが多く、一人一人の働きに負うところが大きい。その結果、中心メンバーのそれまでの経験が大きな要素となるのであろう。

第三に、NPO法人に従事するメンバーの考え方である。メンバーが金銭的報酬を労働の対価として得るのが当然と考えて、その状況を可能にすることを射程にいれて活動するのか、それとも、金銭的報酬がすべてではないと余地を持つかによって、金銭的報酬が実現するか、そうでないかが異なる。そして、労働の対価として当然と考えるか否かには、メンバーのそれまでの職業経験や状況が反映している。大学卒業後の就労経験を「枠にはまった働き方」と記憶し、専業主婦で社会とのつながりを求めていたeさんにとって、NPO法人で活動することで得る収入は、「労働の対価プラス生きがい・志」である。一方で、働くことの延長にNPO活動のあったaさんやcさんにとっては生きがいや志はもちろんあるが、報酬は労働の対価である。さらに、山内（2001）が指摘したように、彼女たちの金銭的報酬への考えには他に生計を支えるものがいるかどうかにも大きく左右される。彼女たちの金銭的報酬への考えは当該ＮＰＯ法人の金銭的報酬のあり方に反映されているし、また、当該ＮＰＯ法人の金銭的報酬のあり方が彼女たちの金銭的報酬への考えにある程度反映しているとも考えられる。

第四に、市場価値における評価との比較である。山内と小野は、女性がＮＰＯ活動に参入しているのは、営利セクターにおいて女性労働者の雇用上の地位が低いことが背景にあると指摘したが（山内 2001; 小野 2005）、営利セクターにおける金銭的報酬がさほど見込めない場合は、ＮＰＯ法人の活動から得られる金銭的報酬が低くても、相対的には低いとはみなされない状況が生じる。配食サービスのｃさんの時給は法人設立当初は二〇〇円と地域の市場価値と比べて格段に低かった。この時ｃさんたちメンバーを支えたのは事業が軌道に乗れば時給が上がるという見通しと、自分たちの活動が社会に役立っているという実感であった。事業が軌道に乗り時給が六三〇円になった現在では、地域のパートタイマーの時給とほぼ拮抗し、かつ社会的意義も感じられるということで活動に大きな満足を得ている。地域のパートタイマーの時給が安く押さえられているところに、ＮＰＯ法人で活動をして得られる金銭的報酬が低くても納得する要因があろう。また、Ｂ法人の医療通訳の場合、地域の医療通訳のあり方が、交通費ぐらいしか支給されないボランティアで行われていることが多い。そのような状況では、ＮＰＯ法人が支払う時給八〇〇円は「通訳」の仕事としてみれば低い金額であるが、交通費しか出ないそれまでの状況と比較すれば低い金額ではなくなるのである。

第五に、ＮＰＯ法人の持つ活動そのものの特徴が、メンバーが金銭的報酬を得ることへの志向性を弱めている部分がある。ＮＰＯ法人は利益を追求せず、社会的課題の解決をめざすものである。この組織のあり方の特徴がメンバーに活動を行うことへの強い使命感や活動への共感を常に生み出し、ＮＰＯ法人を組織として成り立たせている。メンバーは「ミッション」の遂行の意義や社会的な必要性を第一に考える。それが、自分の得ている金銭的報酬の市場価値について固執しないことの要因となっている。配食サービスのｃさんたちが時給二〇〇円で活動していた時の支えは、地域のお年寄りに貢献しているという気持ちであり、医療通訳が安い金額で活動するのも、医療通訳を必要とする人の助けになりたいという気持ちである。女性の経済的自立支援の活動を行っているｄさんたちが、金銭的報酬を全く得なくても活動を続けるのは、女性の経済的自立が重要であると痛切に思い、それを支援するのが自分たちの役目であるという強い使命感ゆえである。これらの社会的に貢献したいという気持ちや使命感が金銭的報酬への志向性を弱めている。つまり金銭的報酬がなくてもそれを補う満足感を与える状況がある。ここにＮＰＯ活動の面白みがあるともいえるが、メンバーへの金銭的報酬といった観点から考える時、このような気持ち・使命感と金銭的報酬への考えを分離する必要があるといえる。

第六に、ＮＰＯ法人に従事するメンバーが金銭的報酬を得ることの社会的認知である。ＮＰＯ法人は非営利団体であり、法人としては利益を追求しない。しかし、それはＮＰＯ法人で活動するメンバーの活動（労働）の対価が切り下げられることを意味しているものではない。しかし、ＮＰＯ法人における活動がボランティアであると誤って位置づける人々が存在している。そのため、女性の経済的自立支援のＮＰＯ法人の例のように、金銭的報酬を得たら自分たちのために活動しているとみなされることを恐れて、金銭的報酬を全く取っていない法人さえ存在する。また、現状において、金銭的報酬が支払われて活動する場合とそうでない場合が入り混じっていることが、さらにＮＰＯ活動とそこに従事する人々への金銭的報酬の仕組みをゆがめているといえよう。

一方で、ＮＰＯ活動は女性のキャリア形成の点からみた時、それが金銭的報酬をともなう職業的キャリアであろうと、金銭的報酬をともなわない社会活動的キャリアであろうと、女性の人生の経験の連鎖の一つとして機能している。金銭的報酬に結び付けているａさん、ｂさん、ｃさんにとって、ＮＰＯ活動は「職業」といえるであろうし、特にａさんやｃさんにとってはＮＰＯ活動は途切れかけていた職業的キャリアを継続していくための一つの形態となっている。金銭的報酬を伴っていないｅさんにとっては、ＮＰＯ活動に金銭的報酬がともなわなかったとしても、その活動自体は人生の経験の連鎖のなかでとぎれた活動を次の活動を結ぶ場として機能した。結果として、ｅさんは金銭的報酬をともなわない活動を職業的なキャリア――金銭的報酬のともなう活動へとつなげていったのである。また、自ら起業し、経営者となったｄさんが金銭的報酬なしで行っている活動は、労働の対価としてみなせば対価が支払われない矛盾にみちた活動である。しかし、この状態をＮＰ

O活動が未成熟である状況ととらえ、一つの通過点として考えれば、あらたな職業的キャリア形成の芽がある。

NPO法人で活動する二一名の女性の事例からNPO法人での活動と金銭的報酬の状況について検討してきた。女性がNPO活動の担い手として注目されているなか、NPO法人における活動において金銭的報酬がなかなか支払われていない状況が少なくないが、これを過渡期における一時的な現象とみなす必要がある。非営利セクターにおける金銭的報酬が営利セクターより低い状況が恒久的に続けば、女性と男性における新たな格差を生み出すことになるだろう。女性がNPO活動を通していかに金銭的報酬を得られるか、その可能性については、①NPO法人の収益のあり方、②メンバーの職業経験・社会的活動経験のあり方、③メンバーの金銭的報酬への考え、④労働市場における女性の労働への評価のあり方、⑤NPO活動への使命感・共感と金銭的報酬への考えの分離、⑥NPO法人における金銭的報酬のあり方への社会的認知の整備、がおもに必要な要件であることがわかったといえよう。

注

（1） 岩田は「保健・医療・福祉」「社会教育」「子どもの健全育成」の分野を「ヒューマン・サービス型」と呼び「事業型」NPO法人を見るための分析軸としている。

（2） NPO法人における人員の概要は岩田の作成した表を参照のこと（岩田 2004）。岩田はまず、有給役職員・有償ボランティア・無償ボランティアに分類し、さらに有給役職員を「役員」「正規職員」「非正規職員」「出向職員」に分類している。本章の「役員」は岩田の表の「役員」のこと、同じく「有給フルタイム」は「正規職員」、「有給パートタイム」は「非正規職員」、「無給スタッフ」は「無償ボランティア」をさしている。本章では「有償ボランティア」については対象ＮＰＯ法人によって概念が異なり、統一的な捕捉が困難であったため、論じていない。

第Ⅱ部　不透明な時代の人々の意識

第五章　超氷河期に就職した若年層の管理職志向

1　不透明な時代の仕事観とジェンダー意識

（1）景気低迷期の若年労働市場

本章では、雇用が不安定化し、初期キャリア形成が多様化しているなかの若年層の仕事観とジェンダー意識について考える。ここで検討する仕事観は「管理職になりたい」「専門能力を高めたい」という志向性、ジェンダー意識とは「男性の稼ぎ手役割」についての意識である。政府は二〇二〇年までに指導的立場の女性を三〇％にする目標をたてており、女性の管理職登用推進が進められているが、女性の管理職志向が低いのではないかという指摘もある。不透明な時代に生きている若年の男女の管理職志向について焦点をあてて検討したい。

　私は一九七六〜一九八二年生まれ、調査時点（二〇〇七年）で二五〜三〇歳の若年層がどんな考えを持ち、どんなライフスタイルで生きているかに大きな関心をもっている。なぜ彼らに関心をもつのか。それは、第一に彼らが小学生の時に日本においてバブル経済がおこり、その後、中学生の時にバブル経済は終わり、彼らは超氷河期とよばれるときに就職活動し、高校や大学を卒業した。長らく二〜三％未満で推移していた日本の失業率は一九九四年には二・九％に上昇、その後も上がり続け、二〇〇二年には過去最高の五・四％となり、それ以降も四〜五％の高い水準で推移している。有効求人倍率も一九九三年に一を切り、一・〇六％に回復したのは二〇〇六年である。二〇〇六年の大学生の就職率は六三・七％という年であった。社会に出てからは失われた一〇年もしくは二〇年とよばれる景気低迷期のなかで過ごし、少し光がみえたかと思われた二〇〇〇年代半ばのいざなみ景気の直後にリーマンショックを経験している。

　年功賃金、長期雇用といった日本的雇用システムは大きな曲がり角をむかえ、会社に在籍していれば毎年賃金が上がるという状況はなくなり、早期退職制度を用いた従業員の削減も驚くことではなくなった。非正規雇用で働く人たちも増え、調査時点の二〇〇七年では、男性の一五〜二四歳で四五・七％、二五〜三四歳で一三・九％、女性の一五〜二四歳で五〇・四％、二五〜三四歳で四一・三％が非正規労働者として働いている。いままで、非正規労働者の多くは既婚の女性が占めており、問題が顕在化しないなか、非正規雇用として働く問題点は一部の研究者しか指摘してこなかった。しかし、二〇〇〇年に入り、非正規雇用で働く若年層の増加、とくに男性非正規労働者は世間の注目を集め、「フリーター」や「ニート」という言葉が社会の中で普通にそして否定的な意味をもって使われるようになった。

ＯＥＣＤの日本に関する報告書（2010）では、日本の長期失業率は過去一〇年間に高まり、二〇〇七年ではＯＥＣＤ平均を超えていること、日本では若年労働市場における職業流動性は労働市場の二重構造の拡大にしたがって増えたので、所得が低くキャリア向上の展望が限定的な多くの若者が非正規雇用についたこと、非正規雇用から正規雇用への移動の可能性は低いこと、女性は男性に比べて非正規雇用の可能性が高いことを指摘している。

（2）若年層の仕事観――「管理職になりたい」「仕事の専門能力を高めたい」志向性

このような状況下で、ＮＨＫ放送文化研究所が一九七三年から五年ごとに行っている意識調査では、「仕事も余暇も」という両立型が特に若年層において増え、半数を占めているという（ＮＨＫ放送文化研究所 2010）。両立型の志向性は女性の方がやや強いものの、男女ともに同様の傾向である。日本の男性にとって仕事が人生の中心的な位置を占め、他国と比較して高いことが指摘されてきたが（三隅他 2003）、働き方の実態としては男性の長時間労働が増えているものの（小倉 2007）、意識の上では、この三〇年間で「仕事志向」が弱まり、特に若年層においては仕事中心ではない意識が広がっていると考えられる。

出世したいという意識はどうであろうか。片桐は一九九二年から五年ごとに大学生に対して調査を行い、「ある程度の収入を得られるなら出世するより気楽な地位にいたい」と思うかを質問している。年度によってやや上下しているが、男子学生も女子学生も六割から七割は出世するより気楽な地位にいたいと考えている（片桐 2007）。新入社員に対しても様々な調査が行われているが、日本能率協会が二〇一〇年に実施した調査では「将来管理職になりたい」と回答した男性は六三・六%、大卒・大学院卒の女性では五〇・五%である。産業能率大学が二〇一二年に行った「会社生活調査」によると、男性新入社員の五六・八%、女性新入社員の二八・七%が管理職志向をもち、この割合は一〇年前のほぼ二倍である。調査を始めた二〇〇〇年以降最も高い割合となり、長期雇用志向の高まりや「女性を積極的に登用する企業が増えた」ことなどが要因との分析がなされている。

雇用が不安定化し、長期雇用があたりまえでなくなった若年層は「管理職になりたい」という意識を持っているのだろうか。仕事中心性が弱まるなかで、管理職志向も弱まってきたのだろうか。それとも、不透明な状況下で雇用の安定をもとめて管理職志向が強まっているのだろうか。企業内のコースが複線化するなかで、ジェネラリストよりスペシャリスト志向が強まり、管理職より専門能力思考が強まっているのであろうか。もしくは、「管理職」は遠い存在として、そもそも志向しなくなったのだろうか。女性の管理職志向が低いのではないかと指摘されているが、若年女性で管理職志向を持つのはどんな人なのだろうか。人々の意識はおかれている立場や社会の構造に大きく影響される。本章では、これらの疑問について考える。

（3）若年層のジェンダー意識――稼ぎ手役割意識

仕事観と強いつながりを持つと考えられてきたのが「稼ぎ手役割」（家族扶養）意識である。日本における男性＝稼ぎ手という近代家族モデルは、男性たちが稼ぎ手としての役割を果たすために仕事中心のライフコースを選択することによって成立してきた。先にみたように日本男性の仕事中心傾向が弱まり、日本的雇用システムが機能しなくなってきたいま、不透明な時代に生きる若年層は稼ぎ手役割をどのように考えているのか。

キャリア形成が多様化してきているなかで、女性が出産前後に退職するライフコースはここ二〇年間変わっていない。第一子出生年別に第一子出産の前後の母親の継続就業率をみてみると、二〇〇五～二〇〇九年において第一子出生前後に約四四％程度が離職し、妊娠前から無職だった約二四％とあわせると、七割近くが離職している。一九八五～一九八九年では約三六％が妊娠前から無職、約三七％が出産退職している。育児休業制度の整備が進んだが、この状況はあまり変わっていない（内閣府 2011）。

「一般に女性が仕事を持つことの意識」をみると「子どもができてもずっと働き続けた方がよい」が「子どもができたら仕事を辞め、子どもが大きくなったら再び仕事を持つほうがよい」より、女性の意識、男性の意識ともに上回っているが、近年の変化として若年女性において「男は仕事、女性は家庭」という性別役割分業に賛成する割合が増えていることが指摘されている（松田 2005; 山田 2009）。つまり、若年女性は、実態として出産を契機に仕事をやめ、意識としては性別役割分業に肯定的である。稼ぎ手役割は男性が負うものと考えている。

男性の稼ぎ手役割意識に変化があるのだろうか。次章で詳細に論じるが、二〇〇四年に首都圏の二五～四九歳の男性に対して質問紙調査を実施し、雇用の不安定化のなかにおける就業状況や稼ぎ手役割意識について検証した（目黒・矢澤・岡本 2012）。私もその研究メンバーであったが、分析の結果、「雇用が不安定」との回答は二五～三九歳で約二割、四〇～四九歳で約三割を占めるが、男性既婚者の稼ぎ手役割意識は強固で、転職経験や雇用が不安定なことは、男性が稼ぎ手役割を持つことは重要という意識に影響を与えていないことがわかった。雇用の不安定、離職・転職経験は、男性自身の稼ぎ手役割意識（家族を養うこと）には影響を与えないが、一方で、離職・転職経験のある男性ほど、女性の家族扶養、女性の経済的自立を重要と考え、雇用が不安定な男性ほど、女性が働いて家計を助けることは重要と考えていた。男性にとって雇用の不安定化や離職・転職経験は、自分自身の稼ぎ手役割意識を変化させるものではないが、女性の経済的自立や妻の家計補助は重要であると考えられている。

（4）調査のねらい

以上のような問題設定に基づいて、一九七六～一九八二年生まれの、調査時点で二五～三〇歳の男女に焦点をあて、「就職氷河期」とよばれる時期に働き始めた若者の仕事観とジェンダー意識を探ることにする。具体的には、「管理職をめざしたい」「専門能力を高めたい」という意識、および男性の稼ぎ手役割意識について、韓国、イタリア、カナダの調査結果も参考にしながら検討する。

調査対象は首都圏（千葉、埼玉、東京、神奈川）在住の一九七六〜八二年生まれ、二〇〇七年一〇月三一日現在で二五〜三〇歳の男女五〇〇〇人、つまり「就職氷河期」とよばれる時期に働き始めた若者たちである。本調査の有効回答数は九七〇票、有効回収率は一九・四％である[1]。

2　雇用の状況、仕事観、ジェンダー意識の関連

(1)　雇用形態、雇用不安と転職経験

初職と現職の状況をみると、男性と女性で違いがある。現職で男性の非正規雇用の割合[2]は一二・七％だが、女性の場合では、未婚女性の三四・四％が、既婚女性の五二・二％が非正規雇用で働いている。女性において非正規雇用で働く傾向が強い。また、初職と現職を比べてみると、男性では初職における非正規雇用の割合は一九・一％であるが、現職の非正規雇用の割合は一二・七％と、初職で非正規雇用であっても、現職で正規雇用になっていることがわかる。しかし、女性の場合は初職における非正規雇用の割合は三一・三％、現職の非正規雇用の割合は三八・八％と、初職より現職でより非正規雇用になっている。つまり、男性は初職が非正規雇用であっても、現職では正規雇用になる傾向があるが、女性は男性より初職で非正規雇用についている割合が高く、さらに初職より現職でより非正規雇用になっていた。女性は仕事につく入り口でも、転職するなかでも、男性

図表5-1　初職と現職の雇用形態

	性別					
	男　性			女　性		
	結婚している	結婚していない（未婚・離死別）	男性計	結婚している	結婚していない（未婚・離死別）	女性計(＊1)
初職：一般の正規雇用従業員、公務員、課長以上の管理職	75.7%	74.1%	74.5%	63.5%	63.6%	63.6%
初職：パート、アルバイト、臨時、契約社員	13.6%	21.1%	19.0%	29.4%	28.2%	28.6%
初職：派遣社員	—	—	—	1.0%	3.6%	2.7%
初職：その他／無回答	10.7%	4.8%	6.4%	6.1%	4.7%	5.2%
（度数）	(103)	(270)	(353)	(197)	(365)	(563)
現職：一般の正規雇用従業員、公務員、課長以上の管理職	79.6%	75.6%	76.8%	39.8%	63.0%	57.9%
現職：パート、アルバイト、臨時、契約社員	5.8%	13.2%	11.0%	42.9%	24.0%	28.1%
現職：派遣社員	—	2.4%	1.7%	9.2%	10.4%	10.1%
現職：その他／無回答	14.6%	8.8%	10.5%	8.2%	2.7%	3.9%
（度数）	(103)	(270)	(353)	(98)	(338)	(437)

注1：初職および現職ありの人のみ集計
　2：(＊1) 結婚の有無無回答を含む
出典：筆者作成

より非正規雇用になる傾向、さらに、一度非正規雇用になると正規雇用になれない傾向がある。労働市場がジェンダーに中立でないことがわかる。また、既婚の女性は未婚の女性や男性より非正規雇用につく傾向があり、家族役割が働き方に影響を与えている側面もある。非正規雇用で働くことは、得られる賃金が低い、仕事を通した知識・技能をあまり得られない、という結果をもたらすが、男性より女性がこの影響をよりうけている。

雇用の安定や転職の経験についてきいたところ、「雇用が不安定（とてもそう思う＋まあそう思う）」との回答は二五・三％、「離職・転職経験」については回答者の四六・八％が経験している。「雇用が不安定」との回答は男性既婚で二九・一％、男性未婚二五・六％、女性既婚二六・五％、女性未婚二一・二％であり、男性既婚で三割近くが「雇用が不安定」であると思っている。年収では年収の低い方が、学歴別ではおおむね学歴の低いほうが「雇用が不安定」と回答している。雇用形態別では非正規で働く男性既婚の三三・三％、男性未婚の四三・六％、女性既婚の三三・三％、女性未婚の三九・八％が「雇用が不安定」と回答しており、かなり高い。

離職・転職の経験をみてみると、男性既婚で四九・五％、男性未婚四五・五％、女性既婚七六・五％、女性未婚五五・二％であり、離職・転職の経験がかなりひろがっていることがわかる。年収の低い方、学歴の低い方が離職・転職の経験があると回答している。雇用形態別では非正規雇用で働く男性既婚の六六・七％、男性未婚の七六・九％、女性既婚の八八・二％、女性未婚の七八・八％が離職・転職の経験があると回答しており、きわめて高い。職業別ではもっとも高いのが「保安、農林漁業、運輸・通信」で六割近くである。

さらに、初職を辞めた理由をみてみると、男女ともに、給与や労働条件が悪かった、仕事の内容が悪かった、もっとよい仕事がみつかった、が上位にあるが、女性の場合は病気や体調不良のためが約二割を占めている。男性の場合は、病気や体調不良のためは五％程度である。女性の方がマイナスの要因で初職を辞める傾向があるといえよう。また、既婚女性の場合は、初職を辞めた理由として結婚・出産・育児が約四割を占めており、家庭役割が影響していることがわかる。

図表 5-2　管理職志向と専門志向（%）

	日本		韓国		イタリア		カナダ	
	男性 (353)	女性 (437)	男性 (281)	女性 (299)	男性 (279)	女性 (184)	男性 (116)	女性 (155)
管理職をめざしたい								
とてもそう思う	28.6	8.0	53.4	39.8	21.9	17.9	25.9	31.0
まあそう思う	24.4	17.8	34.5	31.8	46.2	44.0	48.3	35.5
あまりそう思わない	34.6	50.1	11.4	27.4	22.2	27.2	20.7	27.7
まったくそう思わない	11.6	23.8	0.7	1.0	7.9	8.7	5.2	5.8
無回答	0.8	0.2	—	—	1.8	2.2		
仕事の専門能力を高めたい								
とてもそう思う	57.5	42.3	64.8	60.5	35.8	35.9	38.8	39.4
まあそう思う	34.6	42.6	32.7	35.1	52.3	53.8	52.6	52.9
あまりそう思わない	7.1	13.7	2.1	4.0	9.7	8.2	8.6	6.5
まったくそう思わない	0.3	1.1	0.4	0.3	1.8	2.2	—	1.3
無回答	0.6	0.2	—	—	0.4	—	—	—

注：現職あり人のみの集計
出典：筆者作成

（2）仕事観について

日本の若者の「管理職をめざしたい」志向性をみると、「とてもそう思う」が、男性で二八・六％、女性で八％であった。日本女性の管理職志向は他国と比較しても低く、「まあそう思う」を加えても二五％を超える程度である。日本の男性の管理職志向も「あまりそう思わない」の回答割合が三四・六％、「まったくそう思わない」が一一・六％と他国より高い。日本の若者は男性も女性も、韓国、イタリア、カナダに比べて管理職志向が弱く、特に女性の管理職志向が弱い。

一方で、「仕事の専門能力を高めたい」に関しては、「とてもそう思う」が日本の男性で五七・五％、女性で四二・三％、「まあそう思う」が日本の男性で三四・六％、女性で四二・六％

と、男性の九割強、女性の八割強が専門志向を持っており、この割合は韓国、イタリア、カナダに比べて高い。

もう少し詳しく、管理職志向と専門志向をみよう。「管理職をめざしたい（とてもそう思う＋まあそう思う）」と回答した者は、男性既婚で五八・三％、男性未婚五〇・八％、女性既婚二一・四％、女性未婚二五・八％である。年収をみると男性の既婚では年収の高い方が「管理職をめざしたい」と回答しているが、男性未婚、女性既婚、女性未婚では年収が「なし～一〇〇万円未満」か「五〇〇万円以上」の場合に管理職をめざしたいと考えている。学歴別では未婚の男性の場合はおおむね学歴が高いほうがめざしたいと考えており、女性は「専門学校」卒はより管理職をめざしたいと考えている。

「仕事の専門能力を高めたい（とてもそう思う＋まあそう思う）」についてみてみると、男性既婚で九二・二％、男性未婚九二・六％、女性既婚八〇・六％、女性未婚八六・四％が高めたいと回答している。年収をみると男性の既婚（数は少ないが）では、年収の低い方が「仕事の専門能力を高めたい」と回答しているが、男性未婚では年収が「なし～一〇〇万円未満」か「五〇〇万円以上」という最も年収が低い場合と高い場合に「仕事の専門能力を高めたい」と考えている。女性の既婚もおおむね似た傾向である。女性の未婚は年収の高いほうが「仕事の専門能力を高めたい」と考えている。

（3）ジェンダー意識（男性の稼ぎ手役割意識）

「男性は妻子を養うべきである」という問いに「そう思う（とてもそう思う＋まあそう思う）」と答えた割合は、男性既婚で六九・九％、男性未婚六一・六％、女性既婚五二・〇％、女性未婚五六・七％であった。年収をみると男性は既婚者、未婚者ともに年収の高い方が「そう思う」と回答し、女性の場合は既婚者、未婚者とも年収が高い方が「そう思わない」と回答している。男性の場合は自分が稼ぎ手役割を遂行できる状況であれば「そう思う」と考え、女性は自分に収入があり男性の稼ぎ手役割に頼らなくてもよい状況の時「そう思わない」と回答したと考えられる。

（4）「管理職をめざしたい」「仕事の専門能力を高めたい」と雇用の状況、仕事満足度、社会的成功志向等の関連

「管理職をめざしたい」「仕事の専門能力を高めたい」という志向性と、「雇用の不安定」「転職経験」「雇用形態」「仕事満足度」「仕事を探す苦労の経験」「社会的成功志向」「中卒時の暮らし向き」「中卒時の母就業有無」「男性と女性は本質的に違う」「仕事の専門能力を高めたい」との関連を探ることにする。

「管理職をめざしたい」と関連をみいだせたのは以下の四点である。男性未婚で仕事満足度が高い、男性既婚・未婚、女性既婚・未婚で社会的成功が重要であると思う方が管理職志向であり、女性未婚で男性と女性は本質的に違うと思ってるほどは管理職志向ではなく、女性既婚、未婚で専門

図表 5-3　管理職志向と仕事満足度、社会的成功の重要度、ジェンダー意識、専門志向の関連

			今の仕事に満足している			社会的に成功する		
			そう思う（計）	そう思わない（計）	χ^2 検定	重要（計）	重要でない（計）	χ^2 検定
男性	未婚	そう思う	56.6%	42.0%	*	59.5%	31.3%	***
		（合計度数）	(152)	(88)		(173)	(64)	
	既婚	そう思う	58.6%	57.6%		70.5%	21.7%	***
		（合計度数）	(70)	(33)		(78)	(23)	
女性	未婚	そう思う	25.8%	25.8%		34.6%	10.3%	***
		（合計度数）	(240)	(89)		(211)	(116)	
	既婚	そう思う	22.5%	18.5%		29.8%	9.8%	*
		（合計度数）	(71)	(27)		(57)	(41)	

			男性と女性は本質的に違う			仕事の専門能力を高めたい		
			そう思う（計）	そう思わない（計）	χ^2 検定	そう思う（計）	そう思わない（計）	χ^2 検定
男性	未婚	そう思う	52.8%	47.6%		52.5%	35.3%	
		（合計度数）	(195)	(42)		(223)	(17)	
	既婚	そう思う	63.6%	45.8%		61.1%	25.0%	
		（合計度数）	(77)	(24)		(95)	(8)	
女性	未婚	そう思う	24.2%	39.5%	*	29.8%	0.0%	**
		（合計度数）	(289)	(38)		(285)	(44)	
	既婚	そう思う	19.0%	35.7%		26.6%	0.0%	*
		（合計度数）	(84)	(14)		(79)	(19)	Fisher

注 1：+P.<.01　*P.<.05　**P.<.01　***P.<.001
　2：χ^2 検定の欄の「Fisher」はフィッシャーの直接検定の結果を示す
出典：筆者作成

図表 5-4　日本の仕事の専門志向と仕事を探す苦労、社会的成功の重要度、管理職志向の関連

			仕事をさがす苦労の有無			社会的に成功する			管理職を目指したい		
			苦労したことがある	苦労したことはない	χ^2検定	重要（計）	重要でない（計）	χ^2検定	そう思う（計）	そう思わない（計）	χ^2検定
男性	未婚	そう思う	99.0%	89.6%	**	93.6%	90.8%		95.1%	90.6%	
		（合計度数）	(103)	(134)		(173)	(65)		(123)	(117)	
	既婚	そう思う	88.9%	93.9%		93.6%	87.0%		96.7%	86.0%	
		（合計度数）	(36)	(66)		(78)	(23)		(60)	(43)	
女性	未婚	そう思う	84.2%	88.5%		92.4%	76.7%	***	100.0%	82.0%	**
		（合計度数）	(146)	(182)		(211)	(116)		(85)	(244)	
	既婚	そう思う	81.0%	80.4%		82.5%	78.0%		100.0%	75.3%	*
		（合計度数）	(42)	(56)		(57)	(41)		(21)	(77)	Fisher

注1：+P.<.01　*P.<.05　**P.<.01　***P.<.001
　2：χ^2検定の欄の「Fisher」はフィッシャーの直接検定の結果を示す
出典：筆者作成

志向の方が管理職志向であった。

「仕事の専門能力を高めたい」についても同様にみてみると、関連があったのは、以下の二点である。男性未婚で「仕事を探す苦労あり」、女性未婚で社会的成功が重要と思うほど、女性既婚、女性未婚で管理職志向の方が専門志向である。

（5）ジェンダー意識と他の項目との関連

「男性が妻子を養うべきである」という意識と「雇用の不安定」「転職経験」「現職の雇用形態」「仕事満足度」「仕事を探す苦労の経験」「初職の理想」「社会的成功志向」「中卒時の暮らし向き」「中卒時の母就業有無」「男性と女性は本質的に違う」との関連をみると、関連がみいだせるのは、次の四点である。女性既婚で現職が非正規雇用、男性未婚で初職の理想が最初からずっと続けられる仕事を選ぶべきと考えている、男性未婚、女性

図表 5-5　ジェンダー意識（男性の稼ぎ手役割）と現職の雇用形態、初職の理想、社会的成功の重要度、ジェンダー意識（男女の本質的違い）の関連

			現職の雇用形態			初職理想 (＊1)		
			正規	非正規	χ^2検定	Aに近い（計）	Bに近い（計）	χ^2検定
男性	未婚	そう思う（計）	61.2%	67.6%		71.4%	49.0%	**
		（合計度数）	(183)	(37)		(133)	(102)	
	既婚	そう思う（計）	70.4%	80.0%		70.9%	71.7%	
		（合計度数）	(81)	(5)		(55)	(46)	
女性	未婚	そう思う（計）	53.6%	62.2%		58.2%	54.5%	
		（合計度数）	(207)	(111)		(201)	(121)	
	既婚	そう思う（計）	33.3%	64.7%	**	56.9%	45.0%	
		（合計度数）	(39)	(51)		(58)	(40)	

			社会的に成功する			男性と女性は本質的に違う		
			重要（計）	重要でない（計）	χ^2検定	そう思う	そう思わない	χ^2検定
男性	未婚	そう思う（計）	67.2%	49.2%	*	66.0%	45.2%	*
		（合計度数）	(174)	(65)		(197)	(42)	
	既婚	そう思う（計）	71.8%	69.6%		76.6%	54.2%	*
		（合計度数）	(78)	(23)		(77)	(24)	
女性	未婚	そう思う（計）	60.7%	50.9%	+	61.9%	21.1%	**
		（合計度数）	(211)	(116)		(289)	(38)	
	既婚	そう思う（計）	64.9%	34.1%	**	56.0%	28.6%	+
		（合計度数）	(57)	(41)		(84)	(14)	

注 1：+P.<.10　*P.<.05　**P.<.01　***P.<.001
　2：(＊1) 初職についての理想　A：最初からずっと続けられる仕事を選ぶべきだ←→B：最初はいろいろな仕事をためしたほうがよい
出典：筆者作成

既婚で社会的成功が重要と思っている男女全体、未婚、既婚とも「男性と女性は本質的に違う」と思っている方が、男性は妻子を養うべきであると考えている。

3 仕事観とジェンダー意識に影響する諸要因

具体的に現職をもつどのような若者が「管理職をめざしたい」「仕事の専門能力を高めたい」と考えていたのか。

婚姻状況、年齢、学歴、年収、就業形態、職業、離職・転職経験、雇用の安定度、就業継続希望、仕事満足度、仕事を探す苦労をした経験、社会的に成功することの重要度、ジェンダー意識（男性と女性は本質的に違う）、中学卒業時の家庭の経済状況、中学卒時の母就労の有無を説明変数として重回帰分析を行った。

（1）「管理職をめざしたい」に影響を与えている要因

管理職志向に影響を与えていたのは、男女全体とも専門志向、社会的成功の重要度の順である。また、男性全体では年収が高い方が、女性全体では、「いつ職を失うか不安である」と思っている人の方が「管理職をめざしたい」と考えていた。個人年収が高い男性はより多く収入を得るために、つまり男性はよい立場にあるものがより得るものを多くするために、積極的な志向性で「管理職を

図表 5-6　日本現職者の管理職志向に影響する要因（重回帰分析）

	管理職をめざしたい（とても＝4……まったく＝1）											
	男性						女性					
	全体		未婚		既婚		全体		未婚		既婚	
	β		β		β		β		β		β	
既婚ダミー（既婚＝1・未婚＝0）	0.053						− 0.051					
満年齢	− 0.046		− 0.050		0.096		0.041		0.032		0.096	
学歴（参照カテゴリー：中高卒）												
専門学校	− 0.193	**	− 0.205	*	− 0.192		− 0.070		− 0.070		0.076	
短大・高専	− 0.088		− 0.134	+	− 0.019		− 0.133	*	− 0.087		− 0.250	*
大学・大学院	− 0.020		− 0.020		− 0.009		− 0.043		− 0.006		− 0.036	
個人年収（中央値）	0.138	*	0.149	*	0.016		0.098	+	0.067		0.279	+
就業形態（参照カテゴリー：正規）												
非正規	0.042		0.108		0.006		− 0.020		− 0.025		0.060	
自営その他	− 0.021		− 0.019		− 0.013		− 0.031		− 0.051		0.029	
職業（参照カテゴリー：専門・技術、管理）												
事務	0.036		0.046		− 0.048		0.033		0.004		0.166	
販売・サービス	0.144	*	0.153	*	0.145		0.159	**	0.105	+	0.404	**
保安、農林、生産工程	0.037		− 0.038		0.180		0.007		− 0.032		0.167	
転職ありダミー（ある＝1・なし＝0）	− 0.005		− 0.015		− 0.018		− 0.099	+	− 0.083		− 0.166	
いつ職を失うか不安である（とても＝4……まったく＝1）	− 0.034		− 0.110		0.089		0.218	***	0.231	***	0.178	
就業継続希望（参照カテゴリー：現在の仕事を継続）												
独立・転職	− 0.151	*	− 0.250	**	− 0.035		− 0.019		− 0.004		− 0.021	
中断・退職	0.056		0.102		− 0.050		0.095	*	0.098	+	0.070	
今の仕事に満足している（とても＝4……まったく＝1）	− 0.071		− 0.143	+	0.000		0.027		0.004		0.173	
仕事の専門能力を高めたい（とても＝4……まったく＝1）	0.311	***	0.279	***	0.391	***	0.359	***	0.299	***	0.551	***
仕事を探す苦労をした経験ありダミー（ある＝1・なし＝0）	0.012		0.017		0.045		0.031		0.049		− 0.036	
社会的に成功すること（とても＝4……まったく＝1）	0.282	***	0.254	***	0.359	**	0.187	***	0.226	***	0.131	
男性と女性は本質的に違う（とても＝4……まったく＝1）	0.072		0.009		0.167		− 0.079	+	− 0.047		− 0.135	
中学卒業時の家庭の経済的なくらし向き（苦しかった＝5……ゆとりがあった＝1）	− 0.088		− 0.080		− 0.151		− 0.037		− 0.034		− 0.042	
中学卒業時の母就業ダミー（就業＝1・専業主婦＝0）	0.004		− 0.044		0.144		− 0.002		− 0.009		0.048	
（定数）												
度数（n）	(307)		(210)		(97)		(380)		(292)		(88)	
調整 R2	0.230		0.224		0.215		0.268		0.251		0.315	
F 値・分散分析	5.162	***	3.879	***	2.255	**	7.304	***	5.645	***	2.903	***

注：+P.<.01　*P.<.05　**P.<.01　***P.<.001

出典：筆者作成

めざしたい」と考えるが、女性の場合は、職を失う不安を解消するためにつまり消極的な志向性で「管理職をめざしたい」と考えていた。学歴では、男性全体では、中学校・高等学校卒業より、専門学校の方が管理職をめざしたいと思わない。女性では、女性全体と女性既婚で中学校・高等学校卒業より短大・高専卒の方が管理職をめざしたいと思わない傾向がある。

職業をみてみると、男性全体と男性未婚、女性全体と女性既婚、専門・技術・管理より販売・サービスの方が管理職志向である。

（2）「仕事の専門能力を高めたい」に影響を与えている要因

男女全体とも、専門志向に大きな影響を与えていたのは管理職志向である。「管理職をめざしたい」と思う人ほど「仕事の専門能力を高めたい」と考えていた。

男性全体をみると、仕事の専門能力を高めたいと思っているのは、正規雇用の者より非正規雇用・自営その他の仕事についている者、中学校・高等学校卒業より短大・高専卒業の者、中学卒業時の家庭の経済的な暮らし向きが苦しかった者ほどであった。仕事の専門能力を高めたいと思わないのは、現在の仕事を継続しようと思う者より中断・退職希望を希望する者であった。男性既婚では中学卒業時に母親が専業主婦だった者より母親が就業している者だった。男性全体と未婚男性では、仕事を探す苦労をした経験がある者ほど、仕事の専門能力を高めたいと思っている。

職業をみてみると、専門・技術・管理より事務、販売・サービス、保安・農林、生産工程の方が

図表 5-7　日本現職者の専門志向に影響する要因（重回帰分析）

	仕事の専門能力を高めたい（とても = 4……まったく = 1）											
	男性						女性					
	全体		未婚		既婚		全体		未婚		既婚	
	β		β		β		β		β		β	
既婚ダミー（既婚 = 1・未婚 = 0）	− 0.009						0.026					
満年齢	0.031		0.104		− 0.234	+	− 0.056		− 0.033		− 0.156	
学歴（参照カテゴリー：中高卒）												
専門学校	0.124	+	0.128		0.126		0.005		0.019		− 0.076	
短大・高専	0.129	*	0.135	+	0.058		− 0.020		− 0.030		0.051	
大学・大学院	0.114		0.138		0.046		0.092		0.124		− 0.014	
個人年収（中央値）	− 0.019		− 0.061		0.112		− 0.076		− 0.033		− 0.384	*
就業形態（参照カテゴリー：正規）												
非正規	0.117	*	0.108		− 0.027		− 0.068		− 0.028		− 0.252	
自営その他	0.114	*	0.113		0.087		0.022		0.078		− 0.129	
職業（参照カテゴリー：専門・技術、管理）												
事務	− 0.119	*	− 0.125	+	− 0.090		− 0.132	*	− 0.110	+	− 0.252	+
販売・サービス	− 0.232	***	− 0.204	**	− 0.318	**	− 0.197	***	− 0.117	+	− 0.509	***
保安、農林、生産工程	− 0.206	**	− 0.206	*	− 0.275	+	− 0.060		− 0.087		− 0.008	
転職ありダミー（ある = 1・なし = 0）	0.029		0.068		− 0.001		0.073		0.075		0.044	
いつ職を失うか不安である（とても = 4……まったく = 1）	0.070		0.023		0.135		− 0.102	+	− 0.090		− 0.169	
就業継続希望（参照カテゴリー：現在の仕事を継続）												
独立・転職	0.003		0.031		− 0.069		0.012		0.024		− 0.048	
中断・退職	− 0.110	*	− 0.126	+	− 0.094		0.053		0.095	+	0.003	
今の仕事に満足している（とても = 4……まったく = 1）	0.109	+	0.148	+	0.046		− 0.018		0.016		− 0.189	
管理職をめざしたい（とても = 4……まったく = 1）	0.321	***	0.289	***	0.403	***	0.376	***	0.309	***	0.556	***
仕事を探す苦労をした経験ありダミー（ある = 1・なし = 0）	0.153	**	0.195	**	0.086		0.032		0.030		0.089	
社会的に成功すること（とても = 4……まったく = 1）	0.032		0.021		− 0.027		0.181	***	0.226	***	0.089	
男性と女性は本質的に違う（とても = 4……まったく = 1）	− 0.090	+	− 0.076		− 0.098		0.049		0.033		0.141	
中学卒業時の家庭の経済的なくらし向き（苦しかった = 5……ゆとりがあった = 1）	0.154	**	0.110	+	0.218	+	− 0.013		− 0.036		0.060	
中学卒業時の母就業ダミー（就業 = 1・専業主婦 = 0）	− 0.059		− 0.005		− 0.245	*	0.020		0.037		− 0.011	
（定数）		***		*		***		***		**		**
度数（n）	(307)		(210)		(97)		(380)		(292)		(88)	
調整 R2	0.207		0.197		0.190		0.233		0.225		0.308	
F 値・分散分析	4.625	***	3.449	***	2.076	*	6.246	***	5.024	***	2.848	***

注：+P.<.01　*P.<.05　**P.<.01　***P.<.001

出典：筆者作成

仕事の専門能力を高めたいと考えていない。

女性全体・女性未婚では、専門志向なのは社会的成功志向の強い人ほど、女性全体では、専門・技術・管理より事務および販売・サービスの方がそうと考えていない。女性既婚では年収の低い人ほど専門志向ではなかった。

女性の傾向は、女性既婚では年収の低い人ほど専門志向ではなく、女性全体・女性未婚では、社会的成功志向の強い人ほど専門志向であり、女性全体では、専門・技術・管理より事務および販売・サービスの方が専門志向ではなかった。

(3) より一層の男性、今を守るための女性

以上をまとめると、管理職志向であったのは、男女、未婚・既婚とも専門志向であった。未婚男性は年収が高く、社会的成功が重要、既婚男性は社会的成功が重要であった。未婚女性は雇用不安があり、社会的成功が重要であった。

専門志向であったのは、男女、未婚・既婚とも管理職志向であった。未婚男性は仕事を探す苦労あり、未婚女性は社会的成功が重要、就業中断、退職希望であった。

ここからわかることは、第一に、管理職志向が減っているのは、管理職より社内専門職への志向が高まったのではない。管理職をめざす志向性と仕事の専門性を高める志向性は強く結び付いており、管理職をめざす志向性を持つものは仕事の専門性を高めたいと考え、仕事の専門性を高めたい

と思っているものは管理職をめざすという相互性がみられた。

第二に、未婚女性の場合は、いつ職を失うか不安という気持ちが管理職への志向性を強め、一方で未婚の男性は年収が高い方が管理職への志向性を強めており、未婚女性は今の状況を守るために、未婚男性はより一層得られるものを大きくするためにという異なった関連があることがわかる。

（4）男性稼ぎ手役割意識になにが影響を与えているか

「男性は妻子を養うべきである」（男性は稼ぎ手役割）を「そう思う」と回答したのは男性で六四・六％、女性で五八・〇％であった。男性では既婚の方が未婚より稼ぎ手役割意識が高い。未婚の男性では社会的に成功したい、既婚の男性では「男性と女性は本質的に違う」と考えているほど、稼ぎ手役割意識が高い。未婚の女性では、年収が低い、「男性と女性は本質的に違う」と考えている、社会的に成功したいと思っているほど、既婚の女性ではいつ職を失うか不安、「男性と女性は本質的に違う」と考えているほど、稼ぎ手役割意識が高い。一方で、男性は妻子を養うべきであると考えていないのは、未婚の男性では、初職について「最初はいろいろな仕事を試した方がよい」と考えている、既婚の男性では現在の仕事を独立、中断したいと考えている者であった。

つまり、既婚の男性、未婚・既婚の女性では「男性と女性は本質的に違う」というジェンダー意識が強い方が、男性は妻子を養うべきであると考えており、「男性と女性は本質的に違う」というジェンダー意識は男性の稼ぎ手役割についての意識に大きく影響していることがわかる。さらに、

図表 5-8　日本現職者のジェンダー意識（男性の稼ぎ手役割）に影響する要因（重回帰分析）

	男性は妻子を養うべきである（とても = 4……まったく = 1）											
	男性						女性					
	全体		未婚		既婚		全体		未婚		既婚	
	β		β		β		β		β		β	
既婚ダミー（既婚 = 1・未婚 = 0）	.148	*	−		−		− .018		−		−	
満年齢	− .096		− .112		.003		− .074		− .085		.081	
学歴（参照カテゴリー：中高卒）												
専門学校	− .056		− .060		− .065		.040		.000		.203	
短大・高専	.008		− .007		.062		.114		.082		.243	+
大学・大学院	.004		.014		.016		− .064		− .086		.078	
個人年収（中央値）	− .018		− .022		.022		− .102		− .135	+	.123	
就業形態（参照カテゴリー：正規）												
非正規	.027		.019		.107		.043		− .015		.263	
自営その他	− .016		.012		.026		.037		.053		.026	
職業（参照カテゴリー：専門・技術、管理）												
事務	.125	*	.193	*	− .062		.117	*	.126	+	.168	
販売・サービス	.122	*	.117		.113		.026		.007		.161	
保安、農林、生産工程	.198	**	.219	**	.114		.036		.047		− .003	
転職ありダミー（ある = 1・なし = 0）	.021		.006		.066		− .025		− .041		.149	
いつ職を失うか不安である（とても = 4……まったく = 1）	− .075		− .071		− .111		.034		− .004		.242	*
就業継続希望（参照カテゴリー：現在の仕事を継続）												
独立・転職	− .023		.055		− .227	+	− .003		.028		− .043	
中断・退職	.050		.016		.207	+	− .042		− .095		.029	
今の仕事に満足している（とても = 4……まったく = 1）	.028		.071		− .113		.045		.070		.041	
仕事を探す苦労をした経験ありダミー（ある = 1・なし = 0）	− .066		− .024		− .178		.019		.087		− .301	*
初職についての理想（＊1）（B に近い = 4……A に近い = 1）	− .190	**	− .224	**	− .016		.012		− .031		.025	
社会的成功すること（とても = 4……まったく = 1）	.227	***	.262	***	.156		.162	**	.144	*	.184	+
男性と女性は本質的に違う（とても = 4……まったく = 1）	.101	+	.030		.381	**	.184	***	.130	*	.331	**
中学卒業時の家庭の経済的なくらし向き（苦しかった = 5……ゆとりがあった = 1）	.073		.070		.185		− .002		.002		.009	
中学卒業時の母就業ダミー（就業 = 1・専業主婦 = 0）	− .074		− .086		.010		− .087	+	− .108	+	.037	
（定数）		**		**				**		**		
度数（n）	(301)		(206)		(95)		(375)		(287)		(88)	
調整 R^2	0.158		0.139		0.124		0.096		0.071		0.225	
F 値・分散分析	3.559	***	2.579	***	1.636	+	2.805	***	2.036	**	2.203	**

注 1：+P.<.01　*P.<.05　**P.<.01　***P.<.001
　2：(＊1) 初職についての理想　A：最初からずっと続けられる仕事を選ぶべきだ←→B：最初はいろいろな仕事をためしたほうがよい
出典：筆者作成

男性の場合、仕事を中断したい、転職したいという志向性がある場合に、「男性は妻子を養うべきである」という考えが弱く、一方で女性の場合、未婚の女性では、年収が低い、社会的に成功したいと思っている、既婚の女性ではいつ職を失うか不安という傾向があるほど「男性は妻子を養うべきである」という考えを強く持っている。つまり、男性の場合は、仕事をどのように継続しているかという展望が稼ぎ手役割意識を弱め、女性は現在の仕事の状況、自分の状況が男性の稼ぎ手役割を期待する気持ちを強化しているといえよう。

4 韓国、イタリア、カナダの傾向

日本の若者の仕事観とジェンダー意識に焦点をあててきたが、韓国、イタリア、カナダの結果もみよう[3]。日本は管理職志向が低く、専門志向が高い傾向にあるが、管理職志向、専門志向とも男女差が大きい。韓国の男性はジェンダー意識（男性の稼ぎ手役割）が高いが、日本は男女とも高い傾向がある。

(1) 韓国の傾向

韓国の現職をもつ若者の仕事観、ジェンダー意識（男性の稼ぎ手役割）に影響する要因をみてみよう。

管理職志向に影響していたのは、男女全体とも専門志向と、社会的成功の重要度であった。女性全体と女性未婚では、職業が専門・技術・管理より事務、雇用不安のある方が管理職志向であった。一方男性全体と女性既婚では、中学・高校・職業学校卒より大学・大学院卒が管理職志向でなく、男性全体では転職経験があり、女性既婚では正規雇用より非正規雇用が管理職志向ではない。

専門志向に影響していたのは、男女全体とも管理職志向であり、男性未婚と女性全体、女性未婚では社会的成功の重要度であった。女性全体と女性未婚では、専門・技術、管理より事務／農林漁業、技能、組立、単純、軍人が専門志向ではない。

男性の稼ぎ手役割に影響していたのは、男女全体とも雇用不安である。男性全体と男性未婚では社会的成功の重要度である。さらに女性全体と女性未婚では、転職経験のある方が男性の稼ぎ手役割に肯定的である。

(2) イタリアの傾向

イタリアの現職をもつ若者の仕事観、男性の稼ぎ手役割に影響する要因をみてみよう。イタリアの分析は未婚のみのデータである。

管理職志向に影響していたのは、男女全体とも社会的成功の重要度であり、男性未婚では専門志向である。男女全体では社会的成功の志向性が高いほど、男性未婚では仕事の専門能力を伸ばしたいと考えているほど、管理職をめざしたいと思っている。

専門志向では、男性未婚では管理職をめざしたいと考えている、転職した経験がある、高校卒業時に母親が働いていた方が、女性未婚では三五時間未満の雇用者の方が、仕事の専門能力を伸ばしたいと考えている。また、男性未婚では社会的成功をめざさない人ほど専門能力を高めたいと考えていた。

さらに、男性の稼ぎ手役割に影響を与えていたのは、男女ともに「すべての社会的な面・職業面で男性と女性は違う」というジェンダー意識である。また、男性未婚では社会的に成功する志向性が強いほど「男性は妻子を養うべきである」と考える傾向がある。さらに、男性未婚では高校卒業時に母親が働いていた、女性未婚では転職の経験がない、初職についての理想が「最初からずっと続けられる仕事を選ぶべきだ」と考えている傾向がある方が「男性は妻子を養うべきである」と考えていなかった。

(3) カナダの傾向

最後にカナダの現職をもつ若者の仕事観、男性の稼ぎ手役割に影響する要因をみてみよう。

管理職志向に影響していたのは、男女全体とも専門志向である。男性全体では、社会的成功を重要と思うほど、高卒より職業・商業・技術学校卒/大学・大学院卒が管理職志向である。女性未婚では、仕事を探す苦労をした方が、高卒より大卒の方が管理職志向である。女性既婚では、年収の高い人ほど管理職志向である。一方、男性全体では年齢の低い方が、男性全体と男性未婚では就業継続よりも転職・独立希望が管理職志向ではなく、男性全体と女性未婚では常用労働よりパートタイム・派遣労働が管理職志向ではない。

専門志向に影響していたのは、男女全体とも管理職志向であり、男性全体では仕事をさがす苦労であり、女性全体では仕事の満足度である。

男性の稼ぎ手役割に影響していたのは、男女全体とも「男女は本質的に違う」であり、男性全体では未婚より既婚である。男性未婚では年齢の低い方、年収の低い方が男性の稼ぎ手役割に肯定的ではない。

5　四ヵ国若者の仕事観とジェンダー意識

(1)　仕事観にみる日本の特徴

本章では、一九七六〜一九八二年生まれの若者男女に焦点をあてて、仕事観として「管理職をめざしたい」「仕事の専門能力を高めたい」志向性を分析した。その結果は以下のとおりである。

「管理職をめざしたい」(管理職志向)は、日本では男女全体の傾向として、社会的成功の重要度や「仕事の専門能力を高めたい」(専門志向)と関連し、男性は年収の高さ、女性は雇用不安と関連していた。年収の高い男性はより多い年収を得るために、女性は雇用不安から「管理職をめざしたい」と考えている。日本の男性はより多く得ること、女性は今を守ることが動機である。日本の女性と同様の傾向があったのが韓国の女性である。韓国の女性もいつ職を失うか不安であると思っているほど「管理職をめざしたい」と考えている。しかし、韓国の男性にはこのような傾向はなく、韓国の男性には持てる者がより多くを得るために管理職を志向する傾向もない。

イタリアの男女では雇用不安があるほど管理職志向になる傾向がないとはいえないが、日本や韓国のように女性にのみこの傾向がみられることはない。さらにカナダでは、雇用不安から現職を守るために管理職をめざす、という傾向はなかった。

一方で、カナダでは、女性既婚で年収が高いほど、男性全体では学歴の高いほど、管理職志向の傾向があり、男女ともに非正規雇用（パートタイム・派遣労働）はそうではなかった。カナダでは日本と同様に、持てる者がより多くを得るために管理職志向の傾向があったが、日本のように持てる者は男性、持たざる者は女性という男女間の分断ではなく、社会階層による分断があると考えられる。

「仕事の専門能力を高めたい」（専門志向）は、日本では、女性既婚で年収が低いほど、韓国では女性全体で雇用不安があるほど、専門志向ではない。さらに、日本では男女とも専門・技術、管理より事務／販売、サービスが専門志向でない傾向がある。韓国の女性全体では専門・技術、管理より事務／農林漁業、技能、組立、単純、軍人が専門志向ではない傾向があったが、販売、サービスではこの傾向はみられない。また、イタリアの未婚女性では非正規雇用（週三五時間未満）が専門志向でない。

管理職志向や専門志向の分析結果をみると「管理職をめざしたい」「仕事の専門能力を高めたい」志向性は上昇し続けるものではなく、自分のおかれている状況を知るなかで低下することが想像される。日本社会の構造のなかには、管理職志向、専門志向の意欲を引き下げる要因が多いのかもしれない。管理職志向は組織内外からの諸要因の影響が大きいが、専門志向意欲を引き下げる要因は多様である。日本の場合では、職業（男女）、年収（女性）、就業継続希望（男性）が引き下げ要因となっているが、カナダの女性では仕事の満足度が専門志向に大きな影響を与えており（日本では影響はない）、専門志向を引き下げる要因はない。

山田昌弘（2007）は日本社会において、二極化が希望格差をもたらしていると指摘しているが、四ヵ国調査の分析結果をみてみると、日本、韓国、カナダにおいて、持たざる者の意欲が低下している傾向はあるが、特に日本の場合は持つ者と持たざる者の二極化が、男女間を分断する傾向としてはっきり表れていた。

(2) ジェンダー意識にみる日本の特徴

ジェンダー意識の分析結果をみると、日本の男性全体では「男性と女性は本質的に違う」（ジェンダーの本質主義）を肯定するほど「男性は妻子を養うべきである」（男性の稼ぎ手役割）と考えている。また、転職や仕事の中断希望が強いほど、男性の稼ぎ手役割意識を持っていない。一方、日本の女性は、年収が低く（未婚女性）、社会的成功が重要（未婚女性）、雇用不安（既婚女性）があるほど、男性に稼ぎ手役割を期待している。つまり、男性は転職や就業中断希望が稼ぎ手意識を弱め、女性は社会的成功を求め、就業状況が不安定であるほど男性の稼ぎ手役割への期待を強化している

日本の女性のように、年収が低く雇用不安があり、社会的成功が重要であると、女性が男性の稼ぎ手役割を期待する、つまり、自分の年収の不足を夫に補填させ、夫の稼ぎによって社会的成功を得ようとする傾向は、イタリア、カナダの女性にはみられない。韓国の女性は転職回数が多く、雇用不安が強いほど、男性の稼ぎ手役割を期待する傾向があったが、社会的成功は影響していなかった。

日本の男性は職業や初職の理想が、稼ぎ手役割意識に影響を与えているが、韓国の男性は雇用不安が強いほど、稼ぎ手役割意識を持つ傾向がある。カナダでは年収が低いほど稼ぎ手役割を持つ傾向がなかった。

カナダのように「男性は妻子を養うべきである」という考え方が希薄な社会では、稼ぎ手役割にとらわれない男性も多いだろうが、韓国のようにジェンダー役割期待の強い社会では、稼ぎ手役割を果たせない男性は、ジェンダー意識に強くしばられるのであろう。

(3) シンプルに意欲や希望がもてる社会の構築へ

本章では、日本の若者の仕事観、ジェンダー意識を検討してきた。対象は一九七六〜一九八二年生まれ、いわゆる就職氷河期に就職活動を行い、社会に出てからは景気低迷期を過ごした男女であ

る。先行きの不透明感が広がるなかで、多くの研究者が同時期の若者の社会的立場や意識について論じてきた。たとえば本田由紀は、ポスト近代化社会のハイパー・メリトクラシー(4)のなかで、社会における自分の位置づけが不安定な若者への社会の要求水準が高度化して圧力になっている、これに対応しようと努力する若者も多いものの、応えきれない場合は教育機関や職場から離脱・退出を選択すると指摘している（本田 2008）。

山田昌弘は、現代日本社会では生活の各領域でリスク化、二極分化が生じ、生活が不安定になっている、その状況下で持たざる者のやる気をそぎ、二極化が希望格差に至っていると指摘している（山田 2004）。

古市憲寿は目の前に問題は山積みで未来に「希望」はないかもしれないが、若者は現状にそこまで不満があるわけではなく、戻るべき「あの頃」もなく、なんとなく幸せで、なんとなく不安を生きているという（古市 2011）。

四ヵ国調査データから韓国、イタリア、カナダの傾向と比較した結果、日本の特徴は第一に、若者の仕事観において、管理職志向や専門志向の意欲を引き下げる社会的要因が多いこと。第二に女性は今を守るため、男性はより多く収入を得ることが上昇志向の動機となること。第三にジェンダー意識において、女性には収入や立場の弱さの補塡を夫に求める傾向があること、男性は就業継続希望や初職の理想によって、稼ぎ手役割意識が異なることがわかった。

日本の女性の管理職志向の弱さが指摘されているが、本調査の結果からも日本女性の管理職志向は低い。さらに韓国、イタリア、カナダの若者と比較するならば、日本の男性の管理職志向も高くはない。管理職志向が弱いから管理職に登用できないとみなすのではなく、なぜ管理職志向を持てないのか、その要因を考える必要性、個人の置かれている状況や組織のあり方を変革する必要があるだろう。

私たちは一見自分の意志で多様な選択を行っているようにみえるが、社会構造のなかで制約は大きく、自己の立場や地位によって選択自体が影響を受けている。さらには、やっていこうという意欲や将来の希望を持つか持たないかに影響を与えている。日本の若者たちが他国から「不幸な社会の若者たち」とみなされたら「それほどでもない」と言いたいが、シンプルに仕事の専門能力を高めたいと思える社会、女性が社会的成功を夫に補塡してもらわなくてもすむ社会の構築が重要であろう。

注

（1）本調査の詳細については岩上編（2009, 2015）を参照のこと。
（2）本章では非正規雇用はパート、アルバイト、臨時、契約社員に派遣社員を含めたものをさしている。
（3）各国の説明変数が異なっているので四ヵ国調査のデータを挙げて直接比較することはできない。あくまで参考として各国の傾向を述べる。
（4）本田由紀の造語。近代社会のメリトクラシー（学歴主義・業績主義）を超えて、一般的に人間力とよばれる非認知的で非標準的な感情操作能力が、個人の評価や地位配分の基準として最重要とみなされる、ポストモダン社会の状態をさす。

第六章　雇用不安定化のなかの男性の稼ぎ手役割意識

1　雇用不安定化と稼ぎ手役割

（1）男性の稼ぎ手役割意識とは

本章の目的は雇用が不安定化するなかで、男性の稼ぎ手役割意識は変化するのかどうかを考えることである。日本社会においては強固なジェンダー役割規範や性別役割分業の仕組みが、男性の「家族の養い手意識」を維持し、男性は稼ぎ手役割を担ってきた。女性が稼ぎ手役割を担うことはジェンダー役割変革の必要条件と考えられてきたが、日本の場合、女性が稼ぎ手役割を担うことによるジェンダー役割変革の方向にはなかなかすすんでいない。

内閣府が「夫は外で働き、妻は家庭を守るべきと思うか」について、賛成と思うか、反対と思うか調査を行っている。一九八〇年ごろは「賛成」とする者の割合が全体の七割程度であったが、その後徐々に減り、二〇〇四年には、はじめて「反対（「どちらかといえば反対」＋「反対」）」が賛成をうわまわり、二〇〇七年には「反対」が五割をこえるようになった。男性だけをみると、二〇〇九年にはじめて「反対」が「賛成」をうわまわっている。全体としては女性に「反対」とする者の割合が多い。性別役割分業に反対する意識が広がっているといえよう（内閣府 2012）。

また、二〇一三年には、共働き世帯は一〇六五万世帯、専業主婦世帯（男性雇用者と無業の妻の世帯）は七四五万世帯であり、共働き世帯の方が多くなっている。一九八〇年では共働き世帯は六一四万世帯、専業主婦世帯は一一一四万世帯であったが、一九九二年に逆転した（一九九四年に専業主婦世帯の方が多くなったが、一九九七年にふたたび共稼ぎ世帯が多くなり、それ以降はずっと共稼ぎ世帯の方が多くなっている）。夫と妻の働き方をみても、共働き世帯が多数派となり、実態としても、性別役割分業が弱まっているようにみえる。

しかし、性別役割分業意識が弱まり、共働き世帯が増加する状況があるものの、男性が稼ぎ手であるという現状は強固である。総務省「家計調査」によると勤労者世帯の世帯主収入に「世帯主の配偶者の収入」が占める割合は二〇一五年二月期で一割強である。家計経済研究所の行った「現代核家族調査」の二〇〇八年の結果によると、自分の収入を持つ妻の可処分所得額は約半数が十万円未満であった。夫妻の可処分所得に占める妻の可処分所得の割合は低く、常勤で働く妻でも、約半数が可処分所得の三～四割程度、パート・アルバイトの妻では約七割が可処分所得の二割以下であった。そもそも自分の収入を持つ妻の割合は六〇％にも満たなかった。同研究所では、同じ調査を一九九九年にも実施しているが、一九九九年と二〇〇八年の調査結果を比べると、パート・アルバイトの妻の可処分所得割合はあまり変化していないが、妻常勤（正規）世帯では妻の可処分所得割合の低い世帯が増加している。

また男性を稼ぎ手とみなす意識が強い。内閣府が二〇一一～二〇一二年に実施した「男性にとっての男女共同参画」に関する意識調査のなかで「（結婚したら）家族を養い守るのは、自分の責任である」についての考えを聞いている。この調査結果では、男性全体の約七五％が肯定していること、未婚者よりも既婚者に肯定する者が多い傾向があること、既婚者では三〇歳代でやや少ないものの、年代を問わず肯定する者が約八割に上っている。男性は収入が増加するほど肯定する者が増加する傾向にあり、既婚者の場合に配偶者の収入が高くなるほど、否定する者が増加する傾向がみられる。さらにこの傾向は男性に強い（内閣府 2012）。

家計経済研究所の「現代核家族調査」（2008）でも、「夫は収入を得る責任をもつべきだ」との考えに、全体の九四・一％が賛成と回答している。妻の就業形態別に詳しくみてみると、専業主婦世帯の五三・五％が「賛成」、四一・五％が「まあ賛成」、常勤（正規）勤務世帯で「賛成」が四三・一％、「まあ賛成」が四〇・九％、妻パート・アルバイト世帯で「賛成」が六六・四％、「まあ賛成」が三〇・一％である。一九九九年の調査結果と比較すると、専業主婦世帯と妻常勤（正規）世帯で賛成がやや増加している。妻が正規雇用で働いている世帯でも、夫の稼ぎ手役割を期待している状況があることがわかる。

(2) 雇用不安化

近年、日本的雇用システムの変化によって、年功賃金、長期雇用のあり方が変わりつつあり、この変化に伴って、稼ぎ手役割を維持できない男性が増えている。退職勧奨や普通解雇が珍しいことではなくなってきた。二〇一二年に日本労働政策・研修機構が実施した調査によると、二〇〇七～二〇一二年の五年間に正規従業員に退職勧奨を行ったことが「ある」とする企業割合は一六・四%、「ない」が八二・四%、企業規模が大きいほど、退職勧奨を行った企業割合が高く、「一〇〇〇人以上」では三〇・三%であったという。正規従業員の解雇については、「解雇は実施していない」とする企業が七七・九%、「普通解雇を実施した」企業は一六・〇%、「整理解雇を実施した」企業が八・六%、いずれかの解雇を実施した企業割合は二〇・七%であった（労働政策研究・研修機構 2014）。

また、年収も下がっている。国税庁「民間給与実態統計調査」によると二〇一四年の給与所得者の平均給与は男性で五一一万円、女性は二七二万円である。男性の平均給与は一九九七年を境に、女性の平均給与は一九九八年を境に下がっている。一九九七年の男性の平均給与は五七七万円、一九九八年の女性の平均給与は二八〇万円であった。

「解雇」や「人員整理」が特別のことではなくなり、平均収入も下がってきているが、男性自身の稼ぎ手役割意識や女性の男性への稼ぎ手役割期待は根強い。一方で、内閣府の行ったグループインタビューのなかで、経済的役割志向が強い意見もあったが、現在の雇用状況では男が家族を養うのは無理があることから、ライフステージや状況により役割を柔軟に変化させるほうがよいとする意見も聞かれた（内閣府 2012）。

多くの男性にとって「人員削減」や「離職」は身近なことになっており、経験者になった男性雇用者も少なからずいる。雇用が不安定な状況にいる男性、稼ぎ手役割を一時的にせよ遂行しなかった男性が増えてきている。雇用が不安定な状況にいること、稼ぎ手役割を失った、遂行できなかった経験は男性の稼ぎ手役割意識に影響をあたえるのだろうか。男性たちは雇用不安化をどのようにうけとめているのか、また、このような状況のなか、どのような男性が稼ぎ手役割意識を持つのだろうか。

この疑問にアプローチするため、雇用不安化が本格化した二〇〇四年に筆者たちが検討した男性の稼ぎ手役割意識に関する調査の結果を紹介しよう。二〇〇四年は完全失業率が過去最高の五・五％であった二〇〇二年の二年後、雇用不安や「人員整理」「希望退職」が身近なものになっていったときである。

（3）雇用不安の本格化

二〇〇四年に人々はどのような状況にあったのか、もう少し検討してみよう。完全失業率は一九九〇年代半ばから徐々に上昇し、二〇〇二年に過去最高の五・五％となった。厚生労働省の「労働経済の年間分析　平成一四年度」によると、男性の非自発的理由による失業者の数は二〇〇一年平均で七五万人であったが、二〇〇二年平均で一〇九万人と大きく増加し、二五歳から六四歳までの幅広い層で増加幅が大きくなっていた。また、二〇〇二年平均の男性の非自発的理由による離職者一〇九人の内訳をみると、勤め先の都合が八一万人と、会社都合の人員削減が多くなっている。また、二〇〇二年平均で男性の世帯主失業者は八七万人、このうち六一万人（七〇・一％）が非自発的理由により失業者となり、一年以上失業している者が三一・五％を占めている。

日本労働研究機構（現・労働政策研究・研究機構）が二〇〇二年に行った「事業再構築と雇用に関する調査」によると、調査に回答したサービス業を除く各業種でほぼ半数が人員を削減しており、最近三年間に人員削減を実施した企業は一七・五％、現在実施中は二五・四％、今後実施するのは九・〇％と、約半数の企業で人員削減に取り組んでいる状況である。また、人員削減の方法は、「自然減」が八一・六％、「採用抑制」が七六・九％、「希望退職の募集、早期退職優遇制度の創設・拡充」が三四・二％、「解雇」は六・九％であり、現在いる従業員の雇用を打ち切る形での人員削減も行われていることがわかる。また、同調査（2002）によると過去一年間に再就職した人の離職の理由は、「自己の申し出による退職」が七一・一％、「会社の倒産・廃業」が六・〇％、「契約期間の満了」が五・七%、四五歳を超えると「希望退職、早期退職優遇制度に応じた」が一四・八%以上である。

このころ多くの新聞がサラリーマンの働き方の特集記事を連載している。田中は新聞でサラリーマン特集が組まれ、本としてまとめられた背景にはバブル崩壊以降の「サラリーマン的生き方の危機」という共通認識があり、また、新聞が報じた「サラリーマン的生き方の危機」は広く「社会問題」として認識されたと指摘する（田中 2009）。

調査を実施した二〇〇四年は完全失業率が過去最高となった二〇〇二年の状況をうけて、雇用不安が本格化した時期であり、「サラリーマン的生き方の危機」が広く「社会問題」として認識された時期であった。

2 先行研究をめぐって

(1) 男性意識についての先行研究

男性意識については多様な角度から研究がなされているが、男性の意識や考えを論じた重要な研究として、天野・山嵜・岡村（天野編 2001）らの研究がある。その中で山嵜（2001）が男性のジェンダー意識に影響をあたえるものについて次のように論じている。山嵜はいままでの先行研究では年齢・世代、学歴、職業、妻の就業形態が主に男性のジェンダー意識に影響をあたえると考えられてきたとし、あらたに調査を実施して男性のジェンダー意識に影響を与える要因を検証した。その結果、性別役割分業意識への考えは、年齢別では二〇歳前半の若年層と一定年齢以上の高年齢層から肯定派が増えること、学歴差、就業形態別で差は見出せなかったこと、職業別ではブルーカラー層に否定派が少ないことがわかったが、それ以外に顕著な差はなかった。そして、より大きな関連が見られたものとして、自分の働き方がどこまで会社に依存しているかをみた会社中心主義や会社への忠誠度といった尺度であり、会社中心主義度や忠誠度が高く、「家族の生活より仕事を優先し、昇進をめざす」という生き方を望ましいと思ったり、実際にそのような生き方をしている男性たちに性別役割分業意識を肯定するものが多い傾向を指摘している。

江原は、社会はジェンダー秩序(「男らしさ」「女らしさ」という意味でのジェンダーと、男女間の権力関係を同時に産出していく社会的実践のパターンのことを意味する)によって成り立ち、ジェンダー秩序は性別役割分業と異性愛によって構成されていると指摘する。そして、性別役割分業と「男らしさ」「女らしさ」が結びついていること、男性にとって自分が男性であるという認識が主体性、競争性によって獲得されること、「家族を守る」「妻子のために稼ぐ」といった家庭責任をはたすことが「男らしい」と男性に求められてきたとする。男らしさは「自己実現=経済的責任」、女らしさは「愛情=養育・サポート責任」と強く結びついているが、女性は「女らしさ」から逸脱しても自分が女性であるという認識は揺らがないが、男性は「男らしさ」は男性にとって自分自身が男性である自認とわかちがたく結びついていると指摘する(江原 2001)。伊藤は「男らしさ」の三つの志向性として、優越志向、所有志向、権力志向があるとし、これらの志向性は女性に対して発揮され、さらには男性同士の競争・闘争の場においても発揮されること、男性は泣いてはいけない、稼がなくてはいけない、強くなくてはいけないとみなされ、鎧をきているような存在であること、男性はこの鎧をきているので、本来の自分を表現できずにつらいと指摘している（伊藤 2007）。

田中俊之はコンネルの「支配的な男性性」の考え方を用いて、男性も女性も「男性の稼ぎ手役割」を肯定する理由があるのではないかと考察している。コンネルは、男性性のあり方について、男性性は一枚岩ではなく、「支配的な男性性」と「従属的な男性性」があること、「支配的な男性性」はいつどの時代においても同じという固定的なものではなく、ある時代におけるジェンダー関係のなかで支配的な位置づけを占める男性性であり、他にとってかわられうるものと考えた。そして、支配的というのは文化的な理想と個人もしくは集団の制度化された権力との間に何らかの一致が存在した場合に確立すると述べている（connell, R. 1993）。

田中俊之は「家族を養い守るのは男の責任である」という考えについて川崎市の行った調査でわかった、年齢、職種、学歴といった属性の差がみられない、妻の年収が六〇〇万以上であっても肯定する男性が八〇%を越しているという結果から、雇用の流動性と不安定性が高まっている現在の経済状況をかんがみれば男性労働者に長期雇用と年功賃金を期待するのは難しいので、共働きを選択することが家計の安定性とリスク軽減につながるはずであると説明する。しかし、男性は「一家の大黒柱」であることが文化によって「理想」と規定されている限り、共働きは「現実的」な選択肢としては認識されにくく、男性が主たる稼ぎ手となる家族を形成することがあるべき「現実」の姿として理解されてしまうと指摘する。そしてこの状況は、コンネルのいう「支配的な男性性」が人々の自発的な同意を形成しながら男女間の非対称性を正当化する装置として機能しているものだという（田中俊之 2009）。一方で、先にも述べたように、コンネルの述べた「支配的な男性性」とはある時代におけるジェンダー関係のなかで支配的な位置づけを占める男性性であり、他にとってかわられうる可能性もあるものだ。本書ではこの点について検討してみたい。

（2）仕事中心主義

日本の男性は仕事中心主義であることが指摘されて久しい。三隅他が行った「働くことの意味に関する国際比較調査」では、日本、米国、ドイツ、ベルギーにおける勤労価値観を国際比較し、日本の仕事中心性は他の国に比べて高いことを見出している（三隅他 1993）。

また、「週六〇時間以上働いた」という長時間労働者が近年増えていることが指摘されている。小倉は総務省の「労働力調査」をもとに働き盛りの男性の二〇代後半から四〇代前半の働き方を分析しているが、もともとこの年代は他の年齢階層に比べ長時間労働者の比率が高く一九九三年で一七〜一九％ぐらいであったが、一九九八年になると三〇歳代で二〇％をこえ、二〇〇四年には二〇歳代後半から四〇歳代前半で二〇％をこえたという（小倉 2007）。

谷内は先の三隅他の国際比較調査において、一九八一〜八三年、一九八九〜九一年の結果を比べると、どの国も二回目の調査において仕事中心性は下がっていること、また、NHK放送文化研究所の「日本人の意識調査」では、一九七三年に男性で「仕事志向」の人は五四%であったが、二〇〇三年には三〇%と減少し、「仕事・余暇両立」が一九七三年の一九%から三八%へ増加していることから「仕事中心志向」は減り、「仕事も余暇も」という両立志向が増えてきていると指摘している（谷内 2007）。小倉の指摘、谷内の指摘をふまえると、意識としては、仕事も余暇もという両立志向が強まっているが、仕事をめぐる実態は極めて仕事中心の状況があるといえよう。

山嵜は男性のジェンダー意識は学齢期初期に形成され、その後の職業生活や配偶者との関係のなかで変化していくと指摘している。仕事も余暇もと思いながらも仕事中心に長時間労働を行う状況が進んでいるなかで、雇用が不安定な状況にいることや、稼ぎ手役割を失った、遂行できなかった経験は男性の稼ぎ手役割への意識に影響を与えるのだろうか。

雇用が不安定な状況にいることを経験している男性とそうでない男性、稼ぎ手役割を失った、遂行できなかった経験をもつ男性とそうでない男性の稼ぎ手役割意識について検証することで、この問題にアプローチしたい。

このような問題意識のもとに東京で働く二五歳から四九歳の男性三〇〇〇人を対象に「都市男性の生活と意識に関する調査」（目黒 2005）を二〇〇四年に実施し、有効回答数は一五二三人であった（有効回収率五〇・八%）。本書では、雇用の不安定化によって男性の稼ぎ手役割意識に変化がある[1]のかに焦点をあてるため、特に既婚で稼ぎ手役割を担っている男性だけを取り上げて（八〇五票）、男性の稼ぎ手役割意識とその揺らぎについて考える。

3　雇用・事業の安定度、転職・離職と男性の経験

(1) 雇用・事業の安定度、離職・転職の経験

「現在、あなたの雇用や事業は安定していますか、不安定ですか」と雇用・事業の安定度を聞いたところ、「とても安定している」二〇・六%、「どちらかといえば安定している」五二・二%、「どちらかといえば不安定」一九・九%、「かなり不安定」五・一%である（無回答二・二%）。「不安定（「どちらかといえば不安定」＋「かなり不安定」。以下同）について属性別にもう少しみてみると、年齢では四〇歳未満では二〇%そこそこであるが、四〇歳をこえると約三〇%近くになり、年収別では低い方が高い。学歴別では「専門学校・短大・国立高専」で三三・八%、「大学・大学院」で二一・〇%が、職業別では「生産工程・労務作業」で三九・五%、「販売・サービス」で三五・九%が「不安定」と回答している。

「あなたは過去三年以内に退職・転職・開業・廃業などで仕事を変えたり、やめたりしたことがありますか」をきいたところ、「ある」は一六・八%、「ない」は八三・一%（無回答〇・一%）である。属性別にみると年齢の低い方が経験しており、「二五～二九歳」で四〇・七%、「四五～四九歳」では八・四%があるとしている。年収、学歴をみると年収の低い方、学歴の低い方が、離職・

転職の経験があると回答している。職業別ではもっとも高い回答なのが「保安、農林漁業、運輸・通信」で二六・五%、次が「販売・サービス」で二三・一%である。

(2) 男性本人の稼ぎ手役割意識

「次の項目は男性の自立にとってどの程度重要だと思われますか」と聞いたところ「家族を養うことができる」を「とても重要」と答えたのは、七五・五%、「やや重要」は二二・〇%であり、九七・五%もの回答者が「家族を養うこと」を男性の自立にとって重視している。また、男性の自立にとって「経済的に自立している」を「とても重要」と答えた回答者は八〇・五%、「やや重要」は一八・五%であり、回答者の九九・〇%が男性の自立にとって「経済的に自立している」を重要としている。

属性別にみると、「家族を養うことができる」を「とても重要」と答える割合がもっとも高いのは年齢で三〇〜三四歳、年収三〇〇〜四〇〇万円未満、職業「管理的職業」の八六・〇%、「経済的自立」では、年齢三〇〜三四歳、年収一〇〇〇万円以上、職業では「管理的職業」九二・一%である。

(3) 女性の稼ぎ手役割についての男性意識

「次の項目は女性の自立にとってどの程度重要だと思われますか」を聞いたところ、「家族を養う

図表 6-1　稼ぎ手役割・経済的自立・（度数 =805）（%）

	男性の自立		女性の自立		あなたの収入が十分でないとき、働いて家計を助けること	社会的に成功する
	家族を養うことができる	経済的に自立している	家族を養うことができる	経済的に自立している		
とても重要	75.5	80.5	15.2	27.8	8.7	20.5
やや重要	22.0	18.5	45.7	48.0	50.4	47.7
あまり重要でない	2.0	0.6	35.4	22.4	34.2	26.1
全く重要でない	0.2	0.2	3.2	1.6	6.1	5.6
無回答	0.2	0.1	0.5	0.2	0.6	0.1
合計	100.0	100.0	100.0	100.0	100.0	100.0

出典：筆者作成

ことができる」を「とても重要」と答えたのは一五・二％、「やや重要」は四五・七％であり、約六割の男性が女性の自立にとって重視しているが、男性本人にとって重要と考える割合に比べると低い。「あなたは、結婚相手（パートナー含む）に次のようなことを期待しますか」についても、「自分の収入が十分でないとき、働いて家計を助けること」を妻に「非常に期待する」は八・七％、「ある程度期待する」は五〇・四％と、六割に満たない。

属性別にみると女性の自立にとって「家族を養うことができる」が「とても重要」と答えた割合がもっとも高いのは、年齢では二五〜三〇歳の一七・五％、学歴では中学校卒三八・五％で、年収と職業では大きな差はない。女性の自立にとって「経済的自立」が「とても重要」と答えた割合がもっとも高いのは、年齢では三〇〜三四歳で三〇・六％、年収二〇〇〜三〇〇万円未満で三五・七％、職業では「専門・技術」三七・四％、「管理的職業」三四・二％である。妻への期待として「働いて家計を助ける」では年齢、学歴、職業では差はあまりなかったが、年収ではあり、二〇〇万円未満で二一・四%が「とても重要」としている。

(4) 男性のジェンダー意識

本調査では、男性、女性のありかたに関する考え方、夫婦や家族のありかたに関する考え方として、一二項目(2)を設定し、男性のジェンダー意識を聞いた。例えば、「最終的に頼りにできるのはやはり男性である」「女性が入れたお茶はやはりおいしい」「夫は外で働き、妻は家を守るべきである」などである。その結果を「そう思う」四点、「どちらかといえばそう思う」三点、「どちらかというとそう思わない」二点、「そう思わない」一点として点数化した。平均値は二七・八点、ジェンダー意識の弱い方にややふれているが、ほぼ山形の分布となった。とても強い、とても弱いの両方とも少なく、多くの男性がある程度のジェンダー意識をもっていることがわかった。

(5) 職業満足度・社会的成功と男性の稼ぎ手役割意識

働く状況と男性意識の関連を考えてみたい。まず、職業満足度と社会的成功志向を取り上げる。「現在の職業において次にあげる項目についてどの程度満足しておられますか」という質問で、総合的な職業満足度をみると「とても満足」六・三%、「やや満足」五一・一%、「やや不満」三六・五%、「とても不満」が五・六%である。約六割は満足しているが、約四割は不満である。「あ

図表 6-2　職業満足度・社会的成功志向と男性の稼ぎ手役割意識（%）

	職業満足度・総合的				社会的に成功する			
	とても満足	やや満足	やや不満	とても不満	とても重要	やや重要	あまり重要でない	全く重要でない
男性：家族を養うことができる 重要である	78.7	71.9	79.5	85.7	91.5	71.6	71.0	73.3
男性：経済的に自立している 重要である	85.1	79.8	80.3	85.7	94.5	77.3	75.7	80.0
女性：家族を養うことができる 重要である	25.5	13.5	15.4	21.4	24.2	10.9	14.3	22.2
女性：経済的に自立している 重要である	34.0	26.7	27.4	33.3	35.8	24.7	25.7	35.6
働いて家計を助ける 期待する	12.8	7.6	8.9	14.3	12.1	6.3	7.6	22.2

注１：「重要である」は「とても重要」と「やや重要」をあわせたものである
　２：「期待する」は「非常に期待する」と「ある程度期待する」をあわせたものである
出典：筆者作成

なたの人生にとって次にあげる項目はどのくらい重要ですか」という質問で、「社会的に成功する」をみると「とても重要」二〇・〇％、「やや重要」四五・五％、「あまり重要でない」二七・四％、「重要ではない」六・六％であり、六五％の人が社会的成功は重要だと考えている。

図表６－２は職業満足度および社会的成功への志向性と男性の自立にとって「家族を養うことができる」「経済的に自立している」ことの重要度、女性の自立にとって「家族を養うことができる」「経済的に自立している」の重要度、結婚相手（妻）への期待として「働いて家計を助ける」ことの期待度をみたものである。職業満足度が「とても不満」の場合、男性の「家族を養うことができる」「経済的に自立している」が「とても重要」がもっとも高い。また、人生にとって「社会的成功」が「とても重要」と回

図表 6-3　雇用・事業の安定度と転職・離職経験と男性の稼ぎ手役割意識の関連（%）

	雇用・事業の安定度			3年以内の転職・離職経験		
	安定	不安定	χ^2	ある	ない	χ^2
男性：家族を養うことができる 重要（計）	97.9	97.5		97.8	97.8	
男性：経済的に自立している 重要（計）	99.1	99.5		99.3	99.1	
女性：家族を養うことができる 重要（計）	60.0	64.0		71.6	59.2	**
女性：経済的に自立している 重要（計）	74.9	78.0		79.1	75.3	
働いて家計を助ける 期待する（計）	57.0	67.5	**	64.4	58.6	

注1：** P.<.01
　2：「重要である」は「とても重要」と「やや重要」をあわせたものである
　3：「期待する」は「非常に期待する」と「ある程度期待する」をあわせたものである
出典：筆者作成

答した人ほど、男性の自立にとって「家族を養うことができる」「経済的に自立している」が「とても重要」と回答している。

(6) 雇用・事業の安定度と男性の稼ぎ手役割意識の関連

雇用・事業の安定度を比べると（図表6-3）、男性の自立にとって「家族を養うことができる」「経済的に自立している」、女性の自立にとって「家族を養うことができる」「経済的に自立している」が重要（「とても重要」＋「やや重要」以下同）に大きな差はなかったが、妻への期待「働いて家計を助けること」は、雇用・事業不安定の方が期待する傾向があり、差がみられる。雇用・事業不安定の場合「期待する」は五七・〇%（「非常に期待する」六・五%＋「ある程度期待する」五〇・五%）であるが、雇用が安定では、「期待する」は六七・五％（「非常に期待する」一五・五％＋「ある程度期待する」五二・〇％）である。

（7）転職・離職経験と男性の稼ぎ手役割意識の関連

三年以内の転職・離職経験を比べると（図表6－3）、男性の自立にとって「家族を養うことができる」「経済的に自立している」、女性の自立にとって「経済的に自立している」の重要さや、妻への期待「働いて家計を助けること」はほぼ同じであるが、女性の自立にとって「家族を養うことができる」は転職・離職経験ありの方がない方より高い。転職・離職経験ありの場合、妻への期待「働いて家計を助けること」を「期待する」七一・六％（「非常に期待する」＋「ある程度期待する」）であるが、雇用・事業安定では、「期待する」は六七・一％（「非常に期待する」一五・四％＋「ある程度期待する」五一・七％）である。

（8）社会的成功志向、雇用・事業の安定度、転職・離職経験と男性の稼ぎ手役割意識

社会的成功志向ごとに、雇用・事業の安定・不安定、転職・離職経験と男性の稼ぎ手役割意識をみよう（図表6－4）。

まず、人生にとって「社会的に成功する」ことが「重要」である男性をみると、雇用・事業の安定度によって、妻への期待「働いて家計を助ける」意識が異なっている。雇用・事業が安定してい

図表6-4　雇用・事業の安定度、社会的成句志向、転職・離職経験と男性の稼ぎ手役割意識の関連（%）

	社会的に成功する						社会的に成功する					
	重要			重要でない			重要			重要でない		
	雇用・事業の安定度			雇用・事業の安定度			3年以内の転職・離職経験			3年以内の転職・離職経験		
	安定	不安定	χ^2	安定	不安定	χ^2	ある	ない	χ^2	ある	ない	χ^2
男性：家族を養うことができる　重要（計）	98.7	98.6		96.2	95.2		98.9	98.5		95.2	96.2	
男性：経済的に自立している　重要（計）	100.0	100.0		97.8	98.4		98.9	100.0		100.0	97.6	
女性：家族を養うことができる　重要（計）	63.0	63.8		53.5	64.5		73.9	61.2	*	66.7	54.5	
女性：経済的に自立している　重要（計）	77.4	79.7		69.2	74.2		78.3	78.3		81.0	68.7	
働いて家計を助ける　期待する（計）	56.1	69.6	**	59.5	62.9		59.8	59.6		74.4	56.7	*

注：*P.<.05　**P.<.01
出典：筆者作成

る場合、妻が「働いて家計を助ける」を「期待する」は五六・一%であるが、雇用・事業が不安定な場合では六九・六%である。

　一方で、人生にとって「社会的に成功する」ことを「重要でない」（「あまり重要でない」＋「重要でない」。以下同）男性をみると、転職・離職経験の有無によって同様の結果がでている。社会的成功を「重要でない」と考え、転職・離職経験がある場合、女性が「働いて家計を助ける」が重要と考えるが七四・四%、重要でないが五六・七%である。

　また、社会的に成功することを「重要」と考え、転職・離職経験ありの場合、女性の自立にとって「家族を養うことができる」ことが「重要」であるのは七三・九%、転職・離職経験なしでは、六二・一%と差がある。

（9）社会的成功志向、雇用・事業の安定度、転職・離職経験とジェンダー意識の関連

図表6－5は社会的に成功することが重要か、重要でないか別に、雇用・事業の安定・不安定、転職・離職経験と男性のジェンダー意識をみたものである。

人生にとって「社会的に成功する」ことが「重要」である男性をみると、雇用・事業の安定度で差が出てくるのは、ジェンダー意識のうち「女性が入れたお茶はやはりおいしい」「家庭のこまごまとした管理は女性でなくてはと思う」「女性には最終的に自分の考えに従ってほしい」との項目で雇用・事業が不安定な人より安定している人の方が肯定する傾向が強い。また、「社会的に成功する」ことが「重要でない」男性をみると、「女性が男性より昇進が遅いのは仕方がない」ではより雇用・事業安定の人が、「家庭のこまごまとした管理は女性でなくてはと思う」では、より雇用・事業が不安定な人が肯定している。さらに、社会的成功が重要でなく、転職・離職経験ありの男性は、ない男性に比べて、ジェンダー意識が弱い。「男性は看護や保育などの職業には向いていない」「男性は女性に比べて自由に生き方を決められる」「女性が男性より昇進が遅いのは仕方ない」「男らしくないと、女性にはもてないと思う」「妻の収入が夫より多いのは、男として不甲斐ない」「女性には最終的に自分の考えに従ってほしい」への賛成（「そう思う」＋「どちらかといえばそう思う」）をみると、社会的成功が「重要」ではなく、かつ転職・離職経験ありの男性は、社会的成功が「重要」あるいは社会的成功は「重要でない」が転職・離職経験なしの男性に比べて顕著に割合が低い。

図表 6-5　社会的成功志向、雇用・事業の安定度、転職・離職経験と男性のジェンダー意識の関連（%）

	社会的に成功すること						社会的に成功すること					
	重要である			重要でない			重要である			重要でない		
	雇用の安定度			雇用の安定度			仕事を変えたり、辞めたりした経験			仕事を変えたり、辞めたりした経験		
「そう思う（計）」%	安定	不安定		安定	不安定		ある	ない		ある	ない	
男性は看護や保育などの職業には向いていない	33.6	28.8		27.4	30.6		29.3	32.6		7.0	31.8	**
男が最終的に頼りにできるのはやはり男である	28.8	26.6		25.8	16.1		29.3	28.0		23.3	23.2	
女性がいれたお茶はやはりおいしい	60.4	48.2	*	50.0	45.2		45.7	59.5	*	46.5	48.8	
男性は女性に比べて自由に生き方を決められる	38.3	33.1		32.3	27.4		33.7	37.0		16.3	33.6	*
女性が男性より昇進が遅いのは仕方ない	32.7	32.4		28.1	17.7		26.4	33.9		7.0	29.5	**
男らしくないと、女性にはもてないと思う	51.6	48.9		38.4	35.5		45.7	51.4		23.3	41.0	*
妻の収入が夫より多いのは、男として不甲斐ない	57.9	64.7		37.6	43.5		58.7	60.2		30.2	40.8	
家庭のこまごました管理は女性でなくてはと思う	61.7	51.8	*	45.7	56.5		52.2	60.0		39.5	49.3	
女性には最終的に自分の考えに従って欲しい	59.4	49.6	*	48.4	41.9		54.3	57.8		37.2	47.9	
人前では、妻は夫をたてるべきだ	73.4	78.4		64.0	62.9		71.7	75.0		55.8	64.9	
夫は外で働き、妻は家を守るべきである	48.7	41.0		34.8	35.5		46.7	46.1		30.2	36.4	
夫は妻子を養えなくなったら、離婚されても仕方がない	51.6	51.8		46.8	46.8		51.6	51.1		46.5	46.0	

注 1：網かけは 10% 以上の差があるもの。「そう思う」「どちらかといえばそう思う」を合計した%
　2：* P.<.05　** P.<.01
出典：筆者作成

4　男性の稼ぎ手役割意識になにが影響を与えているか――複数の要因の検討

どのような男性が、強固な稼ぎ手役割意識を持つのか。すなわち男性の自立、女性の自立にとって「家族を養うことができる」「経済的に自立している」をより重要と思うのか、「働いて家計を助けること」を妻により期待するのか、「ジェンダー意識」がより強いかを検討するため、年齢、年収、転職・離職経験、雇用・事業の安定度、人生にとっての社会的成功の重要度、学歴、職業、職業満足度を説明変数として重回帰分析を行った（図表6‐6）。

まず、男性の自立にとって「家族を養うことができる」ことは人生にとって「社会的成功」が重要である男性ほど、専門技術職に比べて管理職の方が重要と考えている。また、職業満足度が低い方が「家族を養うことができる」ことを重要と考えている。

男性の自立にとって「経済的に自立している」ことでは、社会的成功が重要である男性ほど、重要と考えていた。中学・高校卒に比べ大学・大学院卒の方が重要と考えていない。一方で、転職・離職経験や雇用・事業の安定度は影響がみられない。

ジェンダー意識では、離職・転職の経験がある男性ほどジェンダー意識は弱い。職業では、管理職、事務職は専門技術職に比べてジェンダー意識が強い。また、社会的成功を重要と思う男性ほど、ジェンダー意識は強かった。

図表 6-6　男性の意識（男性が家族を養うことができる／男性が経済的に自立している／男性のジェンダー意識）に影響を与える要因（重回帰分析）

	男性の自立：家族を養うことができる	男性の自立：経済的に自立している	ジェンダー意識
	β	β	β
年齢	− 0.021	0.000	− 0.002
年収（中央値換算）	− 0.009	0.025	− 0.058
仕事を辞めた経験・ありダミー	0.021	0.049	− 0.091 *
雇用の安定度・不安定ダミー	0.024	0.053	− 0.058
「社会的に成功する」（とても重要＝4……重要でない＝1）	0.158 ***	0.144 ***	0.218 ***
学歴（参照：中学・高校）			
専門・短大・高専	− 0.010	− 0.057	0.039
大学・大学院	− 0.078 +	**− 0.112** *	− 0.021
職業（参照：専門・技術）			
管理	0.139 **	0.072	0.126 **
事務	0.030	− 0.063	0.141 **
販売・サービス	0.012	− 0.079	0.074
保安・農林・運輸・通信生産・労務	0.079	− 0.062	0.141 *
職業満足度（とても満足＝4 …… とても不満＝1）	− 0.081 *	− 0.001	0.002
定数	***	***	***
(n)	(749)	(744)	(741)
調整済 R^2	0.035	0.026	0.061
分散分析 F 値	3.246	2.645 **	5.031

注：+P.<.10　* P.<.05　** P.<.01　*** P.<.001
出典：筆者作成

図表6-7　男性の意識（女性が家族を養うことができる／女性が経済的に自立している／女性が働いて家計を助ける）に影響を与える要因（重回帰分析）

	女性の自立：家族を養うことができる	女性の自立：経済的に自立している	働いて家計を助ける
	β	β	β
年齢	− 0.012	0.017	0.130 **
年収（中央値換算）	0.080 +	0.023	− 0.067
仕事を辞めた経験・ありダミー	0.104 **	0.083 *	0.041
雇用の安定度・不安定ダミー	0.025	0.046	0.116 **
「社会的に成功する」(とても重要＝4……重要でない＝1)	0.025	0.068 +	− 0.021
学歴（参照：中学・高校）			
専門・短大・高専	0.053	− 0.001	0.065
大学・大学院	− 0.005	0.019	0.014
職業（参照：専門・技術）			
管理	0.053	− 0.010	0.011
事務	0.101 +	− 0.087	0.015
販売・サービス	0.059	− 0.065	0.008
保安・農林・運輸・通信生産・労務	0.113 *	− 0.065	− 0.007
職業満足度(とても満足＝4 …… とても不満＝1)	0.009	− 0.005	0.001
定数	***	***	***
(n)	(747)	(749)	(744)
調整済 R^2	0.006	0.005	0.026
分散分析 F 値	1.356	1.306	2.645 **

注：+P.<.10　* P.<.05　** P.<.01　*** P.<.001
出典：筆者作成

男性が女性の自立にとって重要と思うことをみよう（図表6－7）。女性が「家族を養うことができる」は、離職・転職経験のある男性ほど重要と考えている。女性が「経済的に自立している」は、離職・転職経験のある男性ほど重要と考えている。妻への期待「働いて家計を助けること」は、雇用・事業が不安定であるほど、年齢が高いほど期待する傾向がある。

5　男性が「おりずにがんばる」社会から「普通に暮らせる」社会へ

(1) 男性の稼ぎ手役割意識はなぜ強固なのか

現在稼ぎ手役割を担っている既婚男性を対象に雇用の不安定化や転職・離職経験が男性の意識、特に稼ぎ手役割意識にどのように影響を与えるかをみてきた。雇用が不安定であること、転職・離職経験は、男性自身の稼ぎ手役割意識（家族を養うこと）には影響を与えていない。一方で、転職・離職経験のある男性ほど、女性が家族を養うことができ、女性が経済的に自立していることを重要と考え、雇用・事業が不安定な男性ほど、女性が働いて家計を助けることは重要と考えていることが明らかになった。つまり、男性にとって雇用の不安定化や転職・離職経験は、自分自身の稼ぎ手役割意識を変化させるものではなく、あくまで自分自身が稼ぎ手の遂行者であることの考えは変わらない。

ここから浮かび上がるのは、男性の稼ぎ手役割意識の非常な強固さである。「家族を養うことができる」を九七・五％の人が重要と回答し、雇用・事業の安定度、転職・離職経験の有無は男性が「家族を養うことができる」意識に影響を与えていない。雇用が不安定であろうと、転職・離職経験の経験があろうと稼ぎ手役割を重要だと考えている。一方で、実際に、雇用・事業が不安定化したり、転職・離職経験をせざるえない状況が生じており、その状況をふまえて、あくまで自分が稼ぎ手だが、女性が「家族を養うことができる」「経済的に自立している」ことを重要と考えたり、妻が「働いて家計を助けること」を期待しているのである。本章の出発点は雇用・事業が不安定、または転職・離職の経験がある場合、男性が「家族を養うことができる」ことを重要と思わなくなるのではないか、との問題意識であった。しかし、そうではなかった。男性の稼ぎ手役割意識はもっとも中核にあり、転職・離職経験によってジェンダー意識が弱まり、雇用・事業の不安定や転職・離職経験で女性に対する考えや期待が変化しても、男性の稼ぎ手役割意識は変わっていない。

この男性の稼ぎ手役割意識の強固さはいったいどこからきているのだろうか。男性は「家族を養うことができる」を、社会的成功への志向性が強いほど、職業満足度が低いほど、専門技術職に比べて管理職の方が重要と考えていた。社会的志向性が強いほど重要、専門技術職に比べて管理職の方が重要と考えているというのは、山嵜（2001）が指摘した点と重なる。

山嵜は会社中心主義度や忠誠度が高く、「家族の生活より仕事を優先し、昇進をめざす」という生き方を望ましいと思い、実際にそのような生き方をしている男性たちに性別役割分業意識を肯定する傾向があること（山嵜 2001）を指摘しているが、本調査で明らかになった、社会的成功への志向性の強い方、管理職である方が稼ぎ手役割意識が強いということから、山嵜のいう「家族の生活より仕事を優先」という点までは特定できないが、「社会的成功」や「昇進」をめざして、実際に実現している方が、稼ぎ手役割意識は強いといえる。つまり、「社会的成功」や「昇進」をめざしていく状況のなかで、男性の稼ぎ手役割意識は弱まることはなく、強化されていく可能性が示唆されよう。

江原は性別役割分業と「男らしさ」が結びついており、男性にとって自分が男性であるという認識が主体性、競争性によって獲得されること、「家族を守る」「妻子のために稼ぐ」ことが「男らしい」と男性に求められてきたこと、そして男性にとって「男らしさ」は自分自身が男性であるという認識とわかちがたく結びついていると指摘したが（江原 2001)、本調査からも「社会的成功」や「昇進」をめざし、男性の稼ぎ手役割意識が強化されていくことがわかった。

約四〇年前、リーボーはアンダークラスの男が家族を捨ててしまうのはなぜかという問いに、「男には家族が一定の水準で暮らせるようにする責任」があるが、下層階級の男性は、その責任が果たせるだけの収入が得られず挫折感を味わうことになり、この挫折感から逃れるために物理的にも感情的にも家族から離れていく、と指摘した[3] (Liebow. E 1967)。日本の男性の状況は、同じように稼ぎ手役割規範は強固であるが、その責任をまったく果たせない状況にはなっておらず、雇用が不安定であること、転職・離職経験は、男性自身の稼ぎ手役割のうち「家族を養うことができる」要素には影響を与えず、あくまで自分自身が稼ぎ手の遂行者であることの意識は変わらないが、女性に対しての意識には変化が生じていた。男性が「おりずに」「社会的成功」や「昇進」をめざしていくなかで、男性の稼ぎ手役割意識は弱まることはなく、強化されていく。そして、そうした男性を支えているのが「家族を養うことができる」意識ではないか。

（2）「おりずにがんばる」から「普通に暮らせる」へ

職業満足度の低い方が、男性の稼ぎ手役割意識はより強かった。これはどのように考えられるだろうか。職業満足度が低いということは、職場、仕事、給与などのあり方に不満があるわけだが、そのなかで折り合いをつけなくてはならない。「もうこんな仕事をやってられない」と思っても、仕事を辞められない状況にいるわけである。そのときに支えになるのが「家族を養うことができる」という稼ぎ手役割意識なのではないだろうか。

また、稼ぎ手役割を遂行できない経験は稼ぎ手役割意識を弱めるかについては、今回の調査では、影響を及ぼしていないことがわかる。逆に、インタビュー調査からは「稼ぎ手役割」を遂行できなかった経験によって、稼ぎ手役割意識が強くなる点が示唆された。たとえば、離職経験のある四〇代の男性はインタビューの際に、「自分が会社をやめる時、妻の収入のことは全く考えなかった。会社を辞めるが自分が家族の生活には全責任を持つという気持ちがあった」と語っている。

日本の労働市場のあり方から、現実的に妻に「稼ぎ手役割」を期待しても、妻がそのような仕事についている・もしくはつける可能性は低く、妻からも「夫は収入を得る責任を持つべきだ」と期待されているなか、自分は「おりずにがんばり」稼がざるをえない状況がある。その結果として、稼ぎ手役割意識を強固に保持しつつ、転職・離職経験があるほど、女性が「家族を養うことができる」「経済的に自立している」を重要と思い、雇用が不安定であるほど、妻が「働いて家計を助けること」を期待するのだろうと考えられる。

これらの点からみえるのが、「おりられない」男性の状況である。「おりる」というのは「もうこの辺でいいからぼちぼちいこう」と考え、特に「社会的成功」や「昇進」をめざさないことである。男性は、雇用が不安定であろうが、転職・離職しようが、仕事に不満であろうが、おりられない。逆にこれらが「おりずにやっていく」意識を強め、「稼ぎ手役割」を「がんばって果たさなければならない」状況を生み出しているのではないかと思われる。

近年、「格差社会」「勝ち組、負け組」という言葉が聞かれるようになった。雇用の不安定化や、転職・離職という状況があるからこそ、男性たちは「おりたら負け組になってしまう」「おりずにがんばってやっと普通のくらし」と思わざるをえない「きつさ」があるのではないか。たとえば、社会的成功志向が強く、雇用が不安定の場合、「経済的にゆとりがない」「家族との関係がうまくいかない」「仕事・職場がうまくいかない」と感じるという結果がでている(4)。

一方で、ジェンダー役割においては、社会的成功が重要でなく、転職・離職経験ありの男性は、ジェンダー意識が弱いということが明らかになっている。「男性は看護や保育などの職業には向いていない」「男性は女性に比べて自由に生き方を決められる」「女性が男性より昇進が遅いのは仕方ない」「男らしくないと、女性にはもてないと思う」「妻の収入が夫より多いのは、男として不甲斐ない」「女性には最終的に自分の考えに従ってほしい」の項目において、社会的に成功することを志向せず、かつ転職・離職経験のある男性は、社会的に成功することを志向する男性、社会的成功を志向しないが、転職・離職経験のない男性に比べ顕著に弱い。

つまり、「おりていて」転職・離職経験のある男性はその他の男性に比べて稼ぎ手役割意識は変わらないが、ジェンダー意識では柔軟である。ここに今後の日本における男性のジェンダー意識、稼ぎ手役割意識を考えるヒントがあると思われる。「おりて」、かつ転職・離職という職業的に弱い立場におかれたことが、女性の労働市場への理解、男らしさへのとらわれから自由になることにつながったのではないだろうか。一方で、男らしさのとらわれから自由になった時、男性たちは「自分が男であること」の確信をどこにもとめるか、もうそのような確信は必要ないと考えるのかについては検証する必要があるだろう。また、今回は「稼ぎ手役割」を担っている既婚者のみをとりあげて分析したが、生涯未婚率が男性で約二割、女性で約一割となっている今日、未婚者の意識についてもよりふみこんだ検討が必要になるだろう。

男性が「おりずに」稼がざるをえない社会から、人々がとりたてて「おりる」ことなしに、「おりた」時のような心持で普通に暮らせる社会への転換が必要である。また、ジェンダー平等のためには、女性も「家族の生活を支える責任は夫にある」とせず、労働市場において不利ではあっても収入を得て、夫がおりずにいる状況を変えていくことは重要となるだろう。

注

（1）既婚者で、稼ぎ手役割を担っている男性のみをサンプルとして用いた。クロス表の集計においては、χ二乗検定をしているため無回答は除外、重回帰分析はすべての変数の無回答を除外している。

（2）一二項目は以下である。

・男性は介護や保育などの職業には向いていない
・男性が最終的に頼りにできるのはやはり男である
・女性がいれたお茶はやはりおいしい
・男性は女性に比べて自由に生き方を決められる
・女性は男性より昇進が遅いのは仕方ない
・男らしくないと女性にはもてないと思う
・妻の収入が夫より多いのは、男として不甲斐ない
・家庭のこまごました管理は女性でなくてはと思う
・女性には最終的には自分の考えに従ってほしい
・人前では妻は夫をたてるべきだ
・夫は外で働き、妻は家庭を守るべきである
・夫は妻子を養えなくなったら離婚されても仕方ない

（3）リーボーの指摘を認知的不協和と合理的選択の理論にもとづく二段階意思決定の数理モデルにしたのは、モントゴメリー（Montogomery 1994）である。

(4)

社会的成功と雇用の安定度とイライラ「ある（計）」の割合（%）

ある（計）の%	社会的に成功すること					
	重要			重要でない		
	雇用の安定度			雇用の安定度		
	安定	不安定	χ^2	安定	不安定	χ^2
経済的ゆとりがない	40.9%	58.0%	**	39.5%	50.0%	
家族との関係がうまくいかない	14.6%	29.0%	**	11.9%	14.8%	
仕事・職場がうまくいかない	22.1%	48.6%	**	25.9%	35.5%	

注 1：網掛けは 10% 以上の差があるもの。「よくある」「ときどきある」を合計した %
　2：*P.<.05　**P.<.01
出典：筆者作成

第七章　競争社会における親の子どもへの期待

1　親と子どもをとりまく現状

本章の目的は、競争社会における親の子どもへの期待、特に男らしく女らしくの期待について考えることである。「勝ち組」「負け組」というような言葉が聞かれるようになって久しい。新自由主義的な発想が広がり、競争原理、効率重視がいわれ、自己の選択と責任が問われるようになってきている。新自由主義的な経済政策において、公共部門の民営化、公共投資の抑制、雇用における規制緩和、社会保障の切り下げなどが行われ、非正規雇用者は増え、正社員には成果主義が導入され、競争は強まっている。

厚生労働省が二〇一二年に行った「国民生活基礎調査」によると、貧困線（等価可処分所得の中央値の半分）は一二二万円（名目値）、相対的貧困率は一六・一％、子どもの貧困率（一七歳以下）は一六・三％である。相対的貧困率とは国民を所得順に並べて、真ん中の順位（中位数）の人の半分以下しか所得がない人の比率を意味するが、日本人の約六人に一人が相対的な貧困層にいることになる。日本の所得再分配前の相対的貧困率は、一貫して上昇傾向を示し、二〇〇〇年代中頃からＯＥＣＤ平均を上回っている。

また、この調査では、「生活意識」も調べているが、二〇一三年の結果は、生活が「苦しい」（「大変苦しい」と「やや苦しい」）が五九・九％、「普通」が三五・六％である。年次推移をみると、「苦しい」と答えた世帯の割合は、上昇傾向にあり、二〇〇一年では生活が「苦しい」（「大変苦しい」と「やや苦しい」）が五一・四％、「普通」が四三・七％であった。生活が苦しいと思う人たちが増えている。

厚生労働白書（2012）の所得格差に関する意識では「自国の所得の格差が大きすぎる」という考えに対して「そう思う」「どちらといえば、そう思う」と回答した人は全体の七一・五％である。さらに、「政府は、貧しい人たちに対する援助を減らすべきだ」という考えへの認識をきいたところ、「そう思う」「どちらかといえば、そう思う」との意見は、一七％と多くはないが、「そう思わない」「どちらかといえば、そう思わない」と貧困層への援助削減に否定的な意見は四割強にとどまり、先進諸国のなかで最も低い水準である。

実態として生活に困窮している世帯が増え、また、生活が苦しいと考える世帯も増え、人々は所得格差が大きいとも認識するが、困っている人たちを政府が積極的に助けるべきだとはあまり思っていない。競争が強まるなか、生活不安を抱えながらも、自分のことは自分でやっていくべきと考えている状況が浮かび上がっている。

一方で、二〇〇六年に制定された教育基本法第十条には親の責任、子どもの教育への努めが明記され、教育再生会議では「親業に関する緊急提言」がまとめられたように、「家庭教育」に対する関心は高まっている。本田（2007）は一九九〇年代後半の日本社会において「社会化」に重点をおく政策動向と「選抜」に重点をおく社会的関心がずれながらも重なり合う形で形成され、「社会化」に重点をおく政策動向においても「選抜」に重点をおく社会的関心のなかでも「家庭教育」の重要性が声高に語られるようになったと述べている。そして、家庭教育重視が生み出す問題として、格差の拡大と混乱の拡大を指摘している。まず、格差の拡大としては、家庭教育に力を注げるかどうかは、家庭の経済的資源や母親の経歴や考え方などが強く関連しており、個々の家庭の初期条件の違いを無視して家庭教育を称揚することは子どもの成育環境の相違・格差を一層拡大する危険があるという。さらに、混乱の拡大として、家庭教育が過度に重視され強調されることによって母親へのプレッシャーとなって子育てストレスや子どもを持つことへの躊躇につながるのではないかというのが本田の指摘である。

さらに「ジェンダー」をめぐる教育のあり方についても多様な議論がおこった（木村 2005）。特に「男らしさ、女らしさ」を問い直すジェンダー教育に対してのバックラッシュは顕著であった。そのあらわれ方を若松（2007）はジェンダー教育を性差別ではなく性差の解消と理解し、ジェンダーを文化的な産物と捉えることによってジェンダー教育を「文化の破壊＝野蛮」と評価することが、バッシングの背景にあると指摘する。さらに、バックラッシュを推進する者たちは、「らしさ」概念は「社会のための個人」を支えるものと考えており、ジェンダー教育による具体的な「らしさ」の放棄は、若者のアイデンティティの獲得を阻害し、社会不適応者にすると主張していると指摘する。また、「自分らしさ」は「男らしさ」「女らしさ」の枠組のなかで構築されるために、アイデンティティ獲得にとっての二項対立は必要不可欠なものという主張があると述べている。

このような状況を背景に、本章では子どもを育てている親たちが、競争社会のなかで子どもに何を期待しているのかを「男らしく女らしく」への期待の面から考える。

2　親の子どもへの期待に関する研究

親の子どもへの期待を論じた研究は多様な視点で行われてきたが、親の職業から論じたのがコーンの研究である（Kohn 1977）。コーンは「正直なこと」「責任感があること」「他人に思いやりのあること」などの一三項目をもちいて、親の子どもへ期待することと親の職業や階層との関連を検討した。その結果、コーンは、ミドルクラスの親は子どもに自律的な価値を持つことを期待し、ワーキングクラスの親は子どもに同調的な価値を持つことを期待しているとし、この違いはミドルクラスとワーキングクラスにおけるそれぞれの職業において求められる資質の違いから生じている、つまり、ミドルクラスの親は職業上自律的な価値を持つことを期待されているので、子どもにも自律的な価値を期待し、ワーキングクラスの親は職業上同調的な価値を持つことを期待されているので、子どもにも同調的な価値を期待するのだと結論づけている。

また、渡辺（1996）は母親の子どもに期待することの日米比較をおこなっている。そのなかで、日本の母親は他者志向的な価値を、アメリカの親は自己志向的な価値を子どもに望んでいること、日本の母親においては子どもの性別によって期待が異なること、コーンの指摘した自己志向的な価値を日本では男の子に、ワーキングクラスの親が期待する他者志向的な価値観を日本では女の子に強く期待していると述べ、日本の母親は女の子に階層構造における上層的価値を男の子ほど期待していないとする。渡辺は、コーンの議論をもとに、親は社会のジェンダー構造に対応した価値を子どもの性別に応じて期待すると考えられること、自律的な生活の条件の機会により恵まれている男子には自律的価値を、そうした機会に恵まれていない女子にはそれに対応して他者志向的な価値をそれぞれ期待すると指摘する。さらに、ジェンダー構造に対応した価値を親を通して伝達された子どもたちがまた社会のジェンダー構造に適合した行動をとるようになるとすれば、ジェンダー構造の再生産になると述べている。

日本において子育ての意識や行動が子どもの性によって異なるという知見は多く、「男らしく女らしく」育てたいという意識の高さ、女の子により手伝いをさせる、男の子により高い学歴を期待することなどが指摘されている（中西・堀 1997; 木村 1999）。

一方で、吉武（1996）は幼稚園児を持つ親を対象に、男の子らしく女の子らしくといった性の違いによるしつけの違い、期待の違いについて検証し、親たちが男らしく女らしくと区別して育てていないこと、男の子でも女の子でも親の期待の高さに違いがないことを述べている。また、神原・吉田（2000）は、親の「男の子は男らしく、女の子は女らしくしつけたい」という性別子育て意識は強いが、実際の子育て内容や子どもの育ち方の中身を検討すると、男の子と女の子とでさほどの違いはなく、日常の子育て行動で具体化されているとはみえないという。その一方で、親たちの「男らしく女らしく」という性別子育て意識が性差別につながりかねないという認識が低いことを指摘し、親たちの「男らしく女らしく」のイメージを明らかにするのが課題であると主張する。

本章では親の期待のなかでも、「男らしく女らしく」という期待について、①男の子と女の子では期待のあり方が異なるのか、②父親と母親で期待のあり方は異なるのか、③他のどんな期待と関連が強いのか、④どんな親が子どもに期待するのか、⑤期待の持つ意味、について検討したい。

3　調査の概要(1)

(1) 調査の対象、時期、サンプルについて

用いるデータは独立行政法人国立女性教育会館が二〇〇五年に「家庭教育に関する国際比較調査」として実施したもの、および文部省(現文部科学省)の委託により日本女子社会教育会(現日本女子学習財団)が国連の国際家族年の一九九四年に実施した同名の『家庭教育に関する国際比較調査』(日本女子社会教育会 1995)である。最初の調査は今から二〇年前、二番めの調査は一〇年前に実施されているが、変わらぬ日本の低い出生率、親のふくらむ子どもへの期待をふまえると、経年変化をみながら国際比較できる貴重なデータである。日本および諸外国の家庭・家族の変化、家庭教育の実態、親の意識等を調査し、現代日本の家庭教育の特色や課題を明らかにすることを目的とし、一九九四年と二〇〇五年の二度にわたって実施された。日本の出生率の低下、社会のなかの子育てに関する不安が指摘されるなか、子どもを育てている親たちの気持ちや子育ての実態を明らかにしようという問題意識から行われた。また、一〇年後の変化を明らかにすることも合わせて目的としていた。

調査の対象国として、二〇〇五年調査では、日本、韓国、タイ、アメリカ、フランス、スウェーデンの六ヵ国を、一九九四年の調査では、日本、韓国、タイ、アメリカ、イギリス、スウェーデン

の六ヵ国を対象としている。一九九四年の調査ではイギリスを対象国としていたが、現在子育て政策を打ち出し出生率が回復しているフランスの状況を詳しく知りたいことから、対象からイギリスをはずし、フランスを入れたものである。

調査の対象者は〇～一二歳までの子どもと同居している親、またはそれに相当する人としている。各国とも、父親五〇〇名、母親五〇〇名を目標サンプルとした。日本は住民基本台帳より、層化二段無作為抽出により抽出、その他の五ヵ国はすべて割当法を用いた。よって、六ヵ国とも子どもの人口構成に基づく全国サンプルである。調査方法はいずれの国も個別訪問面接調査である。調査は、日本が二〇〇五年三～四月、その他の国は二〇〇五年四～六月に実施した。有効回収票数は日本一〇一三票、韓国一〇〇三票、タイ一〇〇〇票、アメリカ一〇〇〇票、フランス一〇〇一票、スウェーデン一〇二六票である。

(2) 質問文について

質問文は「問一七〔カード一五〕〇〇さんが一五歳くらいになった時、どのような子になってほしいと期待しますか。次にあげる項目について、あなたがお子さんに期待する程度をお答えくださいい」という形で聞き、その一つの項目として「男の子は男らしく、女の子は女らしくする」を聞いている。回答は「強く期待する」「少し期待する」「あまり期待しない」「全く期待しない」のカテゴリーで回答してもらった。

図表 7-1　各国別・年次別「男らしく女らしく」の期待度の割合

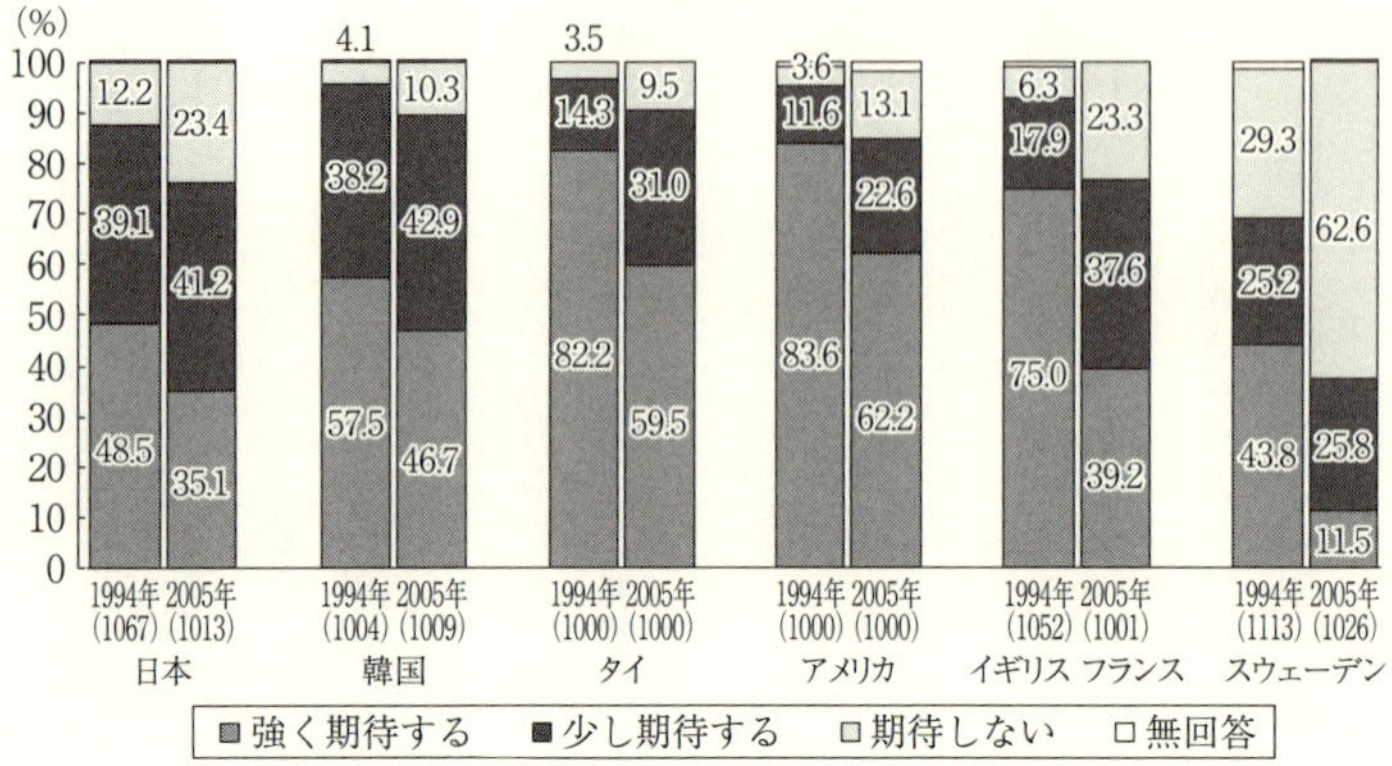

注：2005 年調査の「期待しない」は、「あまり期待しない」「まったく期待しない」を合計した割合

出典：筆者作成

4　分析の結果

（1）六ヵ国別「男らしく女らしく」の期待について

図表7-1は、六ヵ国別に「男らしく女らしく」への期待を一九九四年と二〇〇五年の結果について比べたものである。[2] どの国も「男らしく女らしく」を「期待しない」とする割合が増え、「強く期待」が減っている。この傾向は六ヵ国すべてに共通している。日本は「期待しない」の割合が一九九四年の一二・二％から二〇〇五年の二三・四％へ増え、「強く期待」の割合は一九九四年の四八・五％から二〇〇五年には三五・一％に減った。韓国では「期待しない」の割合が四・一％から一〇・三％へ、「強く期待」の割合が五七・五％から四六・七％へ、

図表 7-2　1994 年日本子ども・父母の性別「男らしく女らしく」の期待度割合

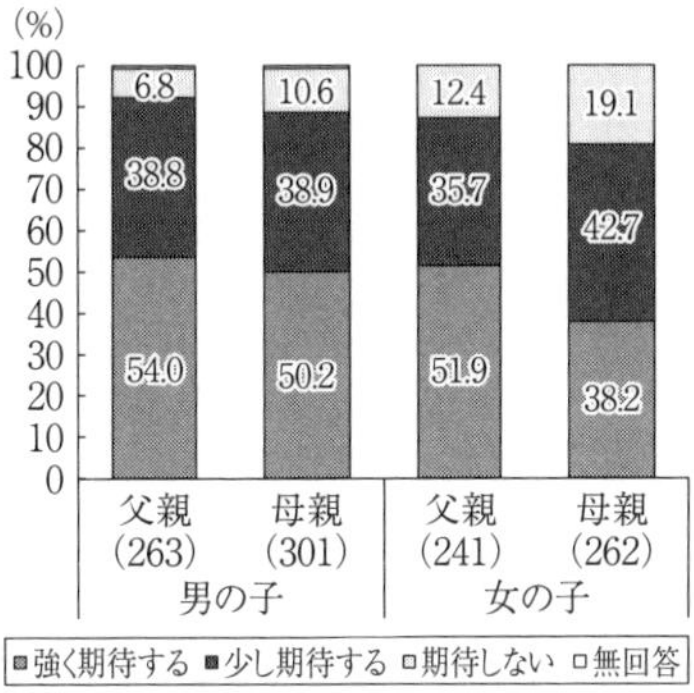

図表 7-3　2005 年日本子ども・父母の性別「男らしく女らしく」の期待度割合

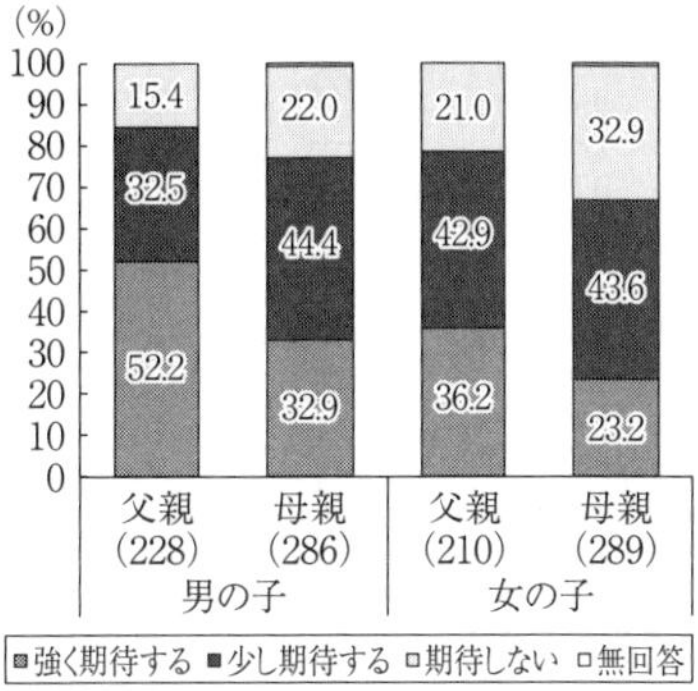

注：「期待しない」は、「あまり期待しない」「まったく期待しない」を合計した割合
出典：筆者作成

タイでは「期待しない」の割合が三・五%から九・五%、「強く期待」の割合が八二・二%から五九・五%へ、アメリカでは「期待しない」の割合が三・六%から一三・三%へ、「強く期待」が八三・六%から六二・二%になった。スウェーデンではこのような傾向が顕著で「期待しない」の割合は一九九四年の二九・三%から二〇〇五年の六二・六%へ増え、「強く期待」の割合は四三・八%から一一・五%へと減った。また、日本とスウェーデンでは、一九九四年と二〇〇五年で「少し期待する」の割合はあまり変化がなく、日本では一九九四年と二〇〇五年ともに四〇%前後、スウェーデンでは二五%前後となっている。「期待しない」の増えた分だけ、「強く期待する」割合が減っている状況となっている。

（2）日本の子どもの性別・父母の性別「男らしく女らしく」の期待について

日本の状況について、男の子と女の子にわけて、それぞれ父親と母親が「男らしく女らしく」を期待するかをみよう。(3) 図表7－2は一九九四年の結果である。男の子に対する「男らしく、女らしく」の期待は父親の五四・〇％、母親の五〇・二％が「強く期待」していた。女の子に対しては父親の五一・九％、母親の三八・二％が「強く期待」していた。父親は男の子と女の子に同じように期待していたが、母親は男の子より女の子には「強く期待」する割合が低い。一方、二〇〇五年の結果をみると（図表7－3）、男の子に対しては父親の五二・二％が「強く期待」し、これは一九九四年の結果とほぼ同じ割合であるが、母親の男の子への期待は三二・九％と一九九四年の五〇・二％から減っている。また、女の子への期待は父親の三六・二％、母親の二三・二％と一九九四年と比べるとそれぞれ「強く期待」する割合は減っている。一九九四年と二〇〇五年の結果を比べると、父親の男の子への期待だけが同じように期待されている。

（3）日本の「男らしく女らしく」と他の期待の関連

日本における「男らしく女らしく」という期待が他のどのような期待と関連が強いのかをみたのが図表7－4である。(4) 一九九四年と二〇〇五年の調査では調査項目が異なっており、比較するのは難しいが、それぞれの特徴をみてみたい。

一九九四年の結果では、父親の男の子への「男らしく女らしく」期待は、「自分の人生の目標を

図表7-4　日本「男らしく女らしく」と他の期待項目の相関係数（ピアソンr）

	日本							
	男の子				女の子			
1994年	父親		母親		父親		母親	
勉強ができる	0.029		0.078		0.164	*	0.150	*
楽しく遊んだり運動したりできる	0.131	*	0.165	**	0.152	*	0.112	
きちんとした身なりをする	0.312	***	0.229	***	0.277	***	0.165	**
異性からみて魅力がある	0.283	***	0.155	**	0.264	***	0.272	***
ユーモアがある	0.243	***	0.194	***	0.360	***	0.110	
親のいうことを素直にきく	0.358	***	0.336	***	0.470	***	0.382	***
勉強以外に打ち込めるものを持つ	0.189	**	0.128	*	0.203	**	0.134	*
あきらめないで粘り強く取り組む	0.241	***	0.178	**	0.246	***	0.134	*
自分の意見をハッキリ述べる	0.300	***	0.096		0.289	***	0.183	**
我慢をしても他人と協調できる	0.314	***	0.301	***	0.428	***	0.335	***
自分の人生の目標を持つ	0.385	***	0.314	***	0.300	***	0.251	***
2005年								
学校でよい成績をとる	0.114		0.171	**	0.156	*	0.297	***
親のいうことを素直にきく	0.307	***	0.239	***	0.365	***	0.364	***
自分の意見をハッキリ述べる	0.165	*	0.115		0.206	**	0.121	*
他人と協調できる	0.279	***	0.174	**	0.233	***	0.203	***
自分の人生の目標を持つ	0.203	**	0.303	***	0.209	**	0.102	
困っている人を見たら助けてあげる	0.259	***	0.201	***	0.305	***	0.256	***
リーダシップがとれる	0.403	***	0.291	***	0.232	***	0.319	***
他人との競争に勝てる	0.415	***	0.358	***	0.279	***	0.287	***
高い収入を得ること	0.140	*	0.204	***	0.160	*	0.167	**
有名になること	0.134	*	0.208	***	0.118		0.173	**
高い地位につくこと	0.213	**	0.322	***	0.104		0.161	**
人のためにつくすこと	0.187	**	0.174	**	0.234	***	0.244	***
幸せな家庭をきずくこと	0.279	***	0.177	**	0.315	***	0.112	
仕事よりも趣味・余暇を楽しむこと	−0.014		0.096		0.004		0.123	*

注1：*P.<.05　**P.<.01　***P.<.001
　2：1994年：「強く期待」=1「少し期待」=2「期待しない」=3
　3：2005年：「強く期待」=1「少し期待」=2「あまり期待しない」=3「まったく期待しない」=4
　4：網掛けの項目は1994年と2005年で比較できる項目である
出典：筆者作成

持つ」「親の言うことを素直に聞く」が特に関連が高く（相関係数〇・三五以上）、母親の男の子への期待は「親の言うことを素直に聞く」が関連が高い（相関係数〇・三三以上）。父親の女の子への「男らしく女らしく」期待は、「親の言うことを素直に聞く」「我慢をしても他人と協調できる」「ユーモアがある」と関連が高く、母親の女の子への期待は「親の言うことを素直に聞く」が特に関連が高い（相関係数〇・三五以上）。

二〇〇五年の結果では、父親の男の子への「男らしく女らしく」期待は、「他人との競争に勝てる」「リーダシップが取れる」との関連が特に高く（相関係数〇・四以上）、母親の男の子への期待も「他人との競争に勝てる」が関連が高い（相関係数〇・三五以上）。父親・母親の女の子への「男らしく女らしく」期待は、「親の言うことを素直に聞く」と関連が高い（相関係数〇・三五以上）。

一九九四年と二〇〇五年の調査項目が異なるので、単純には比較できないが、一九九四年の父親の男の子への期待では「自分の人生の目標を持つ」「親の言うことを素直に聞く」が特に関連が高かった。二〇〇五年の結果では「自分の人生の目標を持つ」「親の言うことを素直に聞く」の期待と関連は高いものの、一九九四年の結果ほど関連は高くなく、「他人との競争に勝てる」「リーダシップが取れる」との関連が特に高くなっている。母親の男の子への期待も父親の期待と同様に、一九九四年に関連がもっとも高かった「親の言うことを素直に聞く」は、二〇〇五年の結果では関連はあるものの、「他人との競争に勝てる」「高い地位につく」「自分の人生の目標を持つ」との期待の方が特に関連が高い。

女の子への父親の期待・母親の期待は一九九四年、二〇〇五年の結果においても「親の言うことを素直に聞く」の期待と関連が最も高い傾向がある。

「男の子らしく女の子らしく」という期待には、男の子の場合は「他人との競争に勝てる」という期待がこめられており、女の子の場合には「親の言うことを素直に聞く」との期待がこめられているといえるのではないだろうか。

(4) 六ヵ国別「男の子らしく女の子らしく」と他の期待の関連

次に、二〇〇五年の結果をもとに六ヵ国別「男の子らしく女の子らしく」と他の期待の関連についてみていく。

韓国における「男の子らしく女の子らしく」期待では父親の男の子への期待としては「困っている人を助ける」「人生の目標を持つ」という期待との関連が高く、母親の男の子への期待では「他人との競争に勝つ」「困っている人を助ける」の順番で関連が高い。父親の女の子への期待では「他人と協調すること」、母親の女の子への期待では「困っている人を助ける」との関連が高い。

タイの結果は、父親の男の子への「男の子らしく女の子らしく」期待は「困っている人を助ける」「人生の目標を持つ」との関連が高く、母親の男の子への期待では「他人との協調」との関連が高い。また、母親の女の子への期待では「幸せな家庭を築く」「親のいうことを聞く」と関連が高い。

アメリカの結果は、父親の男の子への「男らしく女らしく」期待は「他人との競争に勝つ」と極めて高い関連があった。母親の男の子への期待も同様に「他人との競争に勝つ」と高い関連がある。女の子への「男らしく女らしく」期待は、父親の場合は「困っている人を助ける」と関連が高いが、母親の場合は、男の子と同様に「他人との競争に勝つ」との関連がとても高い。

フランスの場合も、男の子への「男らしく女らしく」期待は父親の場合、母親の場合ともに「他人との競争に勝つ」ともっとも関連が高い。女の子への期待においても、父親は男の子と同様に「他人との競争に勝つ」との関連がもっとも高く、母親の場合は「困っている人を助ける」「他人との競争に勝つ」の順で関連が高い。

スウェーデンの結果でも、男の子への「男らしく女らしく」期待は父親の場合、母親の場合ともに「他人との競争に勝つ」ともっとも関連が高く、女の子の場合でも母親においては「他人との競争に勝つ」がもっとも関連が高い。

以上の二〇〇五年の結果をふまえると、日本と同じように、男の子への「男らしく女らしく」への期待と「他人との競争に勝つ」との期待の関連が高いのが、韓国の母親、アメリカの父親・母親、フランスの母親、スウェーデンの父親・母親であり、女の子の場合でもアメリカの母親、フランスの母親、スウェーデンの母親では、女の子への「男らしく女らしく」への期待と「他人との競争に勝つ」との期待の関連が高い。日本、韓国、タイでは女の子への「男らしく女らしく」への期待は父親・母親ともに「親の言うことを聞く」「困っている人を助ける」「幸せな家庭を築く」と関連が

図表 7-5　2005 年　六ヵ国「男らしく女らしく」と他の期待項目の相関係数（ピアソン r）

	日本				韓国				タイ			
	男の子		女の子		男の子		女の子		男の子		女の子	
	父親	母親	父親	母親	父親	母親	父親	母親	父親	母親	父親	母親
よい成績	0.114	0.171	0.156	0.297	0.131	0.240	0.174	0.115	0.274	0.214	0.334	0.230
親のいうこと	0.307	0.239	0.365	0.364	0.257	0.344	0.265	0.310	0.203	0.244	0.105	0.352
自分の意見	0.165	0.115	0.206	0.121	0.324	0.359	0.258	0.299	0.166	0.263	0.113	0.265
他人と協調	0.279	0.174	0.233	0.203	0.328	0.246	0.346	0.274	0.252	0.411	0.146	0.286
人生の目標	0.203	0.303	0.209	0.102	0.459	0.426	0.320	0.246	0.281	0.172	0.331	0.327
困っている人	0.259	0.201	0.305	0.256	0.479	0.462	0.343	0.376	0.328	0.320	0.155	0.301
リーダシップ	0.403	0.291	0.232	0.319	0.429	0.447	0.154	0.244	0.294	0.262	0.199	0.190
他人との競争	0.415	0.358	0.279	0.287	0.290	0.471	0.185	0.291	0.065	0.071	0.091	0.289
高い収入	0.140	0.204	0.160	0.167	0.088	0.197	0.172	0.142	0.108	0.070	0.258	0.225
有名	0.134	0.208	0.118	0.173	0.062	0.293	0.163	0.197	0.097	0.076	0.176	0.225
高い地位	0.213	0.322	0.104	0.161	0.101	0.354	0.158	0.184	0.079	0.152	0.110	0.119
人のため	0.187	0.174	0.234	0.244	0.287	0.337	0.222	0.266	0.141	0.169	0.093	0.096
幸せな家庭	0.279	0.177	0.315	0.112	0.246	0.166	0.165	0.095	0.262	0.171	0.259	0.402
趣味・余暇	−0.014	0.096	0.004	0.123	0.135	0.118	0.078	0.212	−0.016	−0.050	0.031	0.120

	アメリカ				フランス				スウェーデン			
	男の子		女の子		男の子		女の子		男の子		女の子	
	父親	母親	父親	母親	父親	母親	父親	母親	父親	母親	父親	母親
よい成績	0.317	0.088	0.226	0.196	0.216	0.278	0.101	0.135	0.240	0.206	0.180	0.277
親のいうこと	0.281	0.129	0.294	0.192	0.190	0.083	0.085	0.165	0.227	0.140	0.227	0.252
自分の意見	0.282	0.276	0.214	0.257	0.110	0.156	0.189	0.206	0.040	−0.013	0.067	0.078
他人と協調	0.266	0.170	0.348	0.262	0.049	0.158	0.166	0.250	0.070	0.072	−0.029	−0.027
人生の目標	0.325	0.338	0.255	0.322	0.217	0.172	0.114	0.299	0.167	0.047	0.051	0.019
困っている人	0.229	0.127	0.409	0.254	0.124	0.163	0.186	0.360	0.140	0.055	−0.029	0.077
リーダシップ	0.249	0.209	0.210	0.361	0.340	0.440	0.311	0.262	0.147	0.179	0.144	0.126
他人との競争	0.536	0.474	0.346	0.489	0.345	0.457	0.341	0.303	0.412	0.396	0.279	0.444
高い収入	0.359	0.249	0.210	0.263	0.199	0.100	0.189	0.167	0.268	0.358	0.205	0.250
有名	0.177	0.198	0.104	0.179	0.100	0.183	0.132	0.147	0.296	0.254	0.249	0.286
高い地位	0.292	0.238	0.118	0.206	0.280	0.076	0.085	0.176	0.373	0.339	0.243	0.292
人のため	0.186	0.125	0.189	0.233	0.017	0.069	0.056	0.131	0.135	0.121	−0.033	0.015
幸せな家庭	0.204	0.145	−0.015	0.087	0.091	0.005	−0.008	0.011	0.060	0.079	0.001	0.025
趣味・余暇	−0.003	−0.045	−0.025	0.073	−0.039	−0.011	0.038	−0.075	0.089	0.121	0.051	−0.020

注：r=0.35 以上、r=0.4 以上

出典：筆者作成

高い。

つまり、「男の子らしく女の子らしく」という期待には、男の子の場合は、タイを除く五ヵ国において「他人との競争に勝てる」という期待がこめられており、女の子の場合にはアメリカ、フランス、スウェーデンでは母親からの期待としては「他人との競争に勝てる」という期待が、日本、韓国、タイの場合は父親・母親ともに「親の言うことを聞く」「困っている人を助ける」「幸せな家庭を築く」との期待がこめられているとみられる。

(5)「男らしく女らしく」をより期待するのはどんな親か

「男らしく女らしく」をどんな親がより期待するのかを検討するため、親の年齢、学歴、職業、悩みの数、子どもの成長満足度、子育てへの気持ち、生活程度、対象の子どもの年齢、対象の子どもの性別を説明変数とするロジスティック回帰分析を行った。

一九九四年の結果をみると、日本の母親、タイの母親、アメリカの母親、イギリスの母親が女の子より男の子に対して「男らしく女らしく」をより期待している。二〇〇五年の結果では日本の父親・母親、韓国の父親・母親、タイの父親・母親、スウェーデンの母親が女の子より男の子に対して「男らしく女らしく」をより期待している。一方、フランスの父親は女の子に「男らしく女らしく」をより期待している。一九九四年と二〇〇五年の結果を比べると、特に日本・韓国・タイにおいて男の子を対象として「男らしく女らしく」を期待する傾向が強まったといえよう。

一九九四年の結果では、タイとアメリカの父親・母親は子供の成長満足度が高い方が、日本の母親、韓国の父親・母親、タイの父親は子育てが楽しい方が、「男らしく女らしく」を期待していたが、二〇〇五年の結果では、成長満足度との関連がみられたのはフランスの母親だけであり、子育てが楽しいとの関連では、韓国の父親・母親、タイの父親・母親、フランスの母親、スウェーデンの母親で子育てが楽しい方が、「男らしく女らしく」を期待する傾向がある。

(6) 日本において「男らしく女らしく」をより期待するのはどのような親か

日本において「男らしく女らしく」をより期待するのはどのような親かを、もう少し詳細に検討したい(図表7－6)。一九九四年の結果をみてみると、全体として父親のほうが母親より「男らしく女らしく」をより期待しており、期待されている対象は、男の子の方である。父親だけをみてみると、男の子に対してより期待するという傾向はなくなるが、母親だけをみてみると、男の子に対してより期待するという傾向がある。学歴をみてみると、全体として中卒・高卒に比べて短大・専門学校卒、大学・大学院卒の方が期待しない傾向にある。

二〇〇五年の結果をみると、全体として父親のほうが母親より「男らしく女らしく」をより期待すること、期待されている対象が男の子である傾向がある。父親の傾向をみると、男の子へより期待する傾向がみえる。これは(2)日本の子どもの性別・父母の性別「男らしく女らしく」の期待についてでも述べたが(図表7－2、図表7－3)、男の子への期待だけをみると一九九四年、二〇

図表 7-6 日本・「男らしく、女らしく」強く期待する（強く期待する =1 それ以外 =0）のロジスティック回帰分析（オッズ比）

	1994 年			2005 年		
	全体	父親	母親	全体	父親	母親
	Exp（B）	Exp（B）	Exp（B）	Exp（B）	Exp（B）	Exp（B）
親の性別・父親ダミー	1.452 *	—	—	1.992 ***	—	—
親の年齢（中央値換算）	0.999	1.005	0.995	1.014	0.997	1.032
同居子ども人数	1.068	1.109	1.044	1.133	0.942	1.328 *
対象子年齢	1.020	1.023	1.007	0.983	1.011	0.962
対象子性別・男児ダミー	1.404 **	1.119	1.738 **	1.837 ***	2.042 ***	1.633 *
悩み数 (*1)	0.996	1.036	0.954	1.058	1.082	1.040
成長満足度（満足 =4、…… 不満 =1 点）	1.019	1.151	0.858	1.080	1.484	0.819
子育て楽しい (*2)	1.418 **	1.317	1.530 *	1.279 *	1.354	1.244
親の学歴 94 年（参照：中・高校）(*3)						
短大・高専／専門・短大・高専 (*3)	0.424 ***	0.390 **	0.390 ***	0.989	1.218	0.873
大学・大学院	0.555 **	0.655	0.355 **	0.759	1.019	0.363 *
その他・不明	0.992	1.013.E+09	0.652	0.407	0.000	2.706
親の職業 (*4)（参照：専門・管理・自由業）						
事務	0.756	0.771	0.613	0.695	0.715	0.607
販売・サービス	0.648	0.688	0.567	0.648	0.637	0.605
自営業主（販売店・飲食店・小工場等）	0.826	0.932	0.646	—	—	—
上記以外（生産・技能、運輸、農林等）	1.210	1.312	1.074	1.453	1.646	1.167
無職・不明	1.064	9.447E+08	0.897	0.923	0.656	0.888
生活程度 (*5)（参照：低レベル）						
中レベル	1.663 **	1.448	1.945 **	0.830	0.959	0.695
上レベル	1.003	1.337	0.778	0.782	0.806	0.787
無回答／年収不明	1.179	1.861	0.940	0.778	0.716	0.756
定数	*			***	**	*
Number（n）	(1,065)	(504)	(561)	(1,001)	(438)	(571)
Cox & Snell R^2	0.069	0.053	0.104	0.078	0.093	0.057
Nagelkerke R^2	0.092	0.070	0.139	0.108	0.124	0.082
χ^2	76.459	27.303	61.612	82.242	42.666	33.407
有意確率 P.<	0.000	0.073	0.000	0.000	0.001	0.010

注 1：* P.<.05　** P.<.01　*** P.<.001
　2：(*1) 94 年悩み数（0 ～ 18 個）／ 05 年悩み数（0 ～ 11 個）
　3：(*2) 94 年（いつも感じる =3、…感じない =1 点）／ 05 年（とても =4、……まったく =1 点）
　4：(*3) 94 年には「専門学校」のカテゴリーなし、05 年は「短大・高専」と同じレベルにカテゴリー化
　5：(*4) 94 年は「自由業」「自営業」のカテゴリーあり、05 年は職業分類のため「自由業」「自営業」のカテゴリーなし
　6：(*5) 94 年生活程度　参照：低＝「中の下」・「下」、中＝「中の中」／「上」、高＝「中の上」、無回答
　　05 年世帯年収　参照：低＝ 400 万円未満、中＝ 400-700 万円未満、高＝ 700 万円以上、年収不明
出典：筆者作成

〇五年において変化はないが、二〇〇五年において女の子への期待が小さくなったので、男の子へ期待する傾向が出るようになったと考えられる。また、一九九四年の結果であった中卒・高卒に比べて短大・高専卒の方がより期待しないという効果がなくなり、学歴の影響はなくなっている。母親の傾向をみると、一九九四年、二〇〇五年の結果の両方において、男の子へより期待する傾向がでている。図表7－2、図表7－3の結果をふまえると、一九九四年の結果より二〇〇五年の結果において、男の子女の子両方への期待の水準は下がっているが、女の子への期待の水準の方がより下がっているため、男の子へ期待する傾向がでることがわかる。母親の学歴の影響はあり、大学・大学院卒の人のほうが中卒・高卒の人より期待しない傾向がある。

親の年齢、子どもの年齢、親の職業、生活の程度によって「男の子らしく女の子らしく」への期待に違いはなかった。つまり、「男らしく女らしく」への期待は、職業や年齢、収入の状況といった地位に関わることでは説明されない要因によると考えられる。そして、それらの地位に関する要因で統制しても男の子がより期待されている傾向があることがわかる。

5 「男らしさ」期待は競争社会のなかで勝ち抜く期待

第一に、「男らしく女らしく」という親の子どもへの期待は減ってきている。六ヵ国のすべてにおいて、一九九四年と二〇〇五年の結果を比べると「男らしく女らしく」の期待は減り、特にスウェーデンにおいて著しく減っている。

第二に、日本の「男らしく女らしく」という親の子どもへの期待の一〇年間の変化をみると、父親の男の子への期待だけが変わらず（「強く期待」一九九四年五四・〇％、二〇〇五年五二・二％）、母親の男の子への期待、父親と母親の女の子への期待はいずれも減少している。

第三に、日本における「男らしく女らしく」という期待と、親が子どもに期待する他の項目との関連についてみると、二〇〇五年の結果では、父親の男の子への「男らしく女らしく」期待は、「他人との競争に勝てる」「リーダシップが取れる」との関連が特に高く、母親の男の子への期待も「他人との競争に勝てる」が関連が高い。一方、父親・母親の女の子への「男らしく女らしく」期待は、「親の言うことを素直に聞く」と関連が高い。

第四に、六ヵ国における「男らしく女らしく」という期待と、親が子どもに期待する他の項目との関連についてみると、「男らしく女らしく」という期待には、男の子の場合は、タイを除く五ヵ国において「他人との競争に勝てる」という期待と関連が高く、女の子の場合ではアメリカ、フランス、スウェーデンでは母親の期待として「他人との競争に勝てる」という期待が、日本、韓国、タイの場合は父親・母親ともに「親の言うことを聞く」「困っている人を助ける」「幸せな家庭を築く」との期待と関連が高い。

第五に、「男らしく女らしく」をより期待するのはどんな親か六ヵ国の状況をみたところ、一九九四年では、日本の母親、タイの母親、アメリカの母親、イギリスの母親が女の子より男の子に対して「男らしく女らしく」をより期待し、二〇〇五年の結果になると、日本の父親・母親、韓国の父親・母親、タイの父親・母親、スウェーデンの母親が女の子より男の子に対して「男らしく女らしく」をより期待している。特に日本・韓国・タイにおいて男の子を対象として「男らしく女らしく」を期待する傾向が強まっている。

第六に、日本で「男らしく女らしく」をより期待するのはどんな親かを検証したところ、父親が母親より期待していること、女の子より男の子がより期待されていることがわかった。また、親の年齢、子どもの年齢、親の職業、生活の程度によってこの期待に違いはなかった。つまり、「男らしく女らしく」への期待は、職業や年齢、収入の状況といった地位に関わることでは説明されない要因であり、それらの地位に関する要因で統制しても男の子がより期待されている傾向がある。

六ヵ国の国際比較調査の結果をもとに、親の「男らしく女らしく」という期待について検討してきた。全体として、「男らしく女らしく」という期待は減ってきているものの、それは女の子への期待が減っているのであり、男の子に対する「男らしく女らしく」という期待は変わっていない。その結果、男の子に対する「男らしく女らしく」の期待は強くなり、期待されているのは女の子ではなく男の子である。この傾向は日本、韓国、タイで特に顕著である。

また、「男らしく女らしく」という期待は、男の子の場合は、日本、韓国、アメリカ、フランス、スウェーデンにおいて「他人との競争に勝てる」という期待との関連が高かった。つまり、「男らしく女らしく」という期待に「他人との競争に勝てる」という期待が込められているのである。特に、この傾向が顕著な日本と韓国では、「男らしく女らしく」が男の子に期待され、男の子が「他人との競争に勝てる」ために期待されているともいえよう。

「男らしく女らしく」は単に「男らしく育ってほしい、女らしく育ってほしい」という期待ではなく、現代社会の競争のあり方を背景に「男らしく」のなかに、「男の子なのだから、将来ちゃんとした人生が歩めるように、競争に打ち勝ってほしい」という期待が込められていると考えられる。そして、このような期待のあり方は親たちにとっては、神原・吉田が指摘したような親たちの「男らしく女らしく」という子育て意識が性差別につながるという認識ではなく、競争社会のなかで、性別役割分業のあり方に基づいた「子ども（男の子）にちゃんとした人生を歩んでほしい」という期待である。「ジェンダー」をめぐる教育のあり方の議論のすれちがいは、ここに要因があるのかもしれない。

注

（1）調査の概要に関しては、牧野カツコ（2007）を参照していただきたい。
（2）二〇〇五年の調査の「期待しない」は「あまり期待しない」「全く期待しない」を合計した割合である。
（3）二〇〇五年の調査の「期待しない」は「あまり期待しない」「全く期待しない」を合計した割合である。
（4）図表7-4、図表7-5の網掛けの項目は一九九四年と二〇〇五年で比較できる項目である。

（5）　相関係数はピアソンrを用いた。また、一九九四年と二〇〇五年ではカテゴリーが異なり、一九九四年では「強く期待する」「少し期待する」「期待しない」、二〇〇五年は「強く期待する」「少し期待する」「あまり期待しない」「全く期待しない」である。

終　章　「女性の活躍推進」になにが必要なのか

1　労働過程において女性はどう不利なのか

本書では、第Ⅰ部「仕事を通した格差の形成」、第Ⅱ部「不透明な時代の人々の意識」をとおして、職場や労働市場での女性の地位を家庭内の役割から考えるのではなく、職場や仕事のあり方それ自体に焦点をあて、労働過程において女性はどのように不利になるのか、女性の活躍推進をはばむ要因はなにかを考えてきた。

第Ⅰ部第一章では、システムエンジニアと旅行業の事例から、性別職務分離が形成され、強化されていく過程を検証した。システムエンジニアの事例では、女性が男性と異なる仕事にわりあてられていること、このわりあては女性性のイメージと仕事のイメージが結びついて職場の管理職によってわりあてられていること、女性のわりあてられている仕事は男性のそれより知識やスキルが身につかない仕事であることがわかった。昇進の基準も女性と男性では異なり、女性は持っている知識・スキルが問われるが、男性は問われないこと、女性は男性より昇進が遅いこと、このような構造のなかで女性が内部労働市場の基幹労働者となり得ていなかった。旅行業の事例からは、女性にとって不利と考えられてきた日本的雇用システムを改革しようとしても、性別職務分離をそのままにして雇用システムを改革したので、結局女性が不利なままなことがわかった。新しい人事制度の導入は、制度的に女性が不利な状況を新たに作り出していた。

第二章では、医療・介護職の職務を評価して妥当な賃金を考えた。非正規雇用のホームヘルパーの仕事は感情労働の負担が他の職種に比べ高いこと、賃金に仕事の要因が加味されていないこと、職務評価をすると施設介護職員の職務内容は看護師と共通する点があり、介護と看護のキャリアの階段の可能性があること、施設介護職員は現在の賃金から一割〜三割程度、ホームヘルパーは三割〜六割程度上がった額が賃金として妥当であることを示した。

第三章では、雇用における年齢制限について考察した。ハローワークの女性求職者が三〇代後半で応募できなかった求人は「とても多かった」が約三割、「いくつかあった」が約四割と、女性が年齢差別をうけている状況がある。一方で、年齢差別はよくないと考えていない女性も三割以上いた。実態として女性に対する雇用における年齢差別はあり、またそれを下支えする人々の意識があることが明らかになった。

第四章では、ＮＰＯ活動は女性が「力をつけること」に寄与していること、女性がＮＰＯ活動から金銭的報酬を得るには①ＮＰＯ法人の収益のあり方、②メンバーの職業経験・社会的活動の経験のあり方、③メンバーの金銭的報酬への考え、④労働市場における女性の労働への評価のあり方、⑤ＮＰＯ活動への使命感・共感と金銭的報酬への考えの分離、⑥ＮＰＯ法人における金銭的報酬のあり方への社会的認知の整備、がおもに必要な要件であることを述べた。

第Ⅱ部第五章では、超氷河期に就職した若者の仕事観とジェンダー意識について考えた。管理職志向をみると、男性では年収の高い者がよりそれを増やすために、女性は職を失う不安を持つ者がその状況をなんとかしようとして管理職志向になっている。管理職志向が低いのは、管理職になりたがらない要因が社会の構造的な要因から生じ、その要因は他の国に比べて多いこと、この構造的な要因を取り除くことが重要であることを指摘した。

第六章では、雇用の不安定化が進む状況における既婚男性の稼ぎ手役割意識について検証した。雇用が不安定であること、離職転職経験は、あくまで自分自身が稼ぎ手の遂行者であるという意識は変わらないが、妻に家計を助けてほしいという意識の変化が生じていた。そして、雇用の不安定が進み、離職転職せざるを得ないなか、男性は「おりずに」やっていかなくてはならない状況におかれていること、男性が「おりずに」「社会的成功」や「昇進」をめざしていく過程で、稼ぎ手役割意識は弱まることはなく、強化されていく可能性が示唆された。

第七章では、親の子どもへの「男らしく女らしく」という期待を検証した。「男らしく女らしく」を期待されているのは男の子であり、この期待は、現代社会の競争を背景に「男の子なのだから、ちゃんとした人生が歩めるように、競争に打ち勝ってほしい」という期待が込められていた。親にとっては、「男らしく女らしく」という子育て意識は性差別につながるとは考えておらず、競争社会のなかで「子ども（男の子）にちゃんとした人生を歩んでほしい」という期待なのである。

2　職務格差の形成と人々の意識

本書の検討をとおして、女性は仕事を行う上で不利な状況にあり、男性と女性に用いられる基準が異なっていることを明らかにした。

第一に、職場には女性が男性より不利になる構造がある。システムエンジニアの女性にわりあてられている仕事は、女性の「特性」と考えられているものと結びつきつつ、システムエンジニアの仕事として中核ではないもの、キャリアの階段が袋小路になってしまうものであった。女性の「特性」は中核の仕事とは結びついていない。女性が配属されてうまく「活用」できたとみなされる仕事には、次も女性が配属されるようになり、性別職務分離が形成、強化されている。また、昇進の違いに影響していたのは性別である。さらに旅行業では新たな人事制度の導入の際、男性が多くを占めている仕事を中心にすえて改革し、女性が多くを占めている仕事は周辺の扱いであった。女性が多くを占めている仕事には流動的な労働力の導入や、賃金や昇進が頭打ちとなる制度が導入されていた。さらに女性が多くを占めるホームヘルパーの賃金には仕事の要素が全く加味されていない。仕事のわりあてや評価を行うのは職場の管理職であるが、管理職の偏見によって仕事の割りあてや昇進において女性が不利になり、制度上も女性が不利になる状況がある。

第二に、明確な根拠のない前提によって女性が職場において排除されている。旅行業では、企業相手の営業（渉外営業）は「十年やって一人前」と考えられており、女性は十年以上勤続しないものとみなされ、企業相手の営業職をわりあてられない傾向があった。しかし、「十年やって一人前」というのは、どういうことを意味しているのだろうか。十年やって営業成果を十分あげられるようになるということだろうが、本当にそうなのか、社内で検証はなされてはいない。管理職や社員のいままでの「なんとなくの経験」にもとづいて社内で「なんとなく」いわれていることである。この「なんとなく」いわれていることが、女性に渉外営業の仕事を割りあてないという根拠となってしまっている。今後さらに、社会の変化、産業の変化が激しい状況のなかで、「十年やって一人前」という制度を続けていくことはできるのだろうか。そうした検証も社内ではなされていなかった。雇用における年齢制限について企業にヒアリングしたところ、音楽産業の企業では、ターゲットとしている顧客が若年なので、年齢が若いものをその担当にしたいという考えがある。だが、少子高齢化のなかで高齢者をターゲットとする場合もこれから増えるだろう。その時、企業は年齢が近いからと、高齢者をその担当にするだろうか。そうは考えられないのではないか。年齢の近いものが担当した場合の成果とそうでない場合の成果について実際に検証はなされていない。また、中途採用では現場の管理職より年齢が高い者の採用を避けていた。しかし、企業のなかでは、管理職と一般社員の年齢の逆転は普通に生じるようになってきている。中途採用のみ、現場の管理職より年齢が低い、ということに納得のいく根拠をみつけることは難しい。このような明確な根拠のない「なんとなくそうなってしまっている」ことによって、女性は中核の仕事につけず、中途採用者は年齢差別をうけている。

第三に、職務格差が形成され、競争の強まる社会のなか、人々の意識は自分の置かれている立場や状況に影響を受けている。若年層の管理職志向をみてみると、男性ではすでにもっているものをもっと得るために、女性では今あるものを失わないために、管理職志向となる。雇用の不安定や離職転職経験は、稼ぎ手役割をもつ男性に妻に家計を助けてほしいとの意識を生じさせている。親は男の子に競争を勝ち抜いてほしいとの気持ちから、「男らしく」を期待していた。

3　管理職志向が低いのは社会の構造による

政府は二〇二〇年までに指導的地位につく女性の割合を三割にすることを目標に掲げているが、女性の管理職の割合の少なさが課題になっている。管理職になることや管理職志向についてもう少し考えてみたい。

（1）国際比較でみると日本の若年男女の管理職志向は低い

序章でも述べたように、日本の女性の管理職は少なく、管理職志向も他の国と比べて低い。また、第五章に掲げた若年層への調査結果をみると、日本の若者は男性も女性も、韓国、イタリア、カナダに比べて管理職志向が弱かった。現在、主に女性の管理職志向の弱さが指摘されているが、若年男性の管理職志向も他の国と比べると決して高くない。

日本生命相互株式会社（2013）による若者の就業意識についての調査のなかで、管理職になりたくない理由は以下のようなものである。男女別の集計になっていないのが残念であるが、第一位は「管理職は責任が大きい割には処遇が低い」（約三割）、第二位は「自分には管理職になるだけの能力がないと思うから」（約二割）、第三位は「管理職になると自分の生活を犠牲にしなくてはならない」（約一割強）、第四位は「管理職の仕事と家庭を両立するのは難しいから」（約一割）である。

（2）管理職志向は自分の立場・状況に影響される

第五章でみたように若年層の「管理職をめざしたい」（管理職志向）は、日本では男女全体の傾向として、社会的成功の重要度、「仕事の専門能力を高めたい」（専門志向）と関連し、男性は年収の高さ、女性は雇用不安と関連していた。年収の高い男性はより多い年収を得るために、女性は雇用不安から「管理職をめざしたい」と考えていた。自分の立場、おかれている状況によって志向は大きく影響を受けることがわかる。

コース別雇用管理制度との関連はどうなっているのだろうか。二一世紀職業財団が行った「女性労働者の処遇に関する調査二〇〇四」によると、「管理職になりたくない」が四九・一%、「わからない」が三一・四%であった。安田（2009）は二一世紀職業財団の調査結果を職種別に細分析を行っている。それによると四〇歳未満の一般女性社員のうち「管理職になりたい」と答えた女性は総合職で二一・九%、準総合職で一三・三%、専門職で六・二%、一般職で六・八%、コース別人事のない企業で九・四%である。「管理職になりたくない」と答えた女性は総合職で三二・七%、準総合職で三四・七%、専門職で六一・〇%、一般職で五五・三%、コース別人事のない企業で五二・五%である。この状況をみると女性の総合職でも管理職志向は強くないが、一般職では管理職志向はより弱い。

（3）企業の雇用管理によって人々の意欲は変わる

総合職女子の管理職志向の弱さはどのように考えればいいのだろうか。一九八六年に男女雇用機会均等法が施行され、多くの企業がコース別雇用管理制度を導入したが、その当時議論されたのが、コース別雇用管理制度の運用の仕方と女性従業員のやる気であった。当時、企業は総合職と一般職を設け、総合職にごく少数の女性を採用し、一般職に多くの女性を採用することによって、男女雇用機会均等法に対処しようした。そして、コース別雇用管理制度を運用するにあたり、入社時の振り分けとコース間の転換制度のあり方をどうするか、特に総合職として採用されたが働く意欲が減った女性への対処、一般職として採用されたが働く意欲が増した女性への対処を中心に論じられた。男性従業員でも働く意欲は変わるわけであるが、男性従業員は総合職の長期雇用を前提としており、その点が議論されることはほとんどなく、コース別雇用管理制度の導入に伴い、女性従業員のやる気とコース別雇用管理制度の運用が議論されたのである。

一連の研究のなかで、脇坂（1993）は労働省が一九九一年に実施した「平成二年度女性雇用管理基本調査――女性労働者労働実態調査」のデータを用いて、女性従業員の入社時と現在の就業継続意識の変化を検討している。脇坂のもともとの関心は、コース別人事制度と昇格テスト方式の長短の検証であり、脇坂がコース別雇用管理制度の弱点と考えた「働く側の意思の変化」を明らかにしようとした。「働く側の意思の変化」とは脇坂によると「総合職で入社した女性が急に結婚にあこがれて退職したり、逆に一般職で入社してから仕事に興味がわき、昇格希望を持つケース」のことである。その結果、脇坂は能力発揮ができていると考える女性、責任ある仕事が与えられていると考える女性ほど就業継続の意識が強まっていることを見出している。

脇坂が分析したのは均等法ができたころの状況である。それから約三〇年たった現在の状況について、永瀬他（2012）は、入社時期が現在に近いほど、同じコース内では男女均等の扱いが増え、男性と同じように配置・異動しているが、同じ仕事をしているものは約半数であることを明らかにしている。本書で述べたシステムエンジニアの性別職務分離と同じ状況がいまだ続いているのである。そして、永瀬らは女性管理職を増やしていくためには、管理職に到達する前段階の上位職にすすむ女性層を増やす必要があり，そのためには子育ての責任を負っていても，判断業務のある上位職に昇進できる働き方をつくりだしていくこと，このような働き方を前提とした上で入社当初から男女差のない職務分担とすることが必要であると述べる。さらに，子どものケアをしづらい働き方をした上での男女平等であれば，女性の多くが，結婚に至る前に意欲を失い，結婚・出産を機に退職することになってしまうと指摘している。また，大沢（2015）も統計的に差別されている女性たちの生産性向上意欲をそぐことによって女性の生産性が低くなり，女性への偏見を再生産させていること，高学歴女性は結婚や出産でやめているのではなく，機会が与えられないことに不満を持って職場を去っているとの指摘をしている。

武石（2014）は，女性の昇進意欲は企業の制度実施や職場の状況など，女性が置かれた職場環境に規定されているとの問題意識に立ち，それが具体的にどのような「職場の要因」と関連しているのか，男性と異なるのかについて検討した。女性の昇進意欲を高める上で，コーポレートレベルで女性活躍推進や両立支援の施策を実施することによる効果は限定的であり，女性が働く職場の状況の重要性が明らかになったと述べる。具体的には，従業員が女性活躍推進策や両立支援策の取り組みが行われていると認識すること，上司の部下育成にかかるマネジメントの重要性を指摘している。

人々の働くやる気は与えられている仕事に影響をうけており，人々の働くやる気をひきだす企業の雇用管理のあり方が重要である。働き続けようと思う過程で管理職志向も生まれてくるわけで，女性が能力発揮できていると考えられる状況，責任ある仕事が与えられていると思える状況を作っていくことが必要である。しかし、本書で検証したように、女性が能力発揮できている、責任ある仕事が与えられているとはいいがたい。この状況が、女性の就業継続意欲をそぎ、管理職志向を弱めていると考えられる。

さらに、川口（2012）は日本の女性が昇格をめざすことの便益や費用に影響を及ぼす事項として、①企業の男女雇用機会均等化への取り組み、②仕事と家庭の両立支援、③管理職の賃金、④管理職の労働時間、⑤従業員に占める女性比率、⑥ロールモデルの存在、をあげて検証した。その結果、川口は、ポジティブ・アクションを熱心に実施している企業では女性の昇進意欲が高い、女性の管理職がいる企業では女性の昇進意欲が高い、ということを明らかにしている。つまり、企業側の施策によって、女性の昇進意欲はかわってくるわけで、企業が行えることは大きい。

（4）家族責任からみると両立が厳しい状況もある

本書は職場や仕事のあり方それ自体に焦点をあて「女性の活躍推進」を阻む要因について考えてきたが、女性が管理職になりたいと思う気持ちをなくしてしまう女性の家庭責任についても考えてみたい。女性の雇用就業が進んでいるにもかかわらず、男性が家事育児にかかわらない状況が依然続いており、女性の家庭における家事・育児の責任の負担は重い。

ＮＨＫ放送文化研究所の「国民生活時間調査二〇一〇」では、成人男性の家事の平均時間は平日、土曜、日曜とも過去一〇年間と比べて増加しているが、二〇〜四〇代男性で平日家事をする人は二〇～三〇％台、平日の家事平均時間は二〇～三〇分であり、特に「子どもの世話」を行っている男性は平日で六％、平均時間は六分である。この状況は過去一〇年間に大きな変化はみられない。

さらに第七章で用いた「家庭教育に関する国際比較調査二〇〇五年」（日本、韓国、タイ、アメリカ、フランス、スウェーデンの六ヵ国比較調査）の結果では、日本の特徴は、母親と子どもの接する時間が六ヵ国中最も長く、母親と父親の差が最も大きいという点であった。また、子育ては母親、稼ぎ手は父親という顕著な分担があり、子育てがもっぱら母親の仕事となっていること、一九九四年調査とほとんど変化がないことを指摘している。韓国もまた日本以上に性別役割分業が極めて強いが、韓国は食事の世話やしつけで父親の分担率が一〇年間で大幅に上がっているのに対して、日本ではほとんど変わらないか、むしろ分業が顕著といえる変化をしている。このような状況のなか、共働き世帯における夫と妻の家事分担の状況は進んでいない。家族重視モデルから考えるならば、日本の女性管理職を増やすには、このような日本の社会構造を変える必要があるといえよう。

4　職務を評価して賃金をきめることが重要な理由

第二章で、同一価値労働同一賃金原則にもとづく是正賃金について検討したが、なぜ職務を評価して賃金を決めることが重要なのかを、現在日本の企業で広く用いられている職能資格制度と評価の問題点から考えてみたい。職能資格制度とは企業が期待する職務遂行能力をどの程度持っているかによって従業員の序列づけを行い、職能給として賃金に反映させる制度である。職務遂行能力をどの程度持っているかに焦点があてられているので、属人的である。一方、第二章でもとにした考えは、職務を評価して賃金を決めるものである。

（1）職能資格制度の問題点

職能資格制度の問題点として、第一に、職能資格制度は年功的運用に陥りやすいという指摘がある。今野（1989）は、労働力の需要サイドを形成する「仕事」を重視する欧米型に比べ、日本型の人事・賃金制度は、労働力を供給する従業員の「能力」「労働意欲」を重視する供給サイド重視型であると述べる。そして年功制度に代わって導入されたはずの職能資格制度とそれを基礎に形成された日本型賃金は、仕事からはなれた絶対能力と「長い勤続――より多くの教育と経験――能力向上」の理屈を重視したために、賃金と生涯生産性のギャップの問題を解決できないままに年功的に機能してしまったと指摘する。堀田（2010）は、職能資格制度は、資格等級モデル年数等を該当等級で経験することにより本人に昇格の期待感が高まる、上司も昇格させないと他部門に遅れを取ると考えてしまう、などの誤った運用に流れる傾向があるという。また、職能資格制度では資格等級が下がる降格はあまりおこなわれないので、いったん昇格するとそのままの資格等級の処遇を受け続けることになって、年功的運用に陥りやすいと述べる。第二に、職能資格制度は日本の企業で主流の等級制度であるが、基本的には格付けされた資格等級と担当職務の間に「ずれ」が生じてもやむを得ないとする制度であり、職能資格制度をそのままに（等級制度を職能等級制度のままで）業績や成果を重視しようということは「少し無理がある」と指摘されている（堀田 2010）。第三に、職能等級制度においては、職種や等級別に対応した職務遂行能力、課業、昇格に必要な資格条件を見直す必要があるが、適切に見直されていない実態がある。第四に、必要とされる従業員の能力は職種によって異なるので、職能資格等級基準も職種別に設定すべきであるが、職種に関係なく設定している企業が多い。竹内は全社一律の基準を用いている場合、能力評価があいまいになる、学歴、性別、年齢、勤続年数など判定しやすい基準によって能力評価や昇格決定がなされると指摘する（竹内 2002）。第五に、職能資格制度は、管理職待遇者を増加させる手段として利用されると指摘されている（梅崎 2005）。第六に、昇給は勤続重視、ライン職制では能力重視の選抜ルールが採用されるという、職能資格制度の二重の運用がおきていると指摘されている（梅崎 2005）。第七に、堀田（2010）は、業績主義・目標管理制度の導入による等級制度の修正について、職能資格制度の基軸は「能力」であり、能力を基準に等級を区分しているが、目標管理制度で個人の目標を設定する場合にもとにするものは、個人の能力ではなく「職務」もしくは「役割」であり、職能資格制度を採用しながら目標管理制度を運用しようというのは、無理があることを指摘している。

（2）職能資格制度が女性に不利をもたらしている

職能資格制度の問題点をふまえ、木下は、職能資格制度が男女別年功賃金を構造化した制度であると指摘する（木下 2002, 2003）。木下は昭和シェル石油の男女高卒者の賃金を比較したが、男性の賃金カーブは女性のカーブの上に位置し、女性のカーブは低位であった。木下は、男性の賃金と女性の賃金の分離は何によって生じたのかを検証し、その結果、男性は年齢の上昇と共に昇格しているが、女性は早期に昇格が頭打ちになっていること、男性の昇格を可能にするのは職業資格制度が、能力が勤続・年齢と共に伸長するという能力観にもとづいていること、それを制度的に固めた「卒業方式」という昇格の仕組みによると指摘する。そして、木下は、職能資格制度が年功的運用であるのは昭和シェル石油がたまたまそうであるのではなく、この制度を導入した各企業で広くみられる現象であること、「社員の能力は段階的に伸びてくる」という能力観によって年功的運用になる要因があると述べている。男性は年功的に昇格し、一方で女性に対する昇格の排除がなされる仕組みが職能等級制度にあり、これによって男女別年功賃金が形成されたという。

筆者は中国電力賃金差別裁判[1]の鑑定意見書（広島高等裁判所へ提出）において、中国電力の同期男女の昇格と賃金を分析したが（大槻 2013）、男性は女性より昇格が早いこと、男性の昇格は年功的要素があること、女性の昇格は、男性のほぼ全員もしくは大半が昇格した段階で開始されていること、昇格する人数があらかじめ決められている可能性がわかった。そしてその結果、女性の年収は同期男性の年収の約八三％、さらに、職能等級が同じであっても男性と女性の年収には差があり、世帯手当・扶養助成金を除いても女性の方が少なかった。男性と女性の年収の差は、男女の格付格差に起因することに加えて業績加給（職能手当て）と職責給の差、すなわち男性の方が高額な業績加給と職責給が支給されているためだった。男性と女性の査定と業績加給の状況をみると、女性は査定が高くても業績加給は低くとどまる傾向があるが、同じ資格、同じ査定でも男性の方が女性より業績加給額が多い割合が高かった。また、職責給は全員に支払われておらず、職責給の平均は、同じ資格でもほぼ男性の方が女性より高かった。さらに、業績加給増加分が同じ資格・同じ査定で女性の方が男性より多い場合でも、業績加給全体をみると女性の方が男性より低くなっていた。

木下は、職能資格制度は能力評価に基づいて資格を決める形をとっているので、人事考課制度が公正であれば、格付けも公正に行われるという錯覚が生じてしまうが、人事考課制度自体、性に中立的にみえるが、日本の女性労働者の賃金・昇格差別の温床になってきたと指摘する（木下2002, 2003)。日本企業が取り入れた人事考課制度は、①実際の仕事の業績を評価する成績考課、②仕事に対する態度や意欲、個人の性格にかかわる情意考課、③個人の顕在能力や潜在能力を評価する能力効果の三つが基本的なものだと述べ、成績考課は年功制と矛盾する可能性があるが、情意考課と能力効果は年功制と親和的であると指摘する。情意考課は仕事に対する構えや意欲のことである。具体的には規律性、積極性、協調性、責任性などがその中身であり、顕在能力や潜在能力は、企画力、判断力、折衝力、指導力などが評価項目になるが、規律性、積極性、協調性、責任性や、企画力、判断力、折衝力、指導力などは年齢とともにだんだんと養われるものと考えられるからである。

また、木下は昭和シェル石油の人事考課制度を検証し、①成績考課より情意考課と能力考課が高い配点になっていること、②情意考課の評価項目は規律性、積極性、協調性、責任性などであるが、定型的業務を行う傾向のある女性は低くなる可能性が極めて高いこと、③能力考課の評価項目の記述には男女を区別する表現がなく、その意味では性に中立的にみえるが、実際に男性上司が女性を評価する場合に男性上司の女性観が反映されがちな設計になっている。つまり評価者の偏見、特にジェンダー・バイアスが容易に入り込む設計になっていること、④「職務遂行能力」は成績、情意、能力によって評価されているが、昭和シェル石油で用いられた「職務遂行能力」は職務を遂行するための能力という意味からはかけはなれていること、を指摘している（木下 2002, 2003）。

つまり、日本の人事考課制度のように職務基準が客観的なものではなく、職務と関係の薄い情意考課における規律性、積極性、協調性、責任性など人の「性格的特徴」をみる項目が大きな比重をしめている人事考課制度は客観的で公正な能力評価制度とはいえないだろう。

（3）評価の問題点

評価に関する問題点は多様な点から指摘されている。第一に、評価における主要なエラーとして①寛大化傾向、②中心化傾向、③ヘイローエラーが指摘されており、七〇年以上前から検討されている。寛大化傾向とは被評価者のパフォーマンスを実際よりも寛大に（高く）評価する傾向のことである。中心化傾向とは評価段階の中心に評定をつけてしまう傾向である。ヘイローエラーとは評価者の全体的な印象に引きずられて被評価者の特定のパフォーマンス次元の評価をゆがめる傾向、および評価にあたって評価の次元や項目を識別できない傾向のことである。

たとえば、中嶋・松繁・梅崎（2005）は、ある企業では人事考課に目標管理制度を導入して行ったが、評価者は評価の負担によって評価する際に「中心化傾向」となってしまい、評価する際に勤続をもとに評価した結果、年功が強まってしまった事例を報告している。また、中嶋（2004）は、評価負担の高い場合、評価者が年齢や部下の数、利益達成率など数値化しやすい客観的事実を用いて評価していること、さらには、被評価者のパフォーマンス以外の事前評価が査定に持ち込まれていることを指摘している。

ローゼンバーム（1979）は、ラベリング効果とシグナリング効果を指摘している。これは、過去に昇進した事実を能力のシグナルととらえ、過去に昇進した人はみな能力があるはずであるというラベルが貼られることである。逆のこともあり、過去に良くないことがあったことを能力のシグナルととらえ、過去に良くないことがあった人はみな能力が低いはずであるというラベルが貼られることがある。評価を行う際の評価尺度の問題点も指摘されている。たとえば、スキルについては、「スキルのある労働」の原型が男性の労働をもとに考察がなされたこと、スキルのある仕事といった場合、男性が支配的な管理的職業、専門的職業、特殊技能的職業の仕事概念が大きく影響していること（Steinberg 1990）、意識しないまま男性が行っている仕事をもとにスキル概念について組み立てていることが指摘されている（Beechey 1987）。

また、相澤（2015）はジェンダー・ステレオタイプについて指摘している。男性的特性ないし女性的特性を持つと考えられている職務において、その職務に「不適合」な特性を有するとされる性別のものは要求される水準の仕事ができないのではないかというジェンダー・バイアスによって評価され、そのものを排除する力が働くという。具体的な例として、女性が管理職など男性的特性を要求される職務につけた場合でも、昇格や昇進など職場における限りある資源および報酬の分配が問題になる場合は、一般に職務に適合的とみなされる男性が有利な扱いをうけるため、女性が同じ評価ないし結果を得ようとすると男性以上の成果を必要とするという。

以上の点をふまえると、職務を評価して賃金を決定することを視野に入れる必要がある。

5　真の女性活躍をめざして

本書の検討をふまえ、職場や仕事に焦点をあてて「女性の活躍推進」を考えた場合、なにが必要なのか考えてみたい。第一に、男性と女性に昇進や仕事のわりあてにおいて、同じ基準を用いることである。第二に、性別職務分離を解消していくことだろう。男性と女性の職務のわりあてに留意することが必要であり、女性にもやりがいのある仕事、責任を持てる仕事をわりあてる必要がある。女性の特性、女性の視点を強調した「女性の活用」は性別職務分離を強化するだけで、真の「女性活用」にはつながらない。

第三に、制度的に女性が不利になっていることを解消することである。人事制度上、女性が多くを占める仕事に対して不利な状況がないかを検証し、是正していくことである。もっている能力で評価する職能資格制度の問題点は指摘されており、職務を評価する賃金制度の導入を考える必要もある。また、評価する場合、なにによって評価するのかを十分吟味し、その評価基準が男性と女性で同一であるかを検証する必要がある。

第四に、職場や仕事遂行上、決められていることの前提や根拠をもう一度見直すことである。たとえば、旅行業では渉外営業は「十年やって一人前」といわれた。中途採用ではすでに社内にいるメンバーより年齢が低いものが好まれた。音楽産業では若年層をターゲットにするときは年齢の若いものを担当につけようとしていた。これらの「なんとなく」の決まりごとによって、渉外営業から女性は排除され、中途採用では中高年が排除されている。現在年齢制限は禁止されているが、年齢制限の例外項目によって年齢制限を設ける余地はある。「なんとなく」の決まりごとの根拠を見直し、根拠のない決まりごとをなくしていくべきである。

第五に、人々の意識はその人の立場、置かれている状況に大きく影響されることを常に考え、政府や企業は施策をしていく必要がある。人は手に入りそうで入らないものであれば、手に入れようとがんばるが、もう手に入れられないことがはっきりしているものを手に入れようとはしない。人々を、昇進ややりたい仕事がもう手に入れることはできないというような立場や状況に置かないことが重要である。

さらには、ワーク・ライフ・バランスの遂行、「積極的改善措置（ポジティブ・アクション）」の実施、税制や社会保障における被扶養者に対する優遇措置、ジェンダー予算の遂行、男女共同参画における目標設定と達成の検証が重要であろう。

日本の長時間労働は世界でもトップクラスであり、男性の働き方を基準にして、その基準に女性があわせて働いてもみな不幸である。現状では、男性の長時間労働に女性が合わせて働くことが求められている状況である。女性が事実上家庭責任を負うなか家族重視モデルからみれば、ここに女性が労働市場から出ていかざるを得ない一因がある。男性の長時間労働を変えることは女性が労働市場にとどまることを促進し、さらには男性の職業生活および家庭生活を豊かに、家族を幸せにすることでもある。男性の長時間労働の削減は最重要課題である。

「積極的改善措置（ポジティブ・アクション）」の実施は、活動に参画する機会の男女間の格差を改善するために、必要な範囲において男女のいずれか一方に対して活動に参画する機会を積極的に提供するものである。現在、国の審議会等委員への女性登用のための目標設置や女性国家公務員の採用・登用の促進が行われているが、企業の女性の管理職登用にも広げていくことが必要であろう。

近年、所得税や社会保障制度の改革のなかで、被扶養者への優遇措置の見直しが議論されているが、ジェンダーに中立な税制、社会保障制度にしていくべきである。

ジェンダー予算の視点で政策を検証することが必要である(2)。ある政策が実施されたら、その結果がジェンダー平等にどの程度寄与したかをみるべきであり、その結果をふまえて次の予算を組んでいくことが重要である。ジェンダー統計をもとに実態を把握し、政策を実行し、その結果なにが起きたのかをジェンダー平等の視点から検証する一連の作業によってより有効な予算となるだろう。

また、現在様々な政策において「成果目標」がかかげられ、数値の目標が設定されることも多い。数値目標が多いことは現状を可視化する意義があると指摘されているが、達成すべき目標が低すぎないか、数値目標がどのように設定されているかに留意しつつ、男女共同参画における目標設定と達成の検証を行うべきである。(3)

最後に、「女性の活用」「女性の活躍推進」は、女性が現在の男性の基準にそって仕事をして、内部労働市場で働き、管理職になっていく、ということではない。現在の日本の男性の長時間労働を前提とした働き方を基準に男性が働き続け、そこに女性が参入しても誰も幸せにはなれない。なぜ女性が「活躍」できないのかを考えることは、男性の働き方や生き方を見直す機会でもある。この機会に、よりよい男性の働き方、女性の働き方を考えていくべきだろう。

注

(1) 同裁判の最高裁判所への鑑定意見書を執筆した山口一男は、間接差別がないときに原告がおかれた状況が起きる可能性は(男性八三人、女性三五人いて、賃金が高い方から五四人全員が男性)一兆分の一・二人と指摘した。

(2) 二〇一五年二月の「真のポジティブアクション法の実現を目指すネットワーク」の集会の目黒依子報告において指摘がなされた。

(3) 二〇一五年二月の「真のポジティブアクション法の実現を目指すネットワーク」の集会の村尾祐美子報告において指摘がなされた。

あとがき

こう書くとみもふたもないとは思うが、「女性の活用」ときくと、女性というのは「活用」されるものなのか、と思う。「空家の活用」「待ち時間の活用」というように、有効にいかされていないものを生かすのが活用だろうが、空家だったり待ち時間だったり、一般的にはそれ自体に心があるものを対象とはしていない。女性は心を持つ存在であるが、空家とおなじとみなされ、心を持つことを忘れられているのかと思う。また、女性の「活用」や「活躍推進」がでてきた文脈は、女性のことを考えてではなく、少子高齢化社会にどう対処するか、日本の経済をどう活性化するかが大きな目的であり、女性はつかわれてしまっているのかとも思う。

しかし、「女性の活用」「女性の活躍推進」の動きが女性にとって働きやすく、生きやすい社会、さらには男性も働きやすく、生きやすい社会をつくっていくきっかけになる可能性もある。そのように考え、本書では、なにが「女性の活用」「女性の活躍推進」の妨げになっているのかを、いままで私たちが行ってきた社会調査をもとに論じた。

本書の出版は多くの方々との出会いによってもたらされたものであり、この場をお借りしてお礼を述べたい。

質問紙調査、インタビュー調査に応じてくださった多くの方々に心から感謝する。貴重なお時間をいただいて得たデータがあってこそ、本書ではデータをもとに主張することができた。

上智大学名誉教授の目黒依子先生には大学院時代、博士論文の審査、そして現在にいたるまで、ご指導いただいている。旅行業や年齢差別の調査を一緒に行っていただいた元上智大学教授故岡本英雄先生、いろいろと助けてくださった大学院の同期である酒井計史氏にここであらためてお礼を申し上げる。

共同研究で学んだことも多い。研究代表者のお茶の水女子大学名誉教授の牧野カツコ先生、昭和女子大学の森ます美先生、聖心女子大学の岩上真珠先生にお礼を申し上げる。

また、調査の実施はいろいろな研究助成により可能となった。第一章のシステムエンジニアの調査は「日本財団笹川科学研究助成」と「東京女性財団公募研究助成」、旅行業の調査も「東京女性財団公募研究助成」、第三章の年齢差別の調査は、「福島県男女共生センター公募研究助成」と「東京ウィメンズプラザ民間研究助成」によって行うことができたものである。

第二章の医療介護職における職務評価と是正賃金は、文部科学省科学研究補助金「日本における同一価値労働同一賃金原則の実施システムの構築――男女平等賃金に向けて」（二〇〇六～二〇〇八年度基盤研究（B）研究代表者：森ます美、昭和女子大学）、第五章の若年層の管理職意識は同研究補助金「若者のキャリア形成過程におけるジェンダー格差の国際比較――労働、教育家族政策より」（二〇〇六～二〇〇八年度基盤研究（B）研究代表者：岩上真珠・聖心女子大学）、および「若者のキャリア形成過程と支援に関する国際比較研究」（二〇〇九～二〇一一年度基盤研究（B）研究代表者：岩上真珠・聖心女子大学）、第六章の男性の稼ぎ手役割意識は同研究補助金「男性のケア意識・職業意識がジェンダー秩序の流動化に与える影響に関する実証的研究」（二〇〇三～二〇〇四年度基盤研究（B）研究代表者：目黒依子・上智大学）、第七章の親の子供への期待は同研究補助金「現代の育児環境に関する国際比較研究――日・韓・泰・米・仏・瑞の6ヵ国調査の細分析」（二〇〇七～二〇〇九年度基盤研究（B）研究代表者：舩橋惠子・静岡大学―二〇〇七～二〇〇八年、大槻奈巳・聖心女子大学―二〇〇九年）の交付によって得られた成果である。

また、本書の出版については「きんとう基金」から出版助成をいただいた。

本書の編集を担当された勁草書房の松野菜穂子さんと読んでくださったみなさんにお礼を申し上げる。最後に、夫と両親に感謝する。

二〇一五年八月

大槻　奈巳

初出一覧

第一章　第1節，第2節，第3節　博士論文『性別職務分離のメカニズムの過程分析』（2000年）

第4節　「日本的雇用システムの変化とジェンダー――旅行業A社の事例から」『日本労働社会学会年報』第11号（2000年）pp.199-141

第二章　第1節　「医療・介護4職種の職務の価値と賃金」森ます美，浅倉むつ子編著『同一価値労働同一賃金原則の実施システム――公正な賃金の実現に向けて』（有斐閣，2010年）pp.35-48

第2節　「施設介護職員とホームヘルパーの職務比較と賃金」森ます美，浅倉むつ子編著『同一価値労働同一賃金原則の実施システム――公正な賃金の実現に向けて』（有斐閣，2010年）pp.59-78

第三章　『雇用における年齢差別についての研究』（岡本英雄との共著）平成14年度東京ウィメンズプラザ民間助成報告書（2003年）

『女性に関する年齢差別の研究』（岡本英雄との共著）福島県男女共生センター公募研究報告書（2003年）

第四章　「女性のNPO活動と金銭的報酬――キャリア形成の視点から」『労働社会学研究』第7号（2006年）pp.37-59

「NPO活動と女性のキャリア形成」『季刊家計経済研究』No.89（公益財団法人家計経済研究所，2011年）pp.44-52

第五章　「若者の仕事観とジェンダー意識」『国際比較若者のキャリア　日本・韓国・イタリア・カナダの雇用・ジェンダー・政策』（新曜社，2015年）pp.71-89

第六章　「雇用不安定化のなかの男性の稼ぎ手役割意識」目黒依子・矢澤澄子・岡本英雄編『揺らぐ男性のジェンダー意識』（新曜社，2012年）pp.134-153

第七章　「親は子どもに本当はなにを期待しているのか――男らしく女らしくの期待から」『国立女性教育会館研究ジャーナル』Vol.12（2008年）pp.83-93

索　引

タ　行

ナ　行

ハ　行

マ　行

ラ　行

ワ　行

文　献

Acker, Joan (1990) "Hierarchies, Jobs, Bodies: A Theory of Gendered Organizations", *Gender and Society* 4(2): 139–158.

合場敬子 (1998)「仕事の内的報酬のジェンダー差とその構造——日本の職場における考察」『日本労働社会学会年報』9 号: 127–149.

相澤美智子 (2015)「中国電力事件広島高裁判決に関する意見書」『労働法律旬報』No.1831-32：81–99.

天野正子編 (2001)『団塊世代・新論』有信堂高文社.

Arrow, K. J. (1973) "Higher Education as a Filter", *Journal of Public Economics* 2(3): 193–216.

Baron, J. N., B. S. Mittman & A, E, Newman (1991) "Targets of Opportunity: Organization and Environmental Determinants of Gender Integration within the California Civil Service 1979–1985", *American Journal of Sociology* 96(6): 1362–1401.

Beechey, Veronica (1987) *Unequal Work,* Verso = (1993) 高島道枝・安川悦子訳『現代フェミニズムと労働』中央大学出版部.

Becker, Gary. S. (1964) *Human Capital,* National Bureau of Economic Research.

Becker, Gary. S. (1975) *Human Capital 2nd ed,.* Columbia University Press. = (1976) 佐野陽子訳『人的資本』東洋経済新報社.

Becker, Gary. S. (1977) *The Economic Approach to Human Behavior* , University of Chicago Press.

Bielby, W. T. & J. N. Baron (1984) "A Woman's Place is with Other Woman: Sex Segregation within Organizations" in B. F. Reskin (ed.) *Sex Segregation in the Work Place: Trends, Explanations, Remedies,* National Academy Press: 27–55.

Bielby, W. T. and J. N. Baron (1986), "Men and Women at Work: Sex Segregation and Statistical Discrimination", *American Journal of Sociology,* 91(4): 759–799.

Brinton, Mary (1988) "The Social-Institutional Bases of Gender Stratifica-

tion: Japan as Illustrative Case", *American Journal of Sociology* 94(2): 300-334.
Brinton, Mary (1991) "Sex Differences in On-the-Job Training and Job Rotation in Japanese Firms", *Research in Social Stratification and Mobility* 10: 3-25.
Coleman, James (1990) *Foundation of social theory,* Harvard University Press.
Connell, Raewyn (1987) "Gender and power: society, the person and sexual politics", B. Blackwell =(1993) 森重雄ほか訳『ジェンダーと権力』三交社.
Doeringer, P. B. & M. J. Piore (1971) *Internal Labor Markets and Manpower Analysis*, Heath.
江原由美子 (2001)『ジェンダー秩序』勁草書房.
遠藤公嗣編著 (2013)『同一価値労働同一賃金をめざす職務評価——官製ワーキングプアの解消』旬報社.
England, Paula (1989) "A Feminist Critique of Rational-Choice Theories: Implications for Sociology", *American Sociologist*: 14-28.
深澤和子 (2000)「非伝統的職種への女性の進出——建設業の施工管理労働」木本 喜美子・深澤和子編著『現代日本の女性労働とジェンダー——新たな視角からの接近』ミネルヴァ書房: 155-174.
古市憲寿 (2011)『絶望の国の幸福な若者たち』講談社.
玄幡真美 (2010)『日本の雇用年齢差別』勁草書房.
Granovetter, Mark (1981) "Toward a Sociological Theory of Income Differences" in Berg, Ivan (ed.) *Sociological Perspectives on Labor Markets*, Academic Press: 11-47.
Granovetter, Mark (1985) "Economic Action and Social Structure: The Problem of Embeddedness"; *American Journal of Sociology*, 91(3): 481-510.
Granovetter, Mark (1990) "The Old and the New Economic Sociology: A History and an Agenda" in Friedland, R. & A. F. Robertson(eds.) *Beyond the Marketplace,* Aldine de Gruyter: 88-112.
Hall, Douglas (2002) *Careers in and out of organizations*, Sage Publication Inc.
石田好江 (2004)「今日の性別職務分離の特徴と改正均等法の理念」『大原社

会問題研究所雑誌』546 号: 11-21.
伊藤公雄（1996）『男性学入門』作品社.
今野浩一郎（1989）『勝ちぬく賃金改革——日本型仕事給のすすめ』日本経済新聞社.
岩上真珠（2015）「初期キャリア形成におけるジェンダー格差」岩上真珠編『国際比較・若者のキャリア——日本・韓国・イタリア・カナダの雇用・ジェンダー・政策』新曜社: 35-48.
岩澤美帆・中村真理子・新谷由里子（2014）「人口学的・社会経済的属性別にみた就業・出生行動——「出生動向基本調査」を用いた特別集計①」『ワーキングペーパーシリーズ（J)』No. 8, 国立社会保障・人口問題研究 所（http://www.ipss.go.jp/publication/j/WP/IPSS_WPJ08.pdf 2015 年 7 月 1 日閲覧）.
岩田克彦（2004）「雇用と自営, ボランティア——その中間領域での多様な就業実態と問題の所在」『JILPT ディスカッションペーパー』(2): 1-63, 独立行政法人労働政策研究・研修機構.
女性の多様なキャリアを支援するための懇談会（2003）『多様なキャリアが社会を変える：第二次報告（女性のキャリアと生涯学習の関わりから)』.
女性職業財団（1990）『コース別雇用管理に関する研究報告』.
堀田達也（2010）『等級制度の教科書』労務行政.
本田由紀（2005）『多元化する「能力」と日本社会——ハイパー・メリトクラシー化のなかで』NTT 出版.
本田由紀（2007）「子育てをめぐる格差と混乱」社会政策学会第 114 回大会共通論題『子育てをめぐる社会政策：その機能と逆機能』フルペーパー.
家計経済研究所編（2000）『新現代核家族の風景』大蔵省印刷所.
家計経済研究所編（2009）『現代核家族のすがた——首都圏の夫婦・親子・家計』家計経済研究所研究報告書 No. 4.
神原文子・吉田あけみ（2000）「子育てにおけるジェンダー」神原文子・高田洋子編著『教育期の子育てと親子関係』ミネルヴァ書房.
金井郁（2015）「なぜ女性の仕事は易しいと評価されるのか——生命保険営業職の位置づけをめぐって『季刊家計経済研究』No. 107　公益財団法人家計経済研究所.
Kanter, Rosabeth M. (1977) "Some Effects of Proportions on Group Life: Skewed Sex Ratios and Responses to Token Women", *The American Journal of Sociology*, 82(5): 965-990.

片桐新自（2009）『不安定社会の中の若者たち——大学生調査に見るこの 20 年』世界思想社.
川口章（2002）「ダグラス＝有澤法則は有効なのか」『日本労働研究雑誌』No.501: 18-21.
川口章（2008）『ジェンダー経済格差——なぜ格差が生まれるのか，克服の手がかりはどこにあるのか』勁草書房.
川口章（2012）「昇進意欲の男女比較」『日本労働研究雑誌』No. 620: 42-57.
経済企画庁（2000）『市民活動団体等基本調査』（http://www.caa.go.jp/seikatsu/shingikai2/17/saishu/ref2.html　2015 年 7 月 1 日閲覧）.
木本喜美子（1995）「性別職務分離と女性労働者」『日本労働社会学会年報』6 号.
木本喜美子（1999）「女の仕事と男の仕事」鎌田とし子・矢澤澄子・木本喜美子編『ジェンダー・講座社会学 14』東京大学出版会: 151-178.
木本喜美子（2000）「序章・日本の女性労働の特徴と本書の分析視角」木本喜美子・深澤和子編著『現代日本の女性労働とジェンダー——新たな視角からの接近』ミネルヴァ書房: 22-51.
木村涼子（1999）『学校文化とジェンダー』勁草書房.
木村涼子（2005）『ジェンダー・フリー・トラブル』白澤社.
木下武男（2002）「職能資格制度の年功的性格と性差別構造について（上）」『賃金と社会保障』No. 1336: 4-24.
木下武男（2003）「職能資格制度の年功的性格と性差別構造について（下）」『賃金と社会保障』No. 1337・1338: 62-74.
小林利行（2013）「＜結婚＞や＜家事分担＞に関する男女の意識の違い——ISSP 国際比較調査（家庭と男女の役割）・日本の結果から」『放送研究と調査』63(4)，NHK 放送文化研究所: 44-58.
Kohn, M.（1977）*Class and conformity*, The University of Chicago Press.
小池和男（1981）『日本の熟練——すぐれた人材形成システム』有斐閣.
国立女性教育会館編（2005）『ヌエックブックレット 4 ——キャリア形成に NPO 法人をいかした女性たち』.
国立女性教育会館編（2005）『女性のキャリア形成と NPO 活動に関する調査研究報告書』.
国立女性教育会館編（2007）『平成 16 年度・17 年度家庭教育に関する国際比較調査報告書』.

駒川智子（1998）「銀行における事務職の性別職務分離：コース別人事管理制度の歴史的位置づけ」『日本労働社会学会年報』9 号: 151-175.

駒川智子（2000）「コース別人事管理制度の変容――都市銀行の＜女性活用＞」木本喜美子・深澤和子編著『現代日本の女性労働とジェンダー――新たな視角からの接近』ミネルヴァ書房: 216-241.

駒川智子（2014）「性別職務分離とキャリア形成における男女差――戦後から現代の銀行事務職を対象に」『日本労働研究雑誌』648 号: 48-59.

厚生労働省編（2002）『平成 14 年度　労働経済の分析 要約』.（http://www.mhlw.go.jp/wp/hakusyo/roudou/02/　2015 年 7 月 1 日閲覧）.

厚生労働省（2011）『平成 23 年版　働く女性の実情』.（http://www.mhlw.go.jp/bunya/koyoukintou/josei-jitsujo/11.html　2015 年 7 月 1 日閲覧）

厚生労働省編（2012）『平成 24 年度版　厚生労働白書』（http://www.mhlw.go.jp/wp/hakusyo/kousei/12/　2015 年 7 月 1 日閲覧）.

厚生労働省編（2013）『平成 24 年国民生活基礎調査の概況』（http://www.mhlw.go.jp/toukei/saikin/hw/k-tyosa/k-tyosa12/index.html　2015 年 7 月 1 日閲覧）.

厚生労働省編（2014）『平成 25 年国民生活基礎調査の概況』（http://www.mhlw.go.jp/toukei/saikin/hw/k-tyosa/k-tyosa13/　2015年7月1日閲覧）.

厚生労働省編（2015）『平成 26 年　賃金構造基本統計調査　結果の概況』.（http://www.mhlw.go.jp/toukei/itiran/roudou/chingin/kouzou/z2014/　2015 年 7 月 1 日閲覧）.

Liebow, E（1967）*Tally's Corner*, Little,Brown and Company.

牧野カツコ（2007）「＜家庭教育に関する国際比較調査＞の概要と意義」『国立女性教育会館研究ジャーナル』11 号: 3-10.

牧野カツコ・渡辺秀樹・舩橋惠子・中野洋恵編著（2010）『国際比較にみる世界の家族と子育て』ミネルヴァ書房.

的場康子（2013）「若者の性別役割分業意識を考える」『life design report』（http://group.dai-ichi-life.co.jp/dlri/ldi/watching/wt1305.pdf　2015 年 7 月 1 日閲覧）.

松田茂樹（2005）「性別役割分業意識の変化：若年女性にみる保守化のきざし」『life design report』（http://group.dai-ichi-life.co.jp/dlri/ldi/watching/wt0509a.pdf　2015 年 7 月 1 日閲覧）.

松繁寿和・中嶋哲夫・梅崎修編著（2005）『人事の経済分析――人事制度改革と人材マネジメント』ミネルヴァ書房.

目黒依子・矢澤澄子・岡本英雄編（2012）『揺らぐ男性のジェンダー意識――仕事・家族・介護』新曜社.
Mincer, Jacob（1974）*Schooling, Experience and Earnings*, National Bureau for Economic Reserch.
三隅二不二・矢守克也（1993）「日本人の勤労価値観」『組織科学』26（4）: 83-96.
宮下さおり（2000）「技術革新とジェンダー間分業――印刷業と DTP」木本喜美子・深澤和子編著『現代日本の女性労働とジェンダー――新たな視角からの接近』ミネルヴァ書房: 128-154.
Montogomery, J（1994）“Revisiting Tally's Corner: Mainstream Norms, Cognitive Dissonance and Underclass Behavior”, *Rationality and Society*. 6(4): 462-488.
森ます美（2005）『日本の性差別賃金――同一価値労働同一賃金原則の可能性』有斐閣.
森ます美・浅倉むつ子（2010）『同一価値労働同一賃金原則の実施システム――公平な賃金の実現に向けて』有斐閣.
永瀬伸子・山名真名（2011）「大企業勤務の大卒正社員女性の就業継続不安：コース別人事に着目して」『キャリアデザイン研究』7 号: 185-197.
永瀬伸子・山名真名（2012）「民間大企業の女性管理職のキャリア形成：雇用形態と家庭内分担」『キャリアデザイン研究』8 号: 95-105.
中嶋哲夫（2004）「評価負担が査定に及ぼす影響――営業所長の査定から」『日本労務学会誌』6(1): 36-43.
中嶋哲夫・松繁寿和・梅崎修（2004）「賃金と査定に見られる成果主義導入の効果」『日本経済研究』48 号: 18-33.
内閣府編（2012）『男女共同参画白書　平成 24 年度版』（http://www.gender.go.jp/about_danjo/whitepaper/h24/zentai/index.html　2015 年 7 月 1 日閲覧）.
内閣府編（2013）「仕事と生活の調和連携推進・評価部会 仕事と生活の調和関係省庁連携推進会議合同会議（第 25 回）資料 3-1 数値目標に関する分析等について（案）」（http://wwwa.cao.go.jp/wlb/government/top/hyouka/k_25/pdf/S3-1-2.pdf　2015 年 7 月 1 日閲覧）.
内閣府編（2013）『男女共同参画白書　平成 25 年版』（http://www.gender.go.jp/about_danjo/whitepaper/h25/zentai/　2015 年 7 月 1 日閲覧）.
内閣府編（2014）『男女共同参画白書　平成 26 年度版』（http://www.gender.

go.jp/about_danjo/whitepaper/h26/zentai/index.html　2015 年 7 月 1 日閲覧).
中西祐子・堀健志（1997）「ジェンダーと教育研究の動向の課題」『教育社会学研究』61 号: 77-100.
中田喜文・宮本大（2004）「日本における NPO と雇用——現状と課題」『季刊家計経済研究』61 号: 38-49.
NHK 放送文化研究所編（2004）『現代日本人の意識構造 第六版』日本放送出版協会.
NHK 放送文化研究所編（2010）『現代日本人の意識構造 第 7 版』日本放送出版協会.
NHK 放送文化研究所編（2011）『2010 年 国民生活時間調査報告書』(http://www.nhk.or.jp/bunken/summary/yoron/lifetime/pdf/110223.pdf　2015 年 7 月 1 日閲覧).
日本女子社会教育会編（1995）『家庭教育に関する国際比較調査報告書——子どもと家庭生活についての調査』.
日本能率協会（2010）「2010 年度新入社員＜会社や社会に対する意識調査＞結果」News Release 2010 年 4 月 19 日発表（http://www.jma.or.jp/news_cms/upload/release/release20100419_f00091.pdf　2015 年 7 月 1 日閲覧).
日本生命保険相互会社（2013）『ニッセイ「福利厚生アンケート調査」報告書——企業における若者活用戦略と若者の就業意識の発行について』(https://www.nissay.co.jp/news/2013/pdf/20131226.pdf　2015 年 7 月 1 日閲覧).
日本労働研究機構編（2002）『事業再構築と雇用に関する調査報告 概要』(http://www.jil.go.jp/kokunai/statistics/doko/h1406/index.html　2015 年 7 月 1 日閲覧).
日本労働組合総連合会編（1996）『女性総合職退職者追跡調査報告』.
21 世紀職業財団編（1994）『総合職女性の就業実態調査結果報告書』.
21 世紀職業財団編（2005）『平成 17 年度　女性就業者の処遇等に関する調査』.
西村純子（2014）『子育てと仕事の社会学——女性の働きかたは変わったか（現代社会学ライブラリー 15）』弘文堂.
OECD(ed.)（2009）*Jobs for Youth: Japan.* =（2010）濱口桂一郎監訳・中島ゆり訳『日本の若者と雇用—— OECD 若年者雇用レビュー——日本』明石書店.

小倉一哉（2007）『エンドレス・ワーカーズ――働きすぎ日本人の実像』日本経済新聞出版社.
大槻奈巳（2013）「中国電力男女差別賃金裁判鑑定意見書――広島高等裁判所へ」: 1-67.
大槻奈巳（2005）「生涯学習と女性のエンパワーメント――日本・韓国・ノルウェー・アメリカの4カ国比較調査から」独立行政法人国立女性教育会館『研究紀要』9号: 7-17.
岡本英雄（2005）「女性のキャリアとNPO活動」国立女性教育会館編『女性のキャリア形成とNPO活動に関する調査研究報告書』.
奥山明良（1996）「均等法10年の現状と課題」『日本労働研究雑誌』433号: 2-13.
小野晶子（2005）「なぜNPOは女性をひきつけるのか――賃金からの考察とその課題」財団法人日本女子学習財団編『We learn』634号.
大沢真知子（2015）『女性はなぜ活躍できないのか』東洋経済新報社.
Polachek, S.（1979）"Occupational Segregation Among Women: Theory, Evidence and a Prognosis" in Cynthia Lloyd（ed.）*Women in the Labor Market*, Columbia University Press.
Reskin, Barbara F.（1988）"Bringing the Men Back In: Sex Differentiation and the Devaluation of Woman's Work" *Gender & Society* 2(1):. 58-81.
Reskin, Barbara F.（1993）"Sex Segregation in the Workplace" *Annual Review of Sociology* 19: 241-270.
Reskin, Barbara & Irene Padavic（1994）*Women and Men at Work*. Pine Forge Press.
Reskin, Barbara & Irene Padavic（1999）"Sex, Race, and Ethnic Inequality in United States Workplace" in Padric.I Chafetz（ed.）*Handbook of the Sociology of Gender*, Kluwer Academic/Prenum Publishers.
Reskin, Barbara & D. B. McBrier & J. A. Kmec（1999）"The Determinants and Consequences of Workplace Sex and Race Composition", *Annual Review of Sociology* 25: 335-361.
Reskin, Barbara（ed.）（1984）*Sex Segregation in the Workplace: Trends, Explanation, Remedies*, National Academy Press.
労働政策研究・研修機構編（2004）『就業形態の多様化と社会労働政策――個人業務委託とNPO就業を中心として』労働政策研究報告書 No.12.
労働政策研究・研修機構編（2006）『NPOの有給職員とボランティア』労働

政策研究報告書 No. 60.
労働政策研究・研修機構編（2010）『女性の働き方と出産・育児期の就業継続——就業継続プロセスの支援と就業継続意欲を高める職場づくりの課題』労働政策研究報告書 No. 122.
労働政策研究・研修機構編（2011）『出産・育児期の就業継続—— 2005 年以降の動向に着目して』労働政策研究報告書 No. 136.
労働政策研究・研修機構編（2012）『出産・育児と就業継続——労働力の流動化と夜型社会への対応を』労働政策研究報告書 No. 150.
労働政策研究・研修機構編（2014）『データブック国際労働比較 2014』.
連合総合生活開発研究所編（2001）『少子化社会における勤労者の仕事観・家族観に関する調査研究』委託研究調査報告書.
総務省（2006）『家計調査年報』.
Rosenbaum, James E.（1984）*Career Mobility in a Corporate Hierarchy*, Academic press.
Roos, Patricia A. and Barbara F. Reskin（1984）"Institutional Factors Contributing To Sex Segregation in the Workplace" in Reskin, Barbara（ed.）*Sex Segregation in the Workplace: Trends, Explanation, Remedies*, National Academy Press: 235-260.
佐々木勝・安井健悟（2014）「2007 年改正雇用対策法の政策評価——経済学的アプローチ」『日本労働研究雑誌』642 号: 31-44.
Spence, A. M.（1974）*Informational Transfer in Hiring and Related Screening Processes*, Harvard University Press.
Steinberg, Ronnie J.（1990）"Social Construction of Skill: Gender, Power and Comparable Worth" *Work and Occupations* 17(4): 449-482.
Stiglitz, J. E.（1975）"The Theory of 'Screening', Education and the Distribution of Income", *The American Economic Review*, 65(3): 283-300.
Subitch, L. M., Barret, Doverspike & Alexander（1989）"The effect of Sex-role Related Factors on Occupational Choice and Salary" in R. T. Michael, H. Hartman & B. O' Farrell（eds.）*Pay Equity: Empirical Inquires*, National Academy Press.
週刊ダイヤモンド（1993）「男女雇用機会均等法から六年——トレンディ去って脱落者六割」『週刊ダイヤモンド』1993 年 10 月 30 日号，ダイヤモンド社.
高木朋代（2006）「企業の人的資源管理における年齢基準」清家篤編『エイ

ジフリー社会』社会経済生産性本部生産性労働情報センター.
武石恵美子（2006）『雇用システムと女性のキャリア』勁草書房.
武石恵美子（2014）「女性の昇進意欲を高める職場の要因」『日本労働研究雑誌』No.648: 33-47.
竹内一夫（2002）「男女間の賃金格差を解消するための人事・賃金制度とその運用」『男女間の賃金格差問題に関する研究会報告』厚生労働省.
田中ひかる（2011）『「オバサン」はなぜ嫌われるか』集英社.
田中俊之（2009）『男性学の新展開』青弓社.
谷内篤博（2007）『働く意味とキャリア形成』勁草書房.
Thurow, Lester C（1975）*Generating Inequality: Mechanisms of Distribution in the U.S. Economy,* Basic Books =（1984）小池和男・脇坂明訳『不平等を生み出すもの』同文館 .
辻浩（2004）「NPOで働く意味とスタッフの力量形成」佐藤一子編『NPOの教育力――生涯学習と市民的公共性』東京大学出版会.
筒井淳也（2015）『仕事と家族――日本はなぜ働きづらく、産みにくいのか』中央公論新社.
梅崎修（2005）「職能資格制度の運用変化――昇給・昇進管理の「二重の運用」」松繁寿和・中嶋哲夫・梅崎修編著『人事の経済分析――人事制度改革と人材マネジメント』ミネルヴァ書房.
鵜沢由美子（2011）「女性労働と専門職」藤原千沙・山田和代編『労働再審③女性と労働』大月書店.
山田昌弘（2004）『希望格差社会』筑摩書房.
山田昌弘（2009）『なぜ若者は保守化するのか――反転する現実と願望』東洋経済新聞社.
山内直人（2001）「ジェンダーからみた非営利労働市場――主婦はなぜNPO市場をめざすのか？」『日本労働研究雑誌』493号: 30-41.
山嵜哲哉（2001）「団塊男性のジェンダー意識――変わるタテマエ，変わらぬ本音」天野正子編『団塊世代・新論』有信堂高文社.
八代尚宏（1980）「女性労働力差別の経済学」『季刊現代経済』39号: 156-167.
安田宏樹（2009）「総合職女性の管理職希望に関する実証分析――均等法以後入社の総合職に着目して」『経済分析』181号: 23-45.
柳澤武（2014）「雇用対策法10条（年齢制限禁止規定）の意義と効果」『日本労働研究雑誌』642号: 23-30.

八代尚宏（1980）「女性労働力差別の経済学」『季刊現代経済』1980 年夏号: 156–167.

吉武久美子（1996）「少子時代の子育ての現状分析と提言――しつけ，子どもへの期待，父親の参加度」『純心人文研究』2 号: 39–49.

若松孝司（2007）「ジェンダーフリー・バッシングに関する一考察」『愛知淑徳大学論集』7 号: 139–151.

脇坂明（1998）『職場類型と女性のキャリア形成』御茶の水書房.

渡辺秀樹（1996）「母親が子どもに望むこと」『児童心理』50(6): 44–54.

渡辺峻（1995）『コース別雇用管理と女性労働』中央経済社.

Zellner, H. (1975) "The Determinants of Occupational Segregation" in Cynthia Lloyd (ed.) *Sex, Discrimination and the Division of Labor*, Columbia University Press: 125–145.

著者略歴

1962 年生まれ
2001 年　上智大学大学院文学研究科社会学専攻修了（社会学博士）
現　在　聖心女子大学文学部教授
主　著　岩上真珠・大槻奈巳編著『大学生のためのキャリアデザイン入門』（有斐閣，2014 年）

職務格差　女性の活躍推進を阻む要因はなにか

2015年10月10日　第 1 版第 1 刷発行
2019年 9 月10日　第 1 版第 3 刷発行

著　者　大《おお》　槻《つき》　奈《な》　巳《み》
発行者　井　村　寿　人

発行所　株式会社　勁《けい》　草《そう》　書　房

112-0005　東京都文京区水道2-1-1　振替　00150-2-175253
（編集）電話　03-3815-5277／FAX　03-3814-6968
（営業）電話　03-3814-6861／FAX　03-3814-6854
本文組版 プログレス・平文社・松岳社

ISBN978-4-326-65396-6　　Printed in Japan

http://www.keisoshobo.co.jp

佐藤博樹・武石恵美子 編著　ワーク・ライフ・バランスと働き方改革　四六判　二四〇〇円

佐藤博樹・武石恵美子 編　人を活かす企業が伸びる　人事戦略としてのワーク・ライフ・バランス　A5判　二八〇〇円

佐藤博樹・永井暁子・三輪哲 編著　結婚の壁　非婚・晩婚の構造　A5判　二四〇〇円

牧野智和　日常に侵入する自己啓発　生き方・手帳術・片づけ　四六判　二九〇〇円

大島真夫　大学就職部にできること　四六判　二七〇〇円

本田由紀　「家庭教育」の隘路　子育てに強迫される母親たち　四六判　二〇〇〇円

本田由紀　女性の就業と親子関係　母親たちの階層戦略　A5判　三一〇〇円

乙部由子　女性のキャリア継続　正規と非正規のはざまで　A5判　二八〇〇円

石田光規　孤立の社会学　無縁社会の処方箋　四六判　二八〇〇円

＊表示価格は二〇一九年九月現在。消費税は含まれておりません。